本书为河南省高等学校哲学社会科学优秀学者资助项目（2014-YXXZ-06）的成果

新时期
道德教育研究

刘济良 等著

中国社会科学出版社

图书在版编目(CIP)数据

新时期道德教育研究 / 刘济良等著. —北京：中国社会科学出版社，2018.7（2018.12 重印）

ISBN 978-7-5203-2918-7

Ⅰ.①新… Ⅱ.①刘… Ⅲ.①德育-研究-中国 Ⅳ.①G41

中国版本图书馆 CIP 数据核字（2018）第 172969 号

出 版 人	赵剑英
责任编辑	宫京蕾
责任校对	秦 婵
责任印制	李寡寡

出　　版	中国社会科学出版社
社　　址	北京鼓楼西大街甲 158 号
邮　　编	100720
网　　址	http：//www.csspw.cn
发 行 部	010-84083685
门 市 部	010-84029450
经　　销	新华书店及其他书店

印刷装订	北京君升印刷有限公司
版　　次	2018 年 7 月第 1 版
印　　次	2018 年 12 月第 2 次印刷
开　　本	710×1000　1/16
印　　张	17.25
插　　页	2
字　　数	276 千字
定　　价	75.00 元

凡购买中国社会科学出版社图书，如有质量问题请与本社营销中心联系调换
电话：010-84083683
版权所有　侵权必究

目 录

导言 …………………………………………………………… (1)
第一章 青少年公民责任意识教育 ……………………………… (5)
  第一节 公民责任意识的解读 ……………………………… (5)
    一 相关概念的厘定 …………………………………… (5)
    二 公民责任意识的逻辑基础 ………………………… (12)
    三 青少年公民责任意识的内涵 ……………………… (17)
    四 青少年公民责任意识的评价维度 ………………… (24)
    五 青少年公民责任意识形成的特点 ………………… (26)
  第二节 影响青少年公民责任意识形成的基本因素 ……… (30)
    一 社会环境 …………………………………………… (30)
    二 学校环境 …………………………………………… (34)
    三 家庭环境 …………………………………………… (35)
  第三节 当前青少年公民责任意识教育存在的问题 ……… (36)
    一 青少年公民责任意识的现状 ……………………… (36)
    二 青少年公民责任意识培养的地位被忽视 ………… (37)
    三 青少年公民责任意识培养内容上的异化 ………… (40)
    四 青少年公民责任意识培养的环境资源匮乏 ……… (42)
  第四节 青少年公民责任意识培养的建构 ………………… (43)
    一 青少年公民责任意识培养的社会保障 …………… (43)
    二 青少年公民责任意识培养的教育策略 …………… (49)
    三 青少年公民责任意识培养的学校措施 …………… (52)
    四 青少年公民责任意识培养的家庭措施 …………… (55)
第二章 青少年自主选择性道德人格教育 ……………………… (57)
  第一节 青少年自主选择性道德人格释义 ………………… (58)

一　相关概念的厘定 …………………………………………（58）
　　二　自主选择性道德人格的基本特征 ………………………（61）
第二节　青少年自主选择性道德人格教育的出场语境 …………（64）
　　一　社会转型带来了自主选择性道德人格教育的可能性 …（64）
　　二　生存方式的转变确立了自主选择性道德人格教育的
　　　　合理性 …………………………………………………（65）
　　三　自主选择性道德人格教育推动了道德教育改革的
　　　　必要性 …………………………………………………（66）
第三节　青少年自主选择性道德人格的异化 ……………………（68）
　　一　青少年自主选择性道德人格异化的表现 ………………（68）
　　二　青少年自主选择性道德人格异化的归因分析 …………（71）
第四节　青少年自主选择性道德人格教育的建构 ………………（76）
　　一　青少年自主选择性道德人格教育的理论基础 …………（77）
　　二　青少年自主选择性道德人格教育的实践策略 …………（84）

第三章　中小学道德教育惩罚实践 ……………………………（107）
第一节　中小学道德教育惩罚实践的解读 ………………………（108）
　　一　中小学道德教育惩罚实践的概念界定 …………………（108）
　　二　中小学道德教育惩罚实践的价值 ………………………（111）
第二节　中小学道德教育惩罚实践的理论依据 …………………（118）
　　一　哲学依据 ……………………………………………（118）
　　二　心理学依据 …………………………………………（121）
　　三　教育学依据 …………………………………………（123）
第三节　中小学道德教育惩罚实践的现状及归因分析 …………（127）
　　一　中小学道德教育惩罚实践的现状 ………………………（127）
　　二　中小学道德教育惩罚实践存在问题的归因分析 ………（136）
第四节　中小学道德教育惩罚实践的改进对策 …………………（143）
　　一　树立正确的中小学道德教育惩罚实践观 ………………（143）
　　二　确立中小学道德教育惩罚实践遵循的原则 ……………（145）
　　三　建构中小学道德教育惩罚实践的实施策略 ……………（151）

第四章　学校群体道德教育 ……………………………………（159）
第一节　解读群体道德 ……………………………………………（160）

一　群体 …………………………………………………………（160）
　　二　道德及道德含义的窄化 ……………………………………（165）
　　三　群体道德 ……………………………………………………（167）
　　四　群体道德和个体道德之比较 ………………………………（172）
第二节　学校中的群体道德 …………………………………………（174）
　　一　学校群体道德的表现 ………………………………………（174）
　　二　学校群体不道德的表现 ……………………………………（180）
　　三　学校群体不道德现象之归因分析 …………………………（183）
第三节　学校群体道德的影响及其作用 ……………………………（187）
　　一　学校群体道德的影响 ………………………………………（187）
　　二　良好的学校群体道德的作用 ………………………………（191）
第四节　学校群体道德教育建构 ……………………………………（193）
　　一　认识群体的道德性——群体道德教育的认知基础 ………（195）
　　二　培养学生的类感情——群体道德教育的情感基础 ………（197）
　　三　形成忠诚的新理念——群体道德教育的意志力基础 ……（204）
　　四　培养学生的参与意识——群体道德教育的实践基础 ……（206）

第五章　美国新品格教育 …………………………………………（208）

第一节　相关概念的厘定 ……………………………………………（208）
　　一　品格 …………………………………………………………（208）
　　二　品格教育 ……………………………………………………（209）
　　三　新品格教育 …………………………………………………（210）
第二节　美国新品格教育的兴起 ……………………………………（211）
　　一　新品格教育产生的背景 ……………………………………（211）
　　二　新品格教育产生的原因 ……………………………………（214）
　　三　新品格教育的发展现状 ……………………………………（216）
第三节　美国新品格教育的理论内容 ………………………………（218）
　　一　目标与结构 …………………………………………………（218）
　　二　内容与特点 …………………………………………………（220）
　　三　实施原则 ……………………………………………………（227）
　　四　方法与途径 …………………………………………………（231）
第四节　美国新品格教育的实践探索与发展趋势 …………………（235）

  一　美国新品格教育的实践探索……………………（235）
  二　美国新品格教育的发展趋势……………………（243）
 第五节　美国新品格教育的评价………………………（244）
  一　新品格教育的现代价值…………………………（244）
  二　新品格教育的局限性……………………………（248）
 第六节　美国新品格教育对我国道德教育的启示……（250）
  一　注重继承传统美德，强化道德认知……………（250）
  二　突出学生主体性，培养其公民意识……………（251）
  三　采取综合性途径，注重隐性课程和显性课程相结合……（252）
  四　学校、家庭、社会通力合作，形成综合道德教育
    网络……………………………………………（253）
  五　做好对实施效果的评估，及时做好反馈工作…（254）

参考文献………………………………………………（256）
后记……………………………………………………（271）

导　言

　　孝、悌、忠、信、礼、义、廉、耻等传统道德品质不仅是个人为人处世的根本，更是国家兴旺发达的文化支撑、道德基础和价值引领。自古以来，道德教育始终是教育的重要组成部分，担负着育人为真、育人为善、育人为美的职责，引导人们直面自我、直面生活、直面世界，从而创造生命价值、实现生活理想、完成社会责任。道德教育具有较为突出的时代性和生活性特征。随着社会的发展，人们的精神文化生活日益丰富，新兴文化内容不断涌现，传统道德教育受到冲击，不再能够适应文化的发展步调，满足人们的现实需求。迎合社会文化发展、关注青少年成长现状和应对学校德育问题是拓展道德教育研究视域、突破传统德育困境的新方向。本书从青少年公民责任意识教育、青少年自主选择性道德人格教育、中小学道德教育惩罚实践、学校群体道德教育和美国新品格教育五个道德教育新视域出发，探讨道德教育的新形势、新问题和新思路，以期辅助广大一线德育工作者有效开展德育工作。

　　第一章青少年公民责任意识教育，主要论述了青少年公民责任意识是现代公民素质的重要组成部分，是公民教育的核心内容。它包含公民自我责任、家庭责任、国家责任、社会责任等方面。健康的青少年公民责任意识是为促进社会主义建设提供动力，也是构建和谐社会的因素之一。本章从青少年公民责任意识的定义入手，解读了青少年公民责任意识的基本内涵，分析了当前我国青少年公民责任意识的现状，探讨了青少年公民责任意识形成的特点，在此基础之上，对青少年公民责任意识的培养进行了建构。本章第一节在对公民概念的起源和责任的定义充分研究的基础上，对青少年公民责任意识做了界定，并从三个逻辑基础对青少年公民责任意识进行分析，从公民教育、民主政治、道德评价三个维度明晰了青少年公民责任意识的培养价值；依据米德的符号相互作用理论来论述青少年公民责任意识形成的复杂性。第二节主要从社会、学校、家庭、传媒等几个方面对影响青少年公民责任意识形成的因素进行分析。第三节主要从青少年公民意识培养的内容、途径、方法、环境资源等方面，阐明了我国青少年公民责任意识培养上存在的问题。第四节从青少年公民责任意识培养的社会保障、教育方针、学校措施和家庭培植四个层面做了对策上的思考和研究。

第二章青少年自主选择性道德人格教育，主要是通过对转型期的社会特点、当代人生存理念的转变以及当前学校道德教育改革的分析，提出了21世纪的学校道德教育应以青少年自主选择性道德人格的生成与确立为主要目标，实现向自主选择性道德人格培育的转向，使学校道德教育获得与时代发展的主旋律相符合的品性与意蕴。青少年自主选择性道德人格的培育强调教育者的价值引导与学生道德人格自主建构的和谐统一；强调只有在现实生活中才有青少年自主选择性道德人格生成与确立的源头活水；强调人与人之间的关系，特别是师生关系、责任关系在自主选择性道德人格生成中的作用与价值；强调道德教育的超越性，把理想、信仰、价值、意义等作为自主选择性道德人格追求的终极目标。青少年自主选择性道德人格的培育作为道德人格在当今时代的具体实践形态，它所表达的既是实然意义上的教育目标，又是应然意义上对道德教育所做的价值追求。本章第一节对相关概念进行了厘定，重点探讨了自主选择性道德人格所具有的独立性、责任性、关系性和超越性的基本特征。第二节，从实施自主选择性道德人格培育的合理性、可能性和必要性三个方面对青少年自主选择性道德人格培育的出场语境进行了分析。第三节，通过对现有文献的分析和调查，对当前部分青少年自主选择性道德人格异化的表现进行了归纳；然后从市场经济的负面影响、现实道德教育的缺陷和学生道德修养的欠缺三个方面分析了自主选择性道德人格异化的原因。第四节，重点论述了青少年自主选择性道德人格培育的理论建构。从人性论、伦理学和心理学三方面对自主选择性道德人格培育的理论基础进行了分析和探讨；提出了青少年自主选择性道德人格培育的遵循原则；结合现实的道德教育实践，提出了自主选择性道德人格培育的方法。

第三章中小学道德教育惩罚实践，主要论述了自从人类诞生，惩罚就存在于社会生活的各个层面和社会的各个领域，包括教育领域。古今中外的教育思想、教育制度、教育实践都与惩罚有着密切的联系。教育领域中关于惩罚的理论和实践活动是构成人类教育不可或缺的一个重要组成部分，惩罚现象从来都没有从教育史中消失过。直至现在，不管人们是赞成还是反对，在学校教育，尤其是中小学教育中，惩罚现象都还在不断发生着。本章以"惩罚实践"这个概念为基点来对我国中小学教育中的惩罚问题进行研究。本章的第一节论述了我国中小学惩罚实践的价值问题。在对"惩罚""教育惩罚"的概念进行界定的基础上，提出并分析了"惩罚实践"这个概念，并重点分析、阐述了惩罚实践的教育价值和管理价值。第二节重点论述的是我国中小学惩罚实践的理论基础，分别从哲学、心理学、教育学三个领域来对中小学的惩罚实践给以理论支撑。第三节对我国中小学惩罚实践的现状进行分析，归纳出目前学校教育中惩罚实践出现的过分强调知识学习、片面侧重管理价值、存在教师权威、体罚与心罚现象严重等问题，并在此基础上从社会、学校、教师三方面进行了归因分析。第四节论述了我国中小学惩罚实践的改进对策。首先是要树立正确的惩罚实践观；其次对惩罚实践应遵循的原则进行了探索，提出了尊重性原则、最少性原则、适度灵活原则、选择时机原则、绝对确定原则、侧面效果原则六大原则；最后建构了包括社会、学校、教师三方面在内的应该采取的具体实施策略。

第四章学校群体道德教育，主要论述了作为人类基本存在方式的群体之间是否存在道德的问题。人类在生活中，除了以个体的身份参与活动之外，还以群体成员的身份参与社会实践，群体是由个体组成的，但却不是个体的简单相加，群体的思想也不是个体思想的简单综合。群体不同于个体，个体之间的交往有个体道德作为指导和规范，群体之间却少有群体的规范，人们甚至很少意识到群体之间的交往也存在道德问题。美国哲学家尼布尔在《道德的人与不道德的社会》一书中认为个体是道德的，群体是不道德的，或者说群体道德低于个体道德，这种观点不同于马克思的观点：群体道德高于个体道德。从这两种截然相反的观点我们似乎预见了群体道德的可争论性，也从侧面说明了群体道德的重要性。尼布尔虽然对群体道德持悲观的态度，认为群体道德低于个体道德，但是他也认为群体可以作为主体接受教育的影响，使之变得趋向道德。以此为基点，本章探讨了学校这个群体内的小群体之间的道德状况，并针对几个画面描述群体之间道德的和不道德的现象，分析产生群体冷漠和不和谐的深层原因，在此基础上提出学校群体道德教育问题。本章第一节通过对群体和群体道德概念的解读，分析群体道德和个体道德的差异，并提出学校群体道德这一论题。第二节通过几个画面的描述，分析学校中群体交往存在的道德和不道德状况以及出现不道德现象的原因，并把原因归于两个方面：群体和群体道德被忽视、学校道德教育不完善。第三节探析群体道德对个人、群体以及社会的影响：群体道德对学生道德水平的提升、道德教育理论的完善以及和谐校园的建设方面都有影响作用。第四节分别从认知、情感、意志和行为四个方面论述如何实施学校群体道德教育。

第五章美国新品格教育，主要论述了20世纪80年代，面对严重的道德危机，美国政府和学界大力倡导传统品格教育的回归和复兴，以解决美国社会严重的道德问题。品格教育的复兴即新品格教育运动强调核心价值观的主导作用，注重道德共识，运用兼容并蓄的综合性的方法与途径，整合包括学校、家庭、社区在内的社会力量，着力培养青少年的良好品格和道德修养，从而改良其不合乎道德的行为，为社会打造合格公民。本章试图从多个方面全面分析美国的新品格教育运动，以探讨其对我国的青少年道德教育的启示，从而推进我国青少年道德教育的开展，提高青少年的道德境界。本章第一节主要对几个相关概念进行了界定。第二节主要从美国传统品格教育的衰落开始分析，论述了美国新品格教育兴起的背景；并从传统道德教育的反思与探索、现代道德教育发展的要求和严重的道德危机三个方面对新品格教育兴起的原因进行了重点阐述。第三节对美国新品格教育的相关理论内容进行了详细探讨，分别论述了新品格教育的内容与特点、目标与结构、方法与途径，以及实施的原则，并重点分析了"有效品格的十一条原则"。第四节主要论述了美国新品格教育的实践探索和发展趋势：以美国的优质学校——"蓝带学校"为例，从"蓝带学校"实施的正式课程、非正式课程和隐蔽课程三个方面探索新品格教育的实践；从时代主题趋向、公民化趋向、法制化趋向三个方面重点分析了新品格教育发展的新趋向。第五节是对美国新品格教育的评价。主要探讨了美国新品格教育的现代性价值和局限性。第六节主要阐述美国新品格教育对我国青少年道德教育的启示。

第一章　青少年公民责任意识教育

第一节　公民责任意识的解读

一　相关概念的厘定

（一）公民

1. 公民的内涵

公民概念属于历史范畴，它是变化和发展的。公民一词来源于古希腊，并为古罗马所沿用。当时，人被分为两部分："希腊人和野蛮人、自由民和奴隶、公民和被保护民、罗马的公民和罗马的臣民。"[1] 公民就是自由民，比臣民、奴隶高一个等级，在政治上拥有当兵、选举和担任公职的权利。早期的公民概念，涵括的是社会阶级的不平等。在希腊，城邦是一种非常独特的政治体系，城邦是"一种合作关系，是联合体或共同体，亦即分享或持有某些共同东西的一群人"[2]，公民是构成城邦的基本要素，是属于城邦的人。亚里士多德对希腊人的公民概念有过经典的表述，他指出："一个正式的公民应该不是由于他的住处所在，因而成为当地的公民，仅仅有诉讼和请求法律保护这项权利的人也不算是公民，未及时登记年龄的儿童和已过免役年龄的老人那样作为一个公民，可说是不够充分资格的。全称的公民参加司法事务和治权机构的人们，凡有权参加议事和审判职能的人，我们就可以说他是那一城邦的公

---

[1]　[德]《马克思恩格斯选集》（第 3 卷），人民出版社 1972 年版，第 143 页。
[2]　[英]德尼兹·加亚尔、[法]贝尔纳代特·德尚：《欧洲史》，海南出版社 2000 年版，第 82—83 页。

民。"① 在亚里士多德看来，一般说来公民可以界定为分享决策权或统治权的人，不管是通过实际担任公职还是通过在公民大会或司法中享有表决权。公民资格的取得有着严格的限制，奴隶妇女和外国侨民不享有公民资格。单是父亲或母亲为公民，则其子不得称为公民。

古代中国没有公民这个词。古代中国不是公民国家，而是宗法制国家，这是早在商周时期就被确定下来的。它是家族的扩大，天子是获胜家族的宗主，是被征服土地的所有者，同时也是政治上的最高统治者，获胜的家族直接转为国家，血缘关系转化为政治关系。所谓的"溥天之下，莫非王土；率土之滨，莫非王臣"。"宗主周天子之位由嫡长子世代继承，代表着家族统治的连续性。同时为次子和庶子及其姻亲'授土授民'。"② 这和希腊城邦政治完全不同。希腊城邦也是从氏族制度演变而来，但它是部落山谷间各家族的平等联合，氏族山谷间的平等和公有观念普遍保留下来。这是希腊城邦与中国商周宗法制国家的基本分野。

商周家国一体时代的人们关于国家和臣民的观念，进入封建社会仍然被沿袭下来。秦始皇兼并六国之后曾傲慢地宣称："六合之内，皇帝之土……人迹所至，无不臣者。"③ 在此后漫长的历史过程中，君主私家与国家的区分若明若暗地出现于人们的头脑中，两者的冲突也时隐时现，但两者的彻底分离却从未实现。在整个古代中国，希腊罗马和中世纪末期以后西方人的"公共权力"观念从未形成。梁启超曾说，尽管中国有几千年历史，但只不过是一些朝代的名称，而没有一个国名，公民最重要的含义是国家的构成成员，它与国家相伴相生。古代中国家国同体的社会结构始终没有形成与"民"及"民"的生活单位"家"完全独立的国家，作为国家主权者的"公民"也始终没能生成。封建时代的臣民从不奢求享有和行使政治权力，他仅仅是一个顺从的义务主体，一个卑微的专制对象。黑格尔指出：在中国，"皇帝犹如严父""人民却把自己看作是最卑微的，自信生下来是专门给人拉车的"。他们"从来不知道，没有君主而由他们集体或其他某种集体掌握政权是可

---

① ［古希腊］亚里士多德：《政治学》，商务印书馆1996年版，第110—111页。
② 司马迁：《史记·秦始皇本纪》，中华书局1959年版，第85页。
③ 同上。

能的，更不知道对君主的权力进行分割限制或限定其任期也是可能的。这些他们想都没有想过。他们的想象力不能超出君主专制的范围，就如跳跃不能摆脱地球引力一般"①。

中国传统社会中的"领域合一""家国同构"的特殊一元社会结构孕育了"忠君"为主要价值取向的专制主义政治文化。在家国同构的社会结构下，家族内部的伦理关系与国家的政治关系同构，皇帝的地位和权力仿佛是全国的大家长，君主与臣民的关系是所有者与所有物的关系，同时又是一种权力—伦理的双向关系。作为臣子最重要的政治伦理观念就是"忠君"，"忠君"最基本的内涵就是"从命不违"。做臣子的要"尽心奉上""不非其君"，并最终做到"危身奉上或临难死节"，最典型就是"君让臣死，臣不得不死"。在家族，个人要依附于家长，"父叫子亡，子不得不亡"。在严格的封建等级禁锢下，个人几乎失去个人的独立自主，成为无自我、无主体性、无独立人格的忠顺臣民。

在古代中国的话语世界里，到处充斥"臣民""子民""小民""草民"等字眼。新中国成立后，虽然社会主义宪法规定了公民的权利，但由于长期忽视民主与法制建设，再加上受"社会主义国家高度集权论"的影响，不重视公民文化的培养，以及公民的主体意识缺乏，公民并没有进入新中国的政治视野，也未成为社会主义民主的真正主体。

改革开放后，法制的逐步健全、市场经济的发展、多元利益集团的出现、民主政治的推进，使中国社会结构发生了巨大变化。同时公民与国家关系的改变、公民参与的保障等，也催生了新的公民群体及其意识的形成。

公民是西方民主制度下的产物，亚里士多德对公民的经典定义是：公民是那些永久性参与实行正义和公正处理事务的人。"这句话其实是指公民具有两种生活秩序，即作为个体人的私生活与他作为社会人的社会公共生活，并且在他们自己生活与共同生活之间，存在着鲜明的区分和紧密的联系。"② 中世纪后，随着近代民主政治国家的出现以及民主政体的不断完善，公民概念成为西方政治哲学中的基本概念。"公民"

---

① 丛日云：《西方政治文化传统》，大连人民出版社1996年版，第122—123页。
② ［美］汉娜·阿伦特：《公共领域与私人领域》，生活·读书·新知三联书店1998年版，第39页。

一词在资产阶级取得政权后，开始普遍使用。在现代社会，公民"通常是指具有一个国家的国籍，并根据该国的宪法和法律规定，享有权利并承担义务的人"①。现代汉语词典对公民这样定义："取得某国国籍，并根据该国法律规定享有权利和承担义务的人。"②"公民"一词在不同国家和不同时代，其含义是不同的。公民不仅仅是一个法律概念，而且是一个具有丰富的政治性、社会性内涵的概念。公民的本质特点是政治社会或国家的平等成员，表达了个人与国家之间的特定法律关系，并具有相应的权利和义务。公民应该体现以下几个特点：（1）个性自由发展的人，并且在这种发展中造就出一种独立人格来；（2）具有强烈的自我选择和自我意识的能力；（3）具有强烈的公民参与意识的能力。

2. 廓清几组公民相关概念

（1）公民与"自然人"

18世纪的启蒙思想家卢梭提出教育应该培养自然人，应该用自然的教育，使人符合自然的需要。卢梭强调遵循自然的要求，顺应人的自然本性，反对成人不顾儿童的特点，按照传统与偏见强制儿童接受违反自然的所谓教育、干涉或限制儿童的自由发展。他阐明，"自然人为自己而生存，他是数的单位，也是数的全体，他只依赖于自己和按照自己的爱好而生活"③。而同时卢梭论述道："公民和社会的关系，犹如分数中分子和分母的关系；分子的价值决定于分母，公民的价值决定于公民社会的全体。优良的社会制度是最适合于使人成为非自然的那种制度，它使人们由彼此独立而成为相互依赖的，使个体消融于集体之中，因而不再把自己看成是一个孤立的人而看作了全体的一部分，只意识到公共生活。"④卢梭的论述鲜明解释了公民与自然人的差别，自然人是依靠自己，也是为了自己而存在的，他的目标只是为了自己的爱好而生活，对社会和他人都没有责任，而公民不仅是一个个体，更是全体中的个体，个体在全体中相应享有一定的权利，更要负担相应的义务，个体的价值因群体才存在，没有社会即没有公民。毫无疑问，卢梭所倡导的培

---

① 《法学词典》（修订版），上海辞书出版社1984年版，第142页。
② 《现代汉语词典》，商务印书馆1984年版，第385页。
③ ［法］让-雅克·卢梭：《爱弥儿》，李平讴译，商务印书馆1999年版，第9页。
④ 同上。

育自然人是不可能存在的，个体永远不可能脱离全体而单独存在，因为人的本质是一切现实社会关系的总和。

（2）公民与私民、臣民

私民指的是个别存在的自然人，是以其个人的私欲和利益及其因自然人的身份而衍生的人际关系作为处世原则的，故私民无他，只有个人的"私利"，没有对他人、社会的责任和义务，即与卢梭所阐述的自然人是基本相同的。臣民，亦称"子民"，是与奴隶制、封建等级制度相伴随的产物，如"臣"就是春秋战国时期对男性奴隶的称谓，臣民具有无主体性、附属性、从属性的特征，故臣民无我，只有对统治者的责任、顺从、服从，没有个人的权利。私民无他，臣民无我，显然，公民与臣民、私民之间具有本质的区别。

（3）公民与国民、人民

国民，《辞海》释为："本国的人民""具有本国国籍的人。"人民，《辞海》释为：在不同的国家和各个国家的不同的历史时期，有着不同的内容，如我国在抗日战争时期，一切抗日的阶级、阶层和社会集团，都属于人民的范围。在解放战争时期，一切反对美帝国主义和官僚资产阶级、地主阶级以及代表这些阶级的国民党反动派的阶级、阶层和社会集团，都属于人民的范围。在社会主义时期，一切赞成、拥护和参加社会主义建设事业的阶级、阶层和社会集团，都属于人民的范围。因此，人民是拥护统治阶级利益的国民整体，是一个整体的概念。可见，从国民、人民的基本概念的内涵来看，国民强调的是人的地域、国籍归属，人民强调的是人的社会态度、立场及其阶级属性，二者既有与公民相联系的意义，又区别于公民的基本内涵。

综上所述，关于公民的内涵，虽有不同的概括，但有三点是最基本的：第一，公民是指社会人、政治人，他是以社会和国家的一个成员身份而存在的。第二，公民表达了个人与国家之间的一种特定法律关系，并具有相应的权利和义务。第三，公民不仅是一个政治概念，而且是一个历史概念、一个文化概念。其中，公民内涵最核心的问题是：公民是一个社会人及政治人，他是以社会和国家的一个成员身份而存在的，其处世原则依赖于他与社会的契约而定，即具有相应的公民权利和义务。

（二）责任

《汉语大词典》对"责任"的解释有三重含义：其一，使人担当起某种职务和职责；其二，分内应做之事；其三，做不好分内应做的事因而承担的过失。《新华词典》对"责任"的解释，其一，应尽的职责，如负责任；其二，应该承担的过失，如追究责任。因此可以对"责任"从两方面来理解，第一，"责任"意味着分内应做之事；第二，责任意味着未做好分内应做之事所应受的谴责和制裁。从第一层含义看，"分"即角色，它说明责任与责任主体的社会角色是相联系的，是各种社会规范要求社会成员担负与自己的社会角色相适应的行为。表明了社会对责任主体的行为预期，属于积极意义上的责任。从第二层含义看，它说明社会对行为不符合社会规范的成员所给予的谴责和制裁，反映了社会对其成员不履行或没有履行好积极意义上的责任进行的处置，是社会成员因为没有做好分内之事而引起的属于消极意义上的责任。因此认为责任是一种负担责任，即必须顾及自己行为的可能后果，但它必然是一种应负的负担，只有应当性肯定的负担才能构成责任。

从责任的两层含义可以看出它包含着评价的因素责任，作为一种负担从来都是评价性的，也就是说两个层次之间还需要一个中间环节，由它来对责任主体的行为是否做好了分内之事，以及没有做好分内之事时应该受到何种处置进行评价。因此，根据对责任内涵的分析可知，"责任"是社会成员对社会所承担的与自己的社会角色相适应的应为的行为，和社会成员对自己的实际所为的行为所承担一定后果的义务。因此，从责任的基本含义出发，可以把"青少年公民责任意识"定义为青少年履行与自己的公民身份相适应的、符合社会规范预期的职责，以及没有履行好这种职责时所应承担的谴责和制裁。前者是积极意义上的青少年公民责任意识，后者是消极意义上的青少年公民责任意识。

(三) 责任意识

责任意识是指个体对角色职责的自我意识及自觉程度，从形式上讲，责任是外界条件对行为主体的客观要求，是对人行为的外在约束和规范，人们如果认识到这种责任并接受它，这种外在的责任就会得以内化，形成责任意识。对于人来讲，责任仅靠直觉、情感是难以认识和把握的，只有与理智结合才能正确地把握它。人的理性只有通过对人的生存本质进行反思，才能从整体上认识人自身，认识到自身所担负的责任。所谓责任意识正是理性对社会主体要求内化后的产物。"责任意识是个性心理的重要素质之一,一定个体对于遵守和维护所属群体的共同活动规范,对于他所承担的各项任务和符合他的各种社会角色规定的自觉意识和态度。责任意识的内容包括两个方面,一是认识的方面,即对于自己所需承担和所应承担的各种任务、角色的相应责任的认识,以及对一定行为后果的危害性和自己应负的责任的认识。这是责任意识的前提条件。二是情感的方面,即所谓的责任感,包括对承担一定责任的自豪感、自我约束感和羞耻感。如果未能负起责任来,个人就会感到羞耻内疚。"① 这个定义较为全面地概括了责任意识的本质属性。

全面地理解责任意识必须要把握这样几个方面:

其一,自我意识是产生责任意识的基础,自由是责任意识生成的前提。自我意识是责任意识中最基本、最内在的层面。它以社会规范和社会价值体系为依据,通过明确自己的社会关系和社会地位认知自身的责任价值,进而通过价值判断进行自主选择,产生对相关责任的价值。责任意识最为突出的特点是自觉。他律性的责任意识缺乏主体自觉,缺乏自觉的责任意识难以称为真正的责任意识。责任意识是行为者的主体活动,它的基本前提是主体的自由选择,只有根据自身所认可的价值标准和行为规范自主选择,人才能形成对所需承担责任的认同。正如马志尼所说的:"你们是自由的,因此是负有责任的。"② 自由选择意味着责任,一个人只有在他拥有完全自由去行动时,他才能对自己的行为完全负责。

其二,责任意识的社会制约性。责任意识反映的内容源自人的社会实践,虽然责任意识更多地表现为一种精神现象,但是社会实践的内容、性质,特别是社会主流的价值观念在某种程度上影响着责任意识的性质和发展水平。社会成员的责任意识都受到特定社会历史条件的制约。

其三,责任意识具有稳定的特点。从责任意识的形成来看,它来源于人们对社会关系长期的观察与体验,是对一定社会角色所处社会关系的反映,这种社会关系是相对稳定的,因而,人的责任意识也就表现出

---

① 李德顺:《价值学大词典》,中国人民大学出版社1995年版,第925页。
② [意大利] 朱塞佩·马志尼:《论人的责任》,吕志士译,商务印书馆1995年版,第101页。

稳定的特点。同时，责任意识是在实践中经历了长期的认知、体验、理智的认同而逐渐形成的，这种主体反应是以自身认同的价值体系为依据的，在特定的历史时期，社会的价值体系是相对稳定的，因而人的责任意识也表现出稳定的倾向。

其四，责任意识具有对象性的特点。从心理学的角度来讲，人对客观世界的反映具有明确的指向性，总是与特定的事物相联系，总是选择特定的事物作为自己反映的内容。责任意识也具有同样的特点，在人的责任意识体系中，不同的责任意识指向的对象是各不相同的，对自己的责任意识主要指向行为者本身，对他人的责任意识则主要指向个体之外的其他人。人的责任意识总是会将一定的社会关系或社会角色作为自己反映的对象。

人类的责任意识是通过内化来生成的。这种内化过程一方面是行为主体对自身责任进行的认识。由于不同的个体在社会生活中所处的社会关系和社会地位不同，社会群体对不同个体的要求也是各不相同的。个体需要认识自身所处的社会关系和所扮演的社会角色，认识社会关系赋予个体的要求。对责任的认识主要是对自身所应遵循的社会行为规范的认识，它包括对自身行为后果危害性的认识，这是责任意识产生的基础。另一方面，这种内化最关键的是从责任的认识到责任的认同。

认识责任本质是为了明确责任"是什么"，对责任的认同则是对于责任内容的价值判断，由于对责任的喜爱或畏惧，把外界的要求内化为自身的必需，当这种对责任的认识内化为自身的信念，责任意识就随之形成了。根据责任意识的性质，责任意识可以分为他律性、自律性和高度理性的责任意识；根据发展水平，责任意识可分为朴素的责任意识和成熟的责任意识；根据对象不同，责任意识可分为对自己的责任意识、对他人的责任意识、对社会的责任意识和对自然的责任意识等。

二 公民责任意识的逻辑基础

公民责任意识的逻辑基础是指公民为什么可以而且应当负担责任，即公民责任意识的合理性、正当性问题。从前文对公民和责任的分析可知：公民意味着公民拥有参与国家管理的权利和积极参加集体事务的义务；责任实际上是对某种行为后果的负担。所谓"责任重于泰山"，但它必然是一种应负的负担，只有应当性肯定的负担才能构成责任。因此，青少年公民责任意识实质上表现为公民基于权利作为或不作为的自由以及由此而承担的有利或不利的后果。这种对不利或有利后果的负担实际上暗含着一种国家或社会对公民的强制，而这种强制必定是一种基于约定的强制；同时也暗含着一种公民自我强制，而公民之所以愿意承担这种有利或不利的后果，其前提条件必定是公民有选择的自由（意志自由），他才能对他的作为或不作为（行动的自由）负责。其次，国家或社会对公民强制的正当性，即国家或社会本身的正义性问题也构成了公民责任意识的一个逻辑基础。因此，可以说公民责任意识的逻辑基础在于：自由、社会契约和正义。

（一）作为公民责任意识的逻辑基础——自由

自由总是与权利相联系，这种权利就是一种作为或不作为的选择自由，"这种自由就是用他自己的判断和理性认为最适合的手段去做任何事情的自由"[①]。青少年公民责任意识实质上表现为公民基于选择的自由以及由此而承担的后果。如果公民理性选择的能力不够健全，其选择便不是真正的自由选择，他也就不能为其行为负责或是应当减轻或免除责任。如果行为选择是被迫的，那么，行为便不是基于自由选择的结果，他也是无责任的。在一个正常的理性人那里，自由与责任是深刻统一的，自由内在地蕴含着责任因素，选择自由本身就意味着责任。"自由不仅意味着个人拥有选择的机会并承受选择的重负，而且还意味着他必须承担其行动的后果，接受对其行动的赞扬或谴责。自由与责任实不可分。"[②] 一个正常的、理性的、能产生正常动机的、具有责任能力的人之所以必须承受这种"选择负担"，是因为"对于一个人的福祉，本人是关切最深的人；除在一些私人联系很强的事情上外，任何他人对于他的福祉所怀有的关切，一旦和他自己所怀有的关切比较起来，都是微薄而浮浅的"[③]，"人们所有出于意志的行为都是为了自己的利益，而最

---

① ［英］霍布斯：《利维坦》，黎思复等译，商务印书馆1996年版，第110页。
② ［英］弗里德里希·冯·哈耶克：《自由秩序原理》，邓正来译，生活·读书·新知三联书店1997年版，第98页。
③ 同上。

有助于达成其目的的行为则是最合理性的行为"。① 因此,"当人们被按照他们自己视为合适的方式行事的时候,他们也就必须被认为对其努力的结果负有责任"②。

(二) 作为公民责任意识的逻辑基础——社会契约

不可否认,对于社会契约论,人们已普遍认为它是一种理论假定,这在一定程度上削弱了该理论的说服力。但是,一个理论概念的理论价值并不完全取决于是否能得到历史的实证。"社会契约论"这一概念的精髓不在于其表面上所表示的社会成员共同制定契约这种意思,而是表明"处于自然状态的人"之所以进入国家生活成为"公民"从而对社会、国家和个人承担责任,在于社会成员的共同约定,"责任"的承担要经过本人的同意才能有效。

霍布斯是第一个用"社会契约"来说明国家的产生的思想家。他的"社会契约"学说不但合理地说明了国家的产生,同时也蕴含着关于"责任"的观点。他认为在"自然状态"下,每一个人都受自由的理性控制,每一个人对每一种事物都具有权利,甚至对彼此的身体也是这样,每一个人都享有"按照自己所愿意的方式,运用自己的力量保全自己的天性,也就是保全自己的生命的自由"③,"在别人也愿意这样做的条件下,当一个人为了和平与自卫的目的,认为必要时,会自愿放弃这种对一切事物的权利;而在对他人的自由权方面满足于相当于自己让他人对自己所具有的自由权利"④,"权利的相互转让就是人们所谓的契约。一个人不论在哪一种方式之下捐弃或让出其权利之后,就谓之有义务或受约束不得妨害接受他所捐弃或允诺让出的权利的人享有该项权益。他应当不使自己出于自愿的行为归于无效,这是他的责任。这种契约之所以有约束力,并不是由于其本质(因为最容易破坏的莫过于人们的言辞)而不过是由于畏惧毁约后所产生的某种有害后果而来的。但如果在双方之上有一个共同的并具有强制履行契约的充分权利与力量时,

---

① [英] 霍布斯:《利维坦》,黎思复等译,商务印书馆1996年版,第110页。
② [英] 约翰·密尔:《论自由》,许宝骙译,商务印书馆1996年版,第83页。
③ [英] 霍布斯:《利维坦》,黎思复等译,商务印书馆1996年版,第112页。
④ 同上书,第103页。

这契约便不是无效的"①。因此，在这里"责任"即对"契约"的履行，实际上表现为在社会合作框架中理性人基于权利（自然权利）不作为或作为（让出其权利）而承担有利的或不利的后果（有义务或受约束）。而这个理性人之所以承担责任是因为"有一个共同的并具有强制履行契约的充分权利与力量"，这个"共同的并具有强制履行契约的充分权利与力量"就是"伟大的利维坦"——国家。

（三）作为公民责任意识的逻辑基础——正义

公民责任意识指公民履行与自己的公民身份相适应的、符合社会规范预期的职责，以及没有履行好这种职责时所应承担的谴责和制裁。当公民没有履行好职责所应承担的谴责和制裁实际上是由国家或社会对公民的一种强制。为什么国家或社会在公民没有履行好职责时可以对公民施以强制？即强制的正当性问题。或者换句话说，公民为什么对国家或社会的强制应该服从或什么情况下可以不服从？即国家或社会本身的正义性问题。

霍布斯认为，在社会合作框架中一个人"应当不使自己出于自愿的行为归于无效，这是他的责任"。"遵守信约"即是"正义"，但他同时又指出，因为一个人如果持身谦恭温良，在其他人都不履行诺言的时候履行自己的一切诺言，那么，这人便只是让自己做了旁人的牺牲品，必然会使自己受到摧毁，这与一切使人保全本性的自然法的基础相违背。在这种情况下，必须有一个共同的并具有强制履行契约的充分权利与力量来保证"契约"的履行。这虽然能够说明强制的正当性，但却不能解释这种"充分权利与力量"本身的正义性问题，即公民为什么对国家或社会的强制应该服从或不服从？

罗尔斯认为，用于社会基本结构的"两个正义原则"确定了我们的制度联系和人们变得相互负有责任的方式。关于"正义"的概念，罗尔斯认为："由于我采取的定义是打算直接用于最重要的情形——社会基本结构的正义的，所以它和传统的正义概念就并没有什么冲突。"②

---

① ［英］霍布斯：《利维坦》，黎思复等译，商务印书馆1996年版，第103页。
② ［美］约翰·罗尔斯：《正义论》，何怀宏译，中国社会科学出版社1988年版，第333—334页。

在罗尔斯看来，正义是社会制度的首要价值。正义的主要问题是社会的基本结构，亦即社会主要制度分配基本权利和义务决定由社会合作产生的利益之划分的方式。这里所说的主要制度就是政治结构和主要的经济、社会安排。而确立一种指导社会基本结构设计的根本道德原则，就是在原初状态中各方所选择的两个正义原则。

罗尔斯认为，所有的职责都是从公平原则中产生的，如果一个制度是正义的或公平的，即满足了两个正义原则：第一，每一个人都有平等的权利去拥有可以与别人的类似自由权并存的最广泛的基本自由权。第二，对社会和经济不平等的安排应能使这种不平等不但可以合理地符合每一个人的利益，而且可以与向所有人开放的地位和职务联系在一起。那么，每当一个人自愿地接受了该制度所给予的好处或利用了它所提供的机会来促进自己的利益时，他就要承担职责来做这个制度的规范所规定的一份工作。当一个人按照某些规则加入互惠的合作冒险并且自愿地限制他们的自由时，服从这些限制的人有权要求那些从他们的服从中获利的人们有一个类似的服从。如果我们没有尽自己的一份公平的职责的话，我们就不应该从其他人的合作中获利。但是在公平原则条件下一个人履行一个制度的规范所确定的职责是有条件的。这个条件是：首先，这一制度是正义的（或公平的），即它满足了正义的两个原则；其次，"一个人自愿地接受这一安排的利益或利用它提供的机会促进他的利益。"[1] 第一个条件表明职责的约束预先假定着正义的制度，制度不正义则无职责可言，强迫做出的诺言从开始就是无效的。不正义的社会安排本身就是一种强迫，甚至是一种强暴，对它们的同意并不具有约束力，不可能对独裁或专制政府有什么职责可言。第二个条件表明，职责是作为必要的、自愿的行为的结果，亦是通过自愿做各种事情来承担职责，这种自愿实际上就是对职责的一种自觉。因此，只有在制度本身是正义的且又被自愿接受的条件下，履行一个制度所规范的职责才是可能的。也只有在制度本身是正义的或公平的，亦即满足了正义的两个原则的条件下，公民在没有履行职责时接受国家或社会的强制才是正当的。

---

[1] ［美］约翰·罗尔斯：《正义论》，何怀宏译，中国社会科学出版社1988年版，第333—334页。

三 青少年公民责任意识的内涵

（一）公民自我责任意识

公民自我责任意识是青少年公民责任意识基础的部分。自我责任意识即公民对自我应当承担的权利和义务的自觉理解、自愿承担的意识。他首先需要个体对于自身的客观认识，即认识自身的特点与发展水平，认识自身的社会角色与相关的社会责任；在自我认识的基础上，通过社会生活中体验自身的价值，形成自信与自尊，保证个体在面对自身责任时积极主动的态度；在自我认知与自我评价的基础上学会自我控制，具备良好的自控能力，这是确保责任落实的关键。所以，本书认为青少年的自我责任意识包括自我认知、自我体验和自我控制三个维度。自我认知是指青少年可以通过对自己外部行为以及行为结果的分析，通过周围人对自己态度的分析来认识自己。就责任的本质来看，它的基本特征就是"自觉"，"自觉"源自于"自知"，即责任主体对自身的客观认知，这种认知应当包括对个人特点的认知，如对社会认知能力、情感、行为技能以及行为表现的认知，还应包括对个人社会角色和相关社会规范准则的认知。青少年的自我认识水平有了很大提高，特别是其自我认知中开始涉及人格特征，但是由于发展水平的局限，不可否认，他们的自我认知从整体来讲并不全面，需要借助更多的途径获得对自身的全面了解。自我体验是青少年对自身行为能力和价值的认识评价基础上的内心体验，是责任意识产生发展的动力。良好的自我体验可以使个体充满自信，积极主动地承担社会责任，同时可以培养人的自尊，自尊则是自我责任意识的基础。就自我体验而言，它由自我评价、自我表现、独立性与主动性四部分构成。自我控制是青少年对于自身的心理和行为的掌握，是自我责任意识发展水平的根本标志，是主体责任意识的外化。

（二）公民家庭责任意识

公民家庭责任意识，是指家庭成员对家庭所承担的各种责任以及承担任务的自觉性。对家庭负责是维系一个家庭所必要的条件，在家庭中的身份不同，他的责任也就有所不同。和睦的家庭往往是其成员都拥有维系家庭的责任意识，这也是我们构建和谐社会的一个基础。不仅要在社会中做一个好公民，在家里面也要尽力扮演好自己应有的角色，承担家庭责任。家庭是社会最基础的单元，如果一个青少年不能承担对家庭的责任，不能孝敬父母，又怎么能指望他去承担其他责任呢？孝敬父母是中华民族的传统美德。在传统中国社会，孝是最重要的善行和德行。孔子说："夫孝，德之本也，教之所由生也。"① 这就是说孝是一切道德的根本，也是一切教化的来源。孝敬父母是调整家庭中父母子女关系的道德准则。苏霍姆林斯基说："一个中学生连他的妈妈也不爱，还能爱别人、爱家庭、爱祖国吗？"② 一语道出了爱父母与爱人民、爱祖国之间的必然联系。他又说："一个公民，一个战士和不屈不挠的人，一个准备为信念捐躯的人是从忠实、慷慨和无私地爱母亲开始的。"③ 爱父母，愿为父母的安宁、幸福承担责任，是一个人爱人民、爱祖国、富于社会责任感的基础。当孩子们在家庭中学会怎样用美好高尚的感情对待父母时，才能较容易地把这种感情迁移到他人，在学校里尊敬老师、友爱同学，在社会上助人为乐，进而才可能升华到爱祖国、爱人民的高度，自觉地为国家富强而努力。学生是未来婚姻家庭的主体，婚姻是人类社会一个永恒的话题，而责任对维持婚姻的稳固起着很重要的作用，这一点毋庸置疑。这种责任便是男女双方都要对自己的小家庭共同承担的义务及自己在家庭当中享有的权利，他们是平等、互爱的关系。每个人都要对家庭负责。家庭既是社会的细胞，又是个体自身再生产的基本单位。对每个人而言，家庭都是不可或缺的"情感之园"，家庭的存在和发展也依赖于家庭成员承担家庭责任，如父母养育子女、子女赡养老人。对家庭负责是社会稳定和发展的基本前提，家庭也必然要赋予家庭成员以家庭伦理责任。学会对家庭负责是学校道德责任教育的重要内容。家庭是与青少年关系最为密切的群体，青少年的生存与发展都离不开这个群体。作为家庭的一员，一直受父母的关爱、长辈的厚爱，他们承载着父母和长辈的希望，不仅有接受家庭无私馈赠的权利，而且也应该在能力许可的范围之内承担起对家庭的责任。我国古代思想家主张的

---

① 《孝经》。

② ［俄］苏霍姆林斯基：《关于全面发展教育的问题》，湖南教育出版社1984年版，第163页。

③ 同上。

所谓"齐家",在某种意义上,就是要求人人必须具有对家庭的责任意识。每个人都应当热爱自己的家庭,对家庭承担一定的责任。

(三) 公民国家责任意识

公民是与国家相对应的概念,离开国家就无公民可言,青少年公民责任意识中重要组成部分之一就是国家责任意识。国家责任意识就是公民对国家的归属感和认同感。对于国家的认同,就是在拥有某一个国籍的前提下或者某种政治感情的基础上而产生的集体认同。国家意识是一个国家的公民对国家的认同和向心力,是公民个体对国家忠诚并承担相应义务责任,同时取得相应权利保障的认识和心理状态。所谓国家责任意识是公民对于自己与国家之间关系的基本认识以及对国家主权、国家利益、国家尊严自觉维护的责任认识和情感。国家责任意识包含了公民对主权、民族、国际平等方面意识。国家责任意识主要培养公民建立国家观念,即树立民族自信心、自尊心和国家利益观念,从个人对国家的依存关系中意识到个人命运和国家命运息息相关,自觉维护国家的尊严。爱国主义是国家责任意识的核心,是最高层次的国家责任意识的表现。青少年是祖国的未来,他们的国家责任意识的强烈与否,关系我们社会主义事业的成败。

(四) 公民参与责任意识

公民参与作为一种政治行为自然也离不开心理意识即参与意识的驱动。所谓参与意识就是公民在政治参与过程中对社会政治关系以及由此而形成的政治行为、政治体系、政治现象等政治生活各个方面的一种自发的心理意识,主要表现为人们对国家政治的态度、兴趣、信念等。其在深层次上影响着公民参与的质量。公民参与主要是指公民介入公共事务、参与公共管理,如参加选举、村民自治、民主评议政府、公共管理决策和公民监督等活动。具体形式表现为讨论、对话、选举、投书、请愿、结社等形式。公民的各项权利需要通过参与才能得到体现,才能表达自身利益和要求;同时公民参与也为公共机构和公共政策体系提供了合法存在和合理运行的基础。公民参与作为普通公民为争取、实现和维护自身利益,自觉依据宪法和法律,通过一定的方法和途径参与国家政治生活的政治行为,是实现公民权利、保障人民主权的重要形式。

作为一种社会意识，参与意识的形成有着复杂的现实基础和深刻的社会根源。马克思主义认为，参与意识有其特定的内涵和反映对象，其实质是对现实的政治关系和政治生活的心理反映，是在政治社会化过程中形成的心理倾向和心理定式。法国启蒙思想家霍尔巴赫指出："人从本质上就是自己爱自己，愿意保存自己，设法使自己的生存幸福。所以，利益或对于幸福的欲求就是人的一切行为的动力。整个社会也会因为个人追逐私利的活动而达到富裕繁荣的结果。"[①] 因而参与意识积极与否在根本上取决于参与活动能否实现公民的利益需要。如果公民的利益在参与中得到实现，那么"已经得到满足的第一个需要本身、满足需要的活动和已经获得的为满足需要用的工具又引起新的需要，从而形成积极的参与意识并使之得到不断的推动和提高。反之，如果参与政治不能实现利益甚至有损于利益的实现，公民参与受挫就会打击其参与热情并最终形成消极的参与意识"[②]。从实际情况来看，我国的公民参与大多属于动员型参与，公民主动参与的意识淡漠，公民参与意识的淡漠固然与自身素质有关，也受到经济因素的制约，但是参与政治能实现公民的利益无疑是更为重要的原因。公民作为政治共同体的成员，应具有积极参与和监督公共权力运行的主人翁意识。公民应意识到自己有权参与国家权力的运作，如参与国家立法权的运行，分配各方的权利义务，参与政府行政决策的形成过程等，能够意识到国家是与公民本身相对应的一方权利义务主体，国家权力运行的程序和效果都将影响着自己的权利义务的实现。"任何参与，即使是参与最小的公共职务也是有益的。"[③] 在参与中公民才能切身体会自己的权利和义务，并逐渐形成理性的参与意识。

公民参与责任主要表现在两个层面：一是社团层面，二是国家层面。公民积极参与公民社团活动，在公民社团活动中培养公共精神和公民认同。在国家层面，公民通过积极广泛地参与政治生活而主张其政治权利，塑造公共精神和青少年公民责任意识。

---

① ［法］霍尔巴赫：《自然的体系》，管士宾译，商务印书馆1999年版，第121页。
② 张云龙：《论公民参与意识的制度保障》，《理论月刊》2006年第3期。
③ ［英］约翰·密尔：《代议制政府》，汪瑄译，商务印书馆1984年版，第55页。

（五）公民法律责任意识

法律责任意识是法治模式构造、运行与变迁的先导和基础，直接决定和反映着一个国家的法治状态和法治水平。法治的实践，不仅意味着社会管理结构的改革与制度模式的变迁，更意味着人们的法律意识与法制实践的同步更新与发展。"法治是一种观念，一种意识，一种视法为社会最高权威的理念和文化。"[1] 法治内在地要求价值理性和工具理性的高度统一。正像伯尔曼在谈到法律信仰时说的，"法律必须被信仰，否则它将形同虚设。它不仅包含有人的理性和意志，而且还包含了他的情感，他的直觉和献身，以及他的信仰"[2]。对于为什么要信仰法律，洛克在《政府论》中有着精妙的阐述：法律按其真正的含义而言，与其说是限制还不如说是指导一个自由而有智慧的人去追求他的正当利益，它并不在这受法律约束的人们的一般福利范围之外做出规定。从理论上说，公民法律意识是由法治情感、法律认识以及法律理念三个部分构成的。法律情感是人们对法律，主要是现行法律的心理情绪体验，也是人们依据现实的法律制度能否符合自身物质和精神的需要而产生的喜好或厌恶的心理态度。法律认识是公民对法律现象，主要是现行法律制度内容的了解和把握程度。由此看出，法律认知的核心是对法律权利义务规定的了解与把握，这是公民依法行使权利、履行义务的前提，从而使主体充分了解和认识到法律赋予自己的权利和义务，即可以做什么，应当做什么，不应当做什么，同时比较准确地预见到相应的法律后果，从而尽最大可能地保证行为的合法性。法律理念是公民在对法律的理性认识基础上对法律产生的理性心理体验，是法律情感和法律认知的理性升华，是以民主、自由、平等和人权等价值追求为依归的法律理想和信仰。它作为对法律的理性认识，具有一定的超前性，它摆脱了对现存法律制度自发的直观心理体验和认知的局限，是公民关于法的心理状况的上层理性境界。总之，法律意识是人们对客观法律现象的主观反映，即人们对于法和法律现象的思想、观点、知识和心理的总称。它包括对法的本质和作用的看法，对现行法律的要求和态度，对人们的行为是否合

---

[1] 汪太贤、艾明：《法治的理念与方略》，中国检察出版社2001年版，第129页。
[2] 曹刚：《法律的道德批判》，江西人民出版社2001年版，第176页。

法的评价等。法律意识主要培养公民知法、懂法、守法、护法和用法的意识与行为，维护法律的尊严，以保障社会的正常秩序和公民的合法权益。卢梭说过："一切法律之中最重要的法律，既不是铭刻在大理石上，也不是刻在铜表上，而是铭刻在公民的内心里，它形成了国家的真正宪法，它每天都在获得新的力量，当其他法律衰老或消亡的时候，它可以复活那些法律或代替那些法律，它可以保持一个民族的精神。"[①]

（六）公民社会责任意识

社会责任是对社会的负责，是指作为社会的成员对社会应当承担的责任、义务，也可以说是为保证自己能在社会中持续生存和发展而必须对社会的付出。青少年社会责任的承担关系着自身的健康成长，关系着社会的健康发展。唯物史观认为，从人类历史的发展看，个人与动物的最终分离，是与人类社会的出现相一致的。个人的生存和发展离不开社会，个人只能存在于人类社会之中。每个现实的人生存所需要的一切，只有通过社会才能取得，而且人的才能、知识和经验本身也是社会所造成的精神文明与物质文明的产物。同时，社会的发展，又是通过所有个人的集体努力而实现的，一切个人活动的总和构成社会的整体运动及其成就。责任意识要求他们的价值观念以及所从事的社会实践活动，要从人类的整体利益出发，站在人类社会根本利益的立场，自觉维护整体人类的生存和发展。个人总是处在一定的社会中，每个人在自己的生命历程中都处在多重的社会关系中，他在接受先于他而存在的社会关系以及创造社会关系的过程中，无时不以某种方式与社会发生关系，因而随时都面临着怎样处理个人发展和社会发展、个人自由和社会秩序及社会团结的关系问题。正是由于个人和社会的这种显而易见又极为重要的关系的存在，要求个体无论何时何地，都必须对社会存有道德责任心。社会责任作为一种道德情感，是指有胜任能力的人在一定历史条件下，对他人、对社会所承担的社会责任和使命的态度。社会责任是一个人对祖国、对民族、对人类的繁荣和进步、对他人的生存和发展所承担的职责和使命。在现实社会生活中，"服务人民，奉献社会"是个体承担对社

---

① ［法］让-雅克·卢梭：《社会契约论》，何兆武译，商务印书馆2003年版，第112页。

会责任的客观表现。青少年作为祖国建设的生力军，作为社会主义建设的接班人，所应承担的社会责任非常广泛。"尊重社会"是尊重被社会群体所认同的共同价值和行为规范，是遵守社会的基本道德规范。

公民的社会责任意识是公民意识的理性化体现，目的在于保证社会的秩序。社会责任意识最终使人成为真正意义上的公民。个人与社会的关系是社会学的核心问题，马克思主义认为："全部人类历史的第一个前提无疑是有生命的个人的存在。但是同时又认为，个人不是独立自主的存在，而是社会实践的产物。既然如此，个人与社会的关系，就不应当是分裂、对抗的关系，而应当是相互依存、相互生成的关系。离开了个人的生存和发展，社会便失去了存在的理由；离开了社会，个人也就失去了生存和发展的依托。如果人人都不对社会负责，到头来谁的利益也不能得到保障。这就是说，必要的合理的社会责任或义务，作为社会规律在现实关系中的具体规定，是个人生存和发展不可以逾越的前提。"[1] 人的社会责任是社会对个人的一种规定和使命。"作为确定的人，现实的人，你就有一规定，就有一使命，就有一任务。"[2] 相对于个人来说，社会责任则是一种不可推托、必须完成的"任务"。这有两个方面的含义：一方面是人必须承担一定的责任和任务，这是由人的社会属性所决定的。为他人和社会服务，即承担自己所扮演社会角色的责任和任务，这既是个人的生存手段和社会发展的必要条件，又是维系人与人之间、个人与社会之间关系的最基本的纽带。另一方面，人必须对自身行为的后果负责。既然人在现实生活中表现出来的行为是在社会实践中选择的结果，那么，人对自己选择的行为就负有不可推卸的责任。

（七）公民环境责任意识

"所谓环保责任意识，是指人们在认知环境状况和了解环保的基础上，根据自己的基本价值观念而发生的参与环境保护的自觉性，它最终体现在有利于环境保护的行为上。"[3] 青少年的环境意识水平直接反映出公众对环境保护的态度和行为。联合国教科文组织与联合国环境规划

---

[1] ［德］《马克思恩格斯选集》（第4卷），人民出版社1972年版，第343页。
[2] 同上。
[3] 王可：《论我国的环境法制的立法基础与完善》，《武汉大学学报》（社会科学版）2007年第2期。

署合作召开的"政府间环境教育大会",通过了《第比利斯宣言》,确立了环境教育的目标是:"培养人们对城乡地区经济、社会、政治和生态之间的相互关系的清晰意识和关注;向每一个人提供获得保护和改善环境所必需的知识、价值观念、态度、义务和技能的各种机会;创造个人、群体和作为整体的社会对待环境的新的行为模式。"① 青少年的环保责任意识就是要认识到"人类应享有以与自然和谐共处的方式过健康而富有生产成果的生活权利,并公平地满足今世后代在发展和环境方面的需要"②。而且"环境问题只有在相关层次上所有有关公民的参与下,才能得以有效解决"③。青少年要清晰地意识到地球上所有的生物物种享有其栖息地不受污染和破坏,从而能维持其生存的权利,人类承担有保护生态环境的责任;每个人都有义务关心他人和其他生物,破坏、侵犯他人和其他生物物种生存权利的行为是违背人类责任之行为。外部自然界是人类的生存环境,人如何对待自然,实际上就是人如何对待自身的问题。全球伦理在全球一体化的今天,从生态环境到人的精神状态都面临前所未有的困境。今天的人们都在牺牲明天的环境进行经济建设,人类需要对自己的思想和行为发动一场深刻的革命。"对生态环境负责"要求我们对科学技术改造自然、征服自然造成的生态环境的严重破坏的一系列行为进行深刻反省,确立人和自然互相依存、谁也不主宰谁的观念;关心其他生命物种,减少环境污染,建立新的价值体系,形成生态文明形态,明智利用资源,维持全球可持续发展,"尊重自然"就是尊重复杂的生命网络。

四 青少年公民责任意识的评价维度

(一) 公民意识的核心

对于一个公民来讲,取得公民资格是容易的,甚至不需要经过个人的努力。但是公民的责任意识却不是自动生成的,它需要公民的个人努力和社会的培育。公民的责任意识要求公民自觉成为责任的主体,知晓

---

① 赵中建:《全球教育发展的研究热点》,教育科学出版社1999年版,第10页。
② 王可:《论我国的环境法制的立法基础与完善》,《武汉大学学报》(社会科学版) 2007年第2期。
③ 同上。

自己应负的个人、家庭、国家等责任，判断一个人具不具有宪政意义上的公民人格，首先看其有没有走出平民被动的社会角色，自觉成为国家和社会事务的主人，成为宪政的主体。

（二）民主政治的精髓

现代公民社会一定是民主的社会。什么是民主？简言之，民主就是人民当家做主或是多数人做主的制度。民主的实质是多数人的参与，参与本身就是一种自觉的责任，没有青少年公民责任参与意识，这种民主本身就是一种专制。公民对自己权利和义务没有责任去承担，这种民主就是一句空话。很多时候，我们把民主作为一种工作作风和手段，而不是把民主作为一种制度、目的。这样就形成了一种理论上的误区：人民的政权似乎是自然就能代表人民的利益，人民的国家自然就能体现人民的意志。因此，人民没有感觉到自己是这个国家的公民，没有承担公民所应当承担的责任，如参与国家政治的责任、民主选举的责任、对国家权力的监督和制约的责任。这种积极的青少年公民责任意识是真正的民主意识，是公民自觉的政治生活所必需的责任意识，意识到自己对社会管理所承担的责任。如对言论、出版、结社等社会权利，公民只有参与其中，才能使自己的权利得到全面保障，才能体现民主的本质。

（三）道德评判的标尺

"法律是道德的最低尺度"，这是对法律与道德之间关系问题的经典性表述。在任何国家和任何社会形态中，法律与占统治地位的道德原则在本质上都是一致的，统治阶级的法律意识和道德观念之间是互相渗透的，统治阶级通常把本阶级的道德赋予法律效力，把自己的道德标准确认为法律规范。因此，不守法的公民便不是有德行的公民。青少年公民没有责任意识，就不可能正确地评判人们的道德行为。法律与道德服务于一个共同的目的——人类生活的完善。法治作为一种理想的社会模式，其价值在于创造一个正常的社会秩序，使人的合理的愿望、价值和尊严能够在一定秩序下实现，这就需要社会的每个公民有责任把人当人看，尊重人的权利和自由，把人作为目的。人是有自己独特价值的社会存在，这种价值并非因为对他人或事物有用而存在，而是一视同仁的，对非特定个人不加区别地尊重。"人是目的"

是人道主义的原则,这个原则要求在任何时候都以人所应该享有的全部尊严去对待。① 正如伯尔曼所指出的:"责任观念不仅是指对个人的要求和主张,而且在本质上带有'正当'意味,这一点尤其值得注意,因为这是一个道德判断,它表明了道德态度。"② 当我们说公民具有某种责任时,就是肯定了这种责任的正当性、合理性是符合社会道德规范的。从这个意义上说,宣扬公民的责任,落实公民的责任,就是在宣扬社会的道德。

五 青少年公民责任意识形成的特点

本章所归纳总结的青少年公民责任意识的形成特点是区别于作为合格公民所应具备的其他素质而提出的。提出青少年公民责任意识形成特点的目的既是为了将青少年公民责任意识区别于其他公民所应具备的素质,也是为了把握青少年公民责任意识形成的特殊性,为青少年公民责任意识培养提供必要的向导。

(一)青少年公民责任意识形成的复杂性

青少年公民责任意识是公民对自身在社会中的地位、应履行权利和应承担义务的自觉认识,是社会意识的一种。社会意识可分为三个层次:社会意识形态、自然科学思想和社会心理。③ 青少年公民责任意识从具体上说属于社会心理中的个体心理,在个体心理中属于人的自我意识。青少年公民责任意识的形成问题归根结底是自我意识的形成问题。一个人意识的形成是一个非常复杂的过程,有关的自我意识形成的理论也很多,行为主义学派、认知学派、精神分析学派都有相关的论述,本章主要用具有代表性的著名社会心理学家米德的符号相互作用理论来解释公民意识形成的过程。

米德认为,仅仅从孤立个体的刺激—反应行为来说明意识的产生是荒谬的,意识和自我意识的产生取决于个体间的符号相互作用过程中的

---

① 周红:《论法治的制度伦理和个人道德》,《武汉大学学报》(社会科学版)2003年第5期。
② [美]哈罗德·J. 伯尔曼:《法律与宗教》,梁治平译,生活·读书·新知三联书店1991年版,第220页。
③ 《辞海》,上海辞书出版社1999年版,第600页。

角色扮演机制。米德把能传达某种意义的姿势,如动作、形象、言辞等称作符号,并称人是唯一能使用语言符号及其意义系统的动物。米德说,"我们尤其是通过运用各种语音姿态持续不断地在我们身上导致我们在其他人那里所导致的那些反应,所以,我们在自己的行为举止中采用了其他人的态度"。①"我们在另一个人身上导致某种反应的同时,也在我们自己身上导致这种反应,这样,我们就无意识地采用了这些态度。我们不知不觉地使自己处在其他人的位置上,并且像其他人那样活动。"② 也就是说,在自我意识的形成过程中,个体经验到他自我本身,并非直接的经验,而是间接的经验,是从其他个体的特定观点来看待他的自我。依据米德的理论,青少年公民责任意识是通过个体间符号相互作用而产生的。在青少年公民责任意识形成过程中,个体借助表意符号与他人相互作用的行为使个体能够了解和采取他人的态度,进而扮演他人的角色。通过角色扮演和角色互换,个体可以体察别人的态度、观点,从而认清自己及自己所应处的地位、应履行的权利及应尽的义务,进而形成应有的青少年公民责任意识。

米德还认为,人在行动时还会了解到群体多数成员的态度,或称"概括化他人"的态度,因此他知道行动的限度,并在这个限度内进行自己的"设计",然后付诸实施。我们可以把个体获得其自我统一体的有组织的共同体或者社会群体,称为"一般化的他人"。一般化的他人的态度,也就是整个共同体的态度。对于任何一个既定的人类个体来说,没有生命的客体、其他人类有机体和人类的活动,都有可能构成这种一般化的和有组织的、完全社会化的、他人的组成部分。当个体能够采取他人看待自己的态度时,他就有可能形成对自我的客观认识,当个体能够在有组织的集体活动中采取该共同体的态度时,他就可以获得一个完整统一的、充分发展的自我,而且他作为这些社会规划或者合作事业的个体参与者,也因而能够驾驭他自己的行为举止。公民个体其自我意识的形成必然受到"一般化他人"态度的影响,公民必然受其所在的共同体所持态度的制约,而只有在这种制约

---

① [美]乔治·赫伯特·米德:《心灵、自我与社会》,霍桂桓译,华夏出版社1999年版,第73页。

② 同上。

下，公民才有可能形成充分发展的健康的自我。应处于何种地位，是否具有权利和应尽怎样的义务，都是在共同体整体态度的影响下，个体形成的对自我的认识。也正因如此，共同体整体的观点态度是至关重要的，而个体从心理上选择怎样地能把自己列入、与之对照，并在评价、态度、行为上和在规范与价值观形成上接受影响的参照群体也是同样关键的。青少年公民责任意识的形成有赖于参照群体相应地使个体必须遵循的行为标准，也有赖于公民能否借参照群体作为比较标准和出发点用以评价自己和他人，进而确认自己地位或对他人应有的权利和责任。

可见，青少年公民责任意识的形成过程是非常复杂的，青少年公民责任意识的形成是个体间符号相互作用的结果，也必然受"概括化他人"的影响，使公民意识的形成取决于多种因素的综合作用，这些因素包括个体掌握运用共有符号的程度、个体将符号作用于其他个体的能力、个体间符号相互作用的效果、共同体的态度等。青少年公民责任意识形成的复杂性，为公民意识形成造成了一定的阻碍，也对教育提出了较高要求。

(二) 青少年公民责任意识形成的曲折性

青少年公民责任意识的形成受个体因素、环境因素和个体实践活动等多重因素的影响，在多重因素的影响下，青少年公民责任意识的形成必然有很多不确定性和难以预测性。尤其是青少年公民责任意识作为个人的自我意识，它的形成更易受个体心理状态的影响，导致青少年公民责任意识的形成具有曲折性。

青少年公民责任意识形成的曲折性主要体现在"意义障碍"和"知行脱节"两个方面。人们学习和掌握科学文化知识，是从不知到知、从不懂到懂的过程，在这个知识学习的过程中，只要人们能理解弄懂，就能接受，不存在一种感情上能否接受的问题。青少年公民责任意识的形成，虽然同样经历对自身地位，尤其是对应有权利和义务的了解从无到有的过程，但与前者不同的是还要解决一个情感上是否愿意接受的问题。在某些情况下，有些公民虽然理解和掌握了公民所应有的权利和义务的知识，但并不一定能接受，他们有时表现为"忽视"或表面服从和接受，内心却不情愿；有时表现为"对立"情绪，甚至拒绝接受。这种不愿接受和拒绝接受在心理学上称为"意义障碍"①。青少年公民责任意识形成过程中的"意义障碍",就是公民头脑中存在的某些思想观点或心理因素阻碍他们对公民应有的权利和义务进行真正意义上的理解,从而不能将这些权利和义务转化为自己的内在需要,形成意识,并付诸实践。

青少年公民责任意识产生意义障碍的原因一般为:一是这种权利与义务的要求不符合某些公民原有的心理状态和水平。受教育程度和文化水平决定了某些公民的心理状态达不到所要求的水平,缺乏接受权利与义务意识的能力。二是对公民权利与义务的要求与某些公民目前的内心需要相矛盾。公民物质上的需要和浅层的娱乐性的精神需要在公民的内心需要中占相当大的比重,从而使得成为公民并承担责任居于非常次要的地位。三是存在的落后传统意识和观念,尤其是中国传统社会心理中"臣民"意识的影响,使某些公民对权利和义务的要求难以达到真正意义上的理解,尤其不愿意行使自己的权利。四是社会生活中存在着很多不良现象,诸如个别强权主义对他人权利的践踏,对应承担义务的蔑视,助人为乐的行为得不到理解,以自我为中心、自私自利等行为都给公民带来了极坏的反面影响,使公民产生对自身所拥有的权利的不信任感,也没有积极性来承担义务。可见,对青少年公民责任意识的形成的关注不能仅停留在对权利与义务有关知识、技能的关注上,主体能否从情感上愿意接受也是青少年公民责任意识形成的必要条件。另外,公民在形成意识之后,将观念付诸实践,能否达到知行统一也需要我们关注。某些公民已经认识到应该承担的义务和应享受的权利,但却不愿意付诸实践,知行脱节,造成青少年公民责任意识的曲折发展。造成青少年公民责任意识形成上"知行脱节"的原因是多方面的、复杂的,探讨这些原因,有利于克服公民教育的简单化,也有利于公民意识的形成和增强。其主要原因为:一是公民理解水平不高,限制了对公民应有权利和义务认识的理解内化,不能正确理解,就不能在社会生活中运用。显然,这不是公民主观意愿上有意识地"知行脱节",而是青少年公民责任意识形成过程中的一种自然现象。针对这种情况,我们就应该加强

---

① 朱智贤:《心理学大词典》,北京师范大学出版社1989年版,第129页。

公民教育，在知识技能教育的基础上，把使其内化作为首要的目标。二是青少年公民责任意识缺少公民情感上的认同和意志力的保障，所以在环境得不到保障或与个体的利益关系冲突的时候，青少年行为通常居于弱势。青少年公民责任意识的形成充满曲折性的特点，对青少年公民责任意识的培养提出很高要求，要求公民教育在承认青少年公民责任意识形成存在个体差异性的基础上，尽可能地调整和引导个体的心理状态和认识状态，促使个体形成社会认同的青少年公民责任意识。

第二节　影响青少年公民责任意识形成的基本因素

人的行为、态度、意识不是单纯由人的心理活动决定的，也不完全是环境作用的结果，它不是固定不变的，也不是没有规律可以遵循的。以公民政治、民主意识为主要内容的青少年公民责任意识主要是由个体与社会环境相互作用的活动形成的。青少年公民责任意识的形成离不开环境的影响。本章探究影响青少年公民责任意识形成的基本因素从三个方面入手，即社会的、学校的、家庭的。

一　社会环境

社会环境指的是政治的、经济的和文化的环境等方面的因素。公民意识的形成离不开一定的环境，环境因素作为青少年公民责任意识形成的外部条件始终发挥着重要的作用。当环境不利于青少年公民责任意识的形成时，它阻碍、制约青少年公民责任意识的顺利形成；相反，它又可以促进青少年公民责任意识朝着积极的、正向的目标发展。每个人都以一定的方式生活在一定的社会环境之中，并受其制约和影响。正如马克思所说："人的本质并不是单个人所固有的抽象物，在其现实性上，它是一切社会关系的总和。"[①] 社会环境对人的青少年公民责任意识的形成具有重要意义，它包括政治、经济、文化、社会组织、大众传播媒介等方面。

（一）政治因素

政治因素包括国家、政党、政治法律制度等因素，它们具体表现为

---

① [德]《马克思恩格斯选集》（第4卷），人民出版社1972年版，第365页。

国家的意志，组织的力量，政治路线、方针、政策和法制力量。我国的基本政治制度包括人民民主专政的国家制度、人民代表大会制度、共产党领导的多党合作和政治协商制度。只有在健全的社会主义民主制度和法律制度下生活，依法参与国家政治、经济、文化等各项社会事务的民主管理和监督的实践，青少年公民责任意识才能不断地发展成熟。党的十一届三中全会以前，我国的政治体制是为适应计划经济体制的需要而建立的高度集权的体制，是一种个人权威、行政命令和行政权力相结合的体制。国家对社会的管理和控制有明显的"人治"色彩。民主法制建设很落后，无法可依、有法不依的现象严重存在。在这种情况下，个人迷信、个人崇拜、个人独裁是难以避免的，相反公民的平等竞争、自主开拓、民主管理、依法办事等民主权利的实现受到限制。特别是"文化大革命"期间，公、检、法被砸烂，社会正常秩序荡然无存，抄家、武斗、管制之类的"群众专政"畅行无阻。可见，在公民的合法地位和权益得不到制度和法律的保障的情况下，公民意识是无法形成的，有的只能是群众意识和臣民意识。

改革开放以来，我国把社会主义民主政治建设作为政治体制改革的主要目标。40年来，我国的政治体制改革和民主法制建设都取得了很大的成绩。人民代表大会制度和共产党领导的多党合作与政治协商制度取得巨大进步，基层民主制度和民主科学决策制度初步建立，立法、执法、司法工作步入正轨。党的十八大以来，习近平总书记多次指出依法治国是坚持和发展中国特色社会主义的本质要求和重要保障；坚持中国特色社会主义法治道路，最根本的是坚持中国共产党的领导，建设中国特色社会主义法治体系、建设社会主义法治国家，坚持依法治国、依法执政、依法行政共同推进，坚持法治国家、法治政府、法治社会一体建设。如习近平总书记"在中共十八届四中全会第二次全体会议上的讲话"指出："国无常强，无常弱。奉法者强则国强，奉法者弱则国弱。"我们必须把依法治国摆在更加突出的位置，把党和国家工作纳入法治化轨道，坚持在法治轨道上统筹社会力量、平衡社会利益、调节社会关系、规范社会行为，依靠法治解决各种社会矛盾和问题，确保我国社会在深刻变革中既生机勃勃又井然有序。在国家民主法制制度的保障和要求下，公民行使权利和承担义务的情况都有了好转。但总体说来，我国的政治体制改革和民主法制建设相对滞后，适应社会主义市场经济发展的政治体制尚在建设之中，民主法制建设尚有待完善，这必将影响到公民民主权利的实现和青少年公民责任意识的增强。因此，必须加快政治体制改革和民主法制建设，才能为青少年公民责任意识的形成提供可靠的政治保障。

（二）经济因素

马克思认为，在一切社会发展的因素中，经济因素是整个社会生活和所有社会意识形态的决定力量和最终源泉。不仅政治因素直接影响和制约青少年公民责任意识的形成，而且作为政治制度的基础的经济制度、经济关系也直接或间接地影响和制约青少年公民责任意识的形成。长期以来，小生产方式即以家庭为基本单位的生产方式在我国社会经济中占相当大的比重。马克思指出，小农的"生产方式不是使他们互相交往，而是使他们相互隔离"[①]，"他们不能代表自己，一定要别人来代表他们。他们的代表一定要同时是他们的主宰，是高高站在他们上面的权威，是不受限制的政府权力，这种权力保护他们不受其他阶级侵犯，并从上面赐给他们雨水和阳光。所以，归根到底，小农的政治影响表现为行政权支配社会"[②]。这种生产方式最大的特点就是因循守旧、墨守成规，造成劳动者本能地倾向于专制，民主要求、公民意识极为淡漠。直到现在这种小农经济的生产方式影响还没有消除，它对我国公民自主、平等、竞争等性格的培养，对他们积极参与社会活动、享有自己权利和承担自己义务的观念与能力的形成产生了一定的不良影响。

市场经济为青少年公民责任意识的形成提供了物质基础和意识形态上的保障，为青少年公民责任意识的形成创造了有利条件。事实也证明，改革开放之后，我国的青少年公民责任意识水平也有了很大的提高。但是，我国市场经济体制尚未完全建立起来，小农经济的生产方式、计划经济的管理方式"遗迹"还大量存在，还有很多问题严重影响着青少年公民责任意识的形成，因此，必须加快社会主义市场经济体制的建立和完善。

---

① ［德］《马克思恩格斯选集》（第2卷），人民出版社1972年版，第252页。
② 同上。

（三）文化因素

文化的内涵十分宽泛，它有广义和狭义之分。一般来讲，文化指的是社会成员所共有的一整套价值观、意义和物质实体，是一个社会的全部生活方式，由物质文化、规范文化和认知文化这三大互相关联的部分组成。人在社会中生活除了受政治、经济因素影响外，不可避免地也要受文化因素的影响。影响我国青少年公民责任意识形成的文化因素主要是民主文化的因素。我国封建社会所形成的"爱国""重民"，崇尚"圣君""明君""贤君"等民本思想根深蒂固，至今还深深地影响着人们的思想观念和行为。"爱国""重民"思想使一些领导总是把自己摆在"救世主"的位置，难以摆脱"人治"思想；崇尚"圣君""明君""贤君"思想使人崇拜权威，筑成附庸意识，不愿或者不敢参政议政，甘当"驯服良民"。因此，民本思想的存在必然抑制青少年公民责任意识的发展。五四时期的思想启蒙运动第一次将民主和科学引入中国，是对中国封建主义思想的强烈震撼，对中国的发展产生了深远的影响。在这期间，很多思想家、教育家都为这一股先进思潮的延展提供很多思想上和理论上的支撑，例如蔡元培、晏阳初等。民主和科学的思想开始深入人心，但是没有形成思想体系。以至于在后来的对封建主义的彻底批判中，中国没有在旧思想的废墟上建立起能够成为人们的信仰、为人们所追求崇尚的思想体系和意识观念，使青少年公民责任意识的形成失去了意识观念的基础，也造成了"文化大革命"和改革开放中的种种问题。

（四）大众传播媒介因素

大众传播媒介属于文化因素中的一部分，但由于它对于营造社会环境，尤其是政治环境氛围起着极其重要的作用，本章将其作为单独的一个影响因素进行分析。在现代社会中，报纸、杂志、书籍、电视、广播、电影等印刷媒介和网络、微信等电子媒介这些宣传工具几乎每天、每时都源源不断地以不同的方式把各种信息提供给人们，这些信息中所包含的许多直接的或间接的政治内容就潜移默化地影响着青少年公民责任意识的形成。大众传播媒介所宣传的生活模式、生活态度、大众的行为趋向及政治倾向性、经济状况等对公民对自身在社会中地位的认识、应有的权利和义务的范围、应有的行为模式和观念态度都有很强的导引作用。另外，大众传播媒介可以通过多种方式、方法直接或间接地向广大公民传播社会各方面的知识，使他们日益扩展对社会、国家的认识，从而从整体的角度深刻地认识自身。大众传播媒介还具有通过传递信息影响公民的行为模式，把公民内在的认知、情感和态度转化为外在的行为的作用。大量事实表明，正面接触传播媒介越多的公民，越能积极行使权利和承担义务。

近几年的实践证明，我国的大众传播媒介为青少年公民责任意识的形成创造了良好的环境，对于提高我国公民素质、建设社会主义民主政治、加强社会主义核心价值观教育、正确引导社会舆论、强化人们以经济建设为中心的观念、为深化改革创造良好的心理环境等方面都发挥了积极作用。当然，也应看到其不足的一面。我国的大众传播媒介的政治辨别力还有待加强，特别是网络对公民的影响，良莠参半，对公民尤其是青少年公民责任意识的发展有着极其不良的影响。这就要求社会必须不断地对大众传播媒介进行规约完善，以期使大众传播媒介充分发挥参与社会生活，尤其是引导政治、文化生活的功能，使我国青少年在参与社会政治经济活动的过程中不断提高自身素质，形成正确的公民责任意识，成为有利于社会和自身发展的良好公民。

二 学校环境

学校作为青少年公民责任意识形成的主要场所是最能够被人们所认识、所理解的。学校教育是有目的、有计划、有组织地向学生传授社会规范、价值标准和知识技能的机构，同时学校又是个体获得信息量最大、信息种类最多、信息来源最广、信息传递时间最长的场所。因此，学校教育是正式地、有效地和系统地培养青少年公民责任意识的重要渠道。国家作为一个政治实体，它的稳定与统一只能依赖于全体公民对国家与政党的认同，对政治的合法性和权威性的认可，对自身义务与责任的确认。这一切都依赖于一种共同的政治文化，学校正是系统地传播这种共同的政治文化的主要环境，通过学校把社会主导的政治文化传输给社会的新一代。因此，学校教育在青少年公民责任意识培养中的地位是不容忽视的。正像苏联著名教育家苏霍姆林斯基曾经说过的，"学校作为为了培养全面发展的人而建立并不断完善起来的教育机构，它的使命是培养一代又一代的新公民，把社会的、科学的、道德的、审美的财富传给他们"。① 学校教育的内容既有时代性，也有阶级局限性。学校教育作为公民意识培养的主要场所也有其负面影响，这一点在资本主义国家表现得尤为明显。在我国，较为完善的社会主义政治民主制度已经成为公民教育顺利实施的保障，我国现阶段对青少年公民责任意识的培养还是初有成效的，但由于公民教育进行的时间不长，很多相关的问题，例如公民教育的实施途径、方法，公民教育现阶段的目标体系问题，公民教育相关配置问题还制约着公民教育的发展，因此，对学校公民教育进行改革势在必行。

三 家庭环境

在影响青少年公民责任意识形成的环境因素中，家庭环境是首要的、最基本的环境。它对于青少年公民责任意识的形成有着长期的深刻影响，尤其是在学前期所占的地位最为重要，它是个体最早接受教化的场所，是人生的第一课堂。家庭中的父母在个体成为公民而具备青少年公民责任意识的初始阶段，是给孩子提供政治信息的最初的和最主要的，甚至有时是唯一的来源。无论孩子从什么途径获得的信息，都要求父母给予解释，父母的说明、解释、评判和态度等对儿童无疑具有权威性。家庭还给儿童提供了主要的信息交流环境和某种缩小了的社会模式。它一方面在某种程度上决定着儿童对社会信息的要求程度和对政治等社会事务的兴趣大小；另一方面，家庭的结构和角色模式、民主或专断的氛围、权威表现的方式、处理问题的手段和方法、家庭关系和父母的婚姻状况等构成了儿童缩小了的并最初生活在其中的"社会环境"，潜移默化地对儿童产生影响。应该看到，家庭对青少年公民责任意识形成的影响具有两重性：一方面，家庭与社会主导的政治经济文化相一致的教化，对其成员的公民意识形成起着积极的促进作用；另一方面，家庭中出现的不符合社会主导的政治经济文化的教化，对青少年公民责任意识形成产生消极的影响。这一点在未成年人身上表现得非常突出。因

---

① ［俄］苏霍姆林斯基：《关于全面发展教育的问题》，湖南教育出版社1984年版，第62页。

此，应加强家庭因素在公民意识形成中的正向功能，减少负向功能。

第三节 当前青少年公民责任意识教育存在的问题

在我国，公民教育的起步很晚，新中国成立后很长一段时间里，公民教育只是出现在个别思想家、教育家的言论里，没有成为国家教育的主要内容，也没有形成体系，直到1995年，原国家教委颁布的中学德育大纲把公民教育列为德育的组成部分。但由于长期以来对公民教育的忽视，仅对公民教育作内容上的补充，并不能解决根本问题，与旧目标内容相应的很多的旧问题仍然是制约公民教育发展的屏障，是我们在解决青少年公民责任意识培养问题之前必须认识清楚的。必须指出的是，青少年公民责任意识是公民教育的重要内容，责任意识是公民意识的核心，只有公民真正地意识到自己作为一个公民的责任时，他才能以一个公民的角色去过国家和社会生活。所以，青少年公民责任意识培养存在的问题也即公民教育存在的主要问题，本章注重强调的是针对青少年公民责任意识这个重要目标所进行的公民教育存在的问题。

一 青少年公民责任意识的现状

（一）青少年公民责任意识的淡漠

青少年对本应由自己承担的责任不了解，或是知晓而不力行。当前在青少年中，独生子女占据了较大的比重，他们明显地表现出公民意识发展滞后的特点，有很多学生还未完全认识到自我与他人、社会的关系，他们在活动中处处以自我为中心，缺乏对他人的关心与同情，主要表现在家庭责任意识模糊、民主参与观念淡薄、封建伦理宗法思想残存、公共精神缺失等方面。有不少学生不太了解父母工作的辛苦，平时有乱花钱的现象。有不少小学生花钱大手大脚，不管家庭的经济情况，盲目与他人攀比消费，一旦要求得不到满足，就与家长吵闹。

（二）青少年公民责任意识的逃避

一些青少年能够清醒地认识到自己所应承担的责任，但出于自我利益或小团体利益的考虑，不愿意承担责任，想尽办法逃避责任。一些青少年的意识中虽然也把自己当作家庭的成员或家庭的主人，但是对自己在家庭中的责任缺乏必要的认识，甚至故意逃避。多数家长反映孩子很少做家务劳动，有三分之一的中小学生从不做家务劳动，三分之一的中小学生难得做一次家务劳动，很多中小学生虽然做家务劳动，但也非出于自觉，而是因为做家务劳动可以从家长那里获得报酬。在与其他家庭成员的关系方面，家庭责任意识淡漠的现象也非常明显，很多中小学生在家庭生活中从不知谦让，对长辈缺乏应有的尊重。上述现象折射出青少年虽有一定的公民责任意识，但不是对自己的公民责任意识尽责，而更多的是选择逃避。

二　青少年公民责任意识培养的地位被忽视

（一）教育观念的忽视

经历了几千年封建社会的中国，缺少民主的积淀。相反，封建社会的集权思想却长期存在。所以，人们在思想观念上对民主的向往不强烈，无法认识到培养青少年公民责任意识的重要价值，也无法将培养青少年公民责任意识作为教育的重大责任。尤其是在应试教育占优势地位的社会大背景下，公民教育缺乏应有的地位，青少年公民责任意识培养就更难以受到人们的重视，在此应试教育思想观念影响下，青少年公民责任意识培养长期被忽视。"而这一现象可以从大众传媒的舆论导向中明显地体现出来，书籍、杂志、报纸、电视、电影，涉及公民教育方面的少之又少，而以青少年公民责任意识培养为主题的内容更是凤毛麟角。公民、公民教育、青少年公民责任意识这些词汇在各种媒体上的使用频率比素质教育、应试教育，比生活用语、商业用语的使用率都低得多。"[①] 可见，青少年公民责任意识和公民教育还没有在人们的头脑中占有一席之地。另外，在思想观念上还存在着对青少年公民责任意识培养的误解，提出要培养青少年公民责任意识，但是常常把青少年公民责任意识仅仅理解为法律意识，并且又把这种法律意识的教育等同于全民普及法律知识的教育，或者往往只从遵纪守法和服从、尽义务等狭隘的角度去理解青少年公民责任意识，所规定和提倡的法律规范大多是禁止

[①] 张少华：《责任教育是公民教育的核心内容》，辽宁师范大学出版社2007年版，第35页。

性的和义务性的，对青少年公民责任意识培养没有本质的理解。以上这些原因使青少年公民责任意识培养长期得不到应有的重视，这对我国青少年的公民责任意识的形成起到了很大的阻碍作用。

（二）教育目标定位的忽视

新中国成立初期，在《中国人民政治协商会议共同纲领》中规定："提倡爱祖国、爱人民、爱劳动、爱科学、爱护公共财物为中华人民共和国全体国民的公德。"据此，我国一向把"五爱"教育作为小学政治思想教育的基本任务，没有把公民作为教育的目标，也没有把青少年公民责任意识作为教育的重要内容。改革开放初期的任务是培养社会主义的劳动者，这是由当时社会发展状况所决定的，公民和青少年公民责任意识难以体现在教育目标之中。而后来提出的德育目标是与教育方针基本一致的，青少年公民责任意识的培养仍没有受到重视。20 世纪 80 年代教育部印发的《改进和加强中学政治课的意见》，明确中学政治课的任务是：以马列主义、毛泽东思想的基础知识武装学生，提高学生认识问题的能力和政治觉悟，培养学生的共产主义道德品质，教育学生坚持又红又专的方向，逐步树立无产阶级世界观和人生观，立志为人民服务，为实现祖国的社会主义现代化而献身。

20 世纪 90 年代，《小学德育纲要》和中学德育大纲分别在全国正式实施，我国公民教育才有了新的开端和起点。《小学德育纲要》中确立今后德育工作的培养目标是，培养学生初步具有爱祖国、爱人民、爱劳动、爱科学、爱社会主义的思想感情和良好品德；遵守社会公德的意识和文明行为习惯；良好的意志、品格和活泼开朗的性格。中学德育大纲则首次将德育工作的基本任务确定为把全体学生培养成为热爱社会主义祖国的具有社会公德、文明行为习惯的遵纪守法的公民。并且在德育内容里，初中阶段的德育内容中，包括"我国公民基本权利与义务的教育"，这表明我国公民教育已向前迈进了一大步，但是还没有直接提出培养青少年公民责任意识，也没有确定青少年公民责任意识培养的具体内容，因此，可以说对青少年公民责任意识培养的重视程度仍然不够。

（三）施教过程的忽视

当前课堂教学过程中，教育者的明确目标还是以传递知识、培养技能为主，青少年公民责任意识培养得不到重视。在各科教学中，在有限的教学时间内，知识和技能所占比重很大，教育者很少能有意识地将知识和技能的教育作为培养合格公民的重要内容，更无有目的地培养青少年公民责任意识。在思想政治课中也是一样，教师的教育目标是为了使学生遵守规范，合乎规格，不是从公民应具有的思想政治素养的角度进行教育，同时也没有对学生的青少年公民责任意识的形成提出要求。受教育者同样缺乏成为合格公民的需要，缺少对青少年公民责任意识的内在精神追求，学习的目的是为了考试、升学、就业。教育与人的内在精神生活剥离开来，教育过程必然是机械的、呆板的，没有生机和活力，学生没有兴趣，教学也不能取得较好的效果。从大的教育过程来看，在儿童从出生开始所接受的家庭教育、学校教育，到后来的社会教育以至终身教育这个过程中，无论从父母的期望及对子女的教养，从学校教育的教育目标及实施，从社会教育力量的引导思想等方面来看，都只是为了培养优秀的个体，培养精英，都缺乏对学生公民素质的要求和培养，对青少年公民责任意识的培养就更加薄弱。

（四）德育评价的忽视

评价上的忽视首先体现在，没有将青少年公民责任意识作为评价的重要指标，而把考试成绩作为评价人、教育效果、学校的单一的权威的标准。学生的思想道德水平如何仅作为评价中形式上的参考，是否为合格公民，是否具有合格的青少年公民责任意识不是评价教育效果、评价学生优劣、评价学校好坏的标准。"具体说来，我们国家教育评价仍停留在比较传统的阶段，对国家教育水平的衡量，还是看教育的普及率，拥有高学历水平的人数，而整个国家国民素质向公民的要求前进了多少却没有受到重视。一个学校能否备受青睐，看的是它的教育效果，而教育效果的好坏，却仅凭升学率的高低来衡量，升学率高的学校就是好学校。"[①] 而这个学校是否注重学生品德修养的培养，有多少目标和举措是为了培养合格的公民，能否为青少年公民责任意识的形成提供切实的保障等却得不到人们的关心，更不是择校的标准。人们被短期的功利目标蒙蔽了双眼，在教育的评价手段上难以体现对青少年公民责任意识的要求。评价上的忽视还体现在，公民教育体系还没有真正建构起来，仍

---

① 田树仁：《好学校的核心是什么》，《中国教育报》2008年1月6日。

缺少对青少年公民责任意识形成状况进行有效评价的重视,缺乏针对青少年公民责任意识发展情况的评价手段。

三 青少年公民责任意识培养内容上的异化

(一) 缺乏生活性、实践性、层递性

公民教育的目标是实现个人对社会的认同,是个人对社会应尽义务和应履行权利的统一,主要是为了培养健全的青少年公民责任意识。因此,公民教育与个人的社会生活紧密相连,是调节个人与社会关系的重要渠道,生活性和实践性应该成为公民教育必备的特征。然而到目前为止,由于没有对公民教育目标进行深刻认识和有效落实,没有对青少年公民责任意识形成的特点和规律进行科学认识,德育有关内容里面更多的是对国家政治制度、政府结构形式的概括性陈述、关于法律规范的诠释,以及对于政治历史中英雄人物的介绍。这些内容大多以抽象的知识形式存在,缺少与现实生活的联系,不符合青少年的内心需要,无法引起青少年的共鸣,违背了青少年公民责任意识形成的特点和规律,因而也不能促使青少年有关的意识观念的形成。而最通常使用的教学方法是讲授、灌输,而不是讨论、辩论和广泛地参与社会生活实践。由于方法的局限,在青少年公民责任意识培养过程中,青少年注意力更多地集中在记忆事实上,而不是解决实际问题上,严重缺乏实践性。因此,公民教育并非因其关注国家政治历史或当代事件而引人注目,也并没有因为它激发了青少年的兴趣而引起注意,青少年公民责任意识培养也因为缺少相应教育内容的支撑难以取得效果。

公民教育是一个终身教育体系,人一生中要不断接受各种各样的教育,才能使其逐步地具备一个公民所应有的素质,以满足社会发展不断提出来的需要。各个阶段对青少年公民责任意识的要求也应有所不同,内容和难度都应是逐步提高的。而内容上缺乏层递性是现实青少年公民责任意识培养存在的又一问题。对小学生进行马克思主义人生观、世界观的教育,对大学生进行基本行为规范的教育,就已成为我们司空见惯的做法。这主要是因为高等教育阶段在树立学生崇高的理想和人生观的同时发现学生缺少基本行为习惯。而究其根源就在于我们在教育内容的安排上,基础教育阶段过多强调了思想观念的教育,忽视了行为习惯的养成，在高等教育阶段恶补行为习惯的教育就在所难免。毫无疑问，教育内容上的颠倒和无序必然造成教育资源的浪费，并给教育的长远发展带来很多隐患和难解的问题。

(二) 重"义务"教育，轻权利教育

我们国家的传统历来是重视对个人义务的教育，强调个人利益服从国家利益，个人应全心全意为国家服务，而一直缺少对个人应有权利的引导和教育。在我国占主导地位的思想教育、遵纪守法教育、公德教育等都是从义务的角度入手的，有很强的禁止性和强迫性，而公民应有的权利仅是作为宪法中的法律条文，并未成为教育内容。近几年，虽然培养"四有"公民已经成为我国精神文明建设的目标，但与发达国家相比，我国公民教育仍未得到充分的发展，表现为内容上偏重义务教育，轻权利教育。例如，在《公民道德建设实施纲要》中规定的公民道德建设的主要内容是"要坚持以为人民服务为核心，以集体主义为原则，以爱祖国、爱人民、爱劳动、爱科学、爱社会主义为基本要求，以社会公德、职业道德、家庭美德为着力点。在公民道德建设中，应当把这些主要内容具体化、规范化，使之成为全体公民普遍认同和自觉遵守的行为准则"。从以上内容来看，《纲要》强调的是青少年应尽的义务，是为人民服务，服从集体，遵守社会公德、职业道德和家庭美德。青少年应有的权利及权利有关方面的教育没有作为内容之一，体现出内容上的欠缺。

(三) 重知识技能教育，轻思想观念培养

与语文、数学等科目不同，公民教育的目的不在于掌握知识和技能多少，而在于青少年公民责任意识的养成，公民应具备的知识和技能作为青少年公民责任意识形成的基础也是非常必要的，但不是教育和学习的最终目的。我们的最终目的是让学生形成观念，并能在一定的环境条件下承担责任，勇于践行。就我们目前所进行的公民教育内容来看，无论是编写的教材还是在实际的教学过程中，知识技能所占的比重还是远远大于思想观念所占的比重，目标仍停留在对学生知识的传授上，对学生的要求就是记忆背诵，对学生的评价就是掌握知识的准确度。对知识能否被学生内化为自己的思想观念，学生能否运用知识解决实际问题的状况缺乏衡量的标准，也没有将思想观念作为重要的指标来审核教学情况。

四　青少年公民责任意识培养的环境资源匮乏

（一）校园环境资源匮乏

环境是一种无形的力量，它对公民意识形成的方方面面有着强大而持久的影响，它为每个人的行为提供了条件，同时也就规约了每个人的行为方式，从而影响着社会群体，最终影响着社会的运转活动，因此，环境的作用是不可低估的。青少年公民责任意识培养需要丰富有利的环境资源，无论是物质环境还是精神文化环境，都将制约影响着青少年公民责任意识的形成。然而青少年公民责任意识培养所占有的环境资源仍十分匮乏。从校园环境来看，物质方面，公民教育缺乏必要的图书资料、道具、场所，缺少时间上的保障；精神方面，缺少学校、教师的重视、支持、引导、鼓励，缺少相应制度保障；校园文化中也缺少民主的氛围，校园活动、校园的设置、学校风气都缺少公民教育方面的内容。环境资源的匮乏往往很难使学生产生对公民身份的向往，以及对公民有关的知识、技能的学习兴趣，即便有要求，也会因缺少学习的环境和氛围，使这种学习不完全、走样甚至出现消极后果。

（二）家庭环境资源匮乏

"三纲五常"在中国社会存留了几千年，直到现在家长制的作风依然盛行，中国家庭中民主氛围一直难以真正形成，这为学生最初民主意识的形成造成了无形的障碍。在应试教育的影响下，父母大多将考试摆在学生生活中的首要位置，难以意识到子女成为合格公民的重要性，这也造成了父母对于学生参与各种活动的不支持的态度，不能给学生一定的空间、时间来进行公民方面的学习。家庭中父母及主要亲属对民主活动的重视程度如何，政治态度、民主法制意识如何，将直接影响学生的青少年公民责任意识的形成，是学生政治基本态度意识的来源。而中国人民主意识素来淡薄，由于条件的限制，我国学生家长参与民主活动的较少，而且由于我国的民主制度正在逐步完善之中，一部分社会成员对民主活动存在着一些反面评价和不满。父母缺乏参与民主生活的直接感受并对民主存在片面认识，都对青少年公民责任意识的形成造成了极大的影响。

（三）社会环境资源匮乏

学校教育对学生所起的教育作用能否继续维持或者被削减取决于社

会环境的好坏，社会环境对学生的影响是至关重要的。目前，中国的社会环境不利于学校开展积极的教育活动。首先是对公民教育的研究还不够，没有形成较为完善的理论，没有形成一定的教育理念，不能给公民教育以理论上的滋养。其次，可依循的相关国家政策、法规不多，公民教育无"法"可依。再次，没有形成公众观念上的重视。大众媒体、社会舆论导向关于公民教育内容的宣传和讲解力度不够。社区教育、社会组织很少提供和开展有关公民教育方面的活动。最后，由于中国的特殊情况，多实行间接选举的民主制度，学生参与实际的民主活动的机会不多，学生无法将学习到的有关知识和技能运用于实际，也无法从实际活动中汲取经验。

第四节 青少年公民责任意识培养的建构

一 青少年公民责任意识培养的社会保障

（一）拓宽政体改革的显性教育途径

我国的政治体制以民主的方式行使政治权利，我国的政治体制改革，实质上也就是社会主义的民主政治建设。

十八大以来，习近平总书记多次指出，我国改革发展稳定形势总体是好的，但发展中不平衡、不协调、不可持续问题依然突出，人民内部矛盾和其他社会矛盾凸显，党风政风也存在一些不容忽视的问题，其中大量矛盾和问题与有法不依、执法不严、违法不究相关。市场经济应该是法治经济，和谐社会应该是法治社会。解决制约持续健康发展的种种问题，克服部门保护主义和地方保护主义、维护市场秩序、保护知识产权、化解产能过剩、打击假冒伪劣产品、保护生态环境，保障人民民主、维护社会主义法制权威和尊严、克服执法不严和司法不公，解决人民最关心的教育、就业、收入分配、社会保障、医药卫生、住房等方面的突出问题，解决促进社会公平正义、完善互联网管理、加强安全生产、保障食品药品安全、改革信访工作制度、创新社会治理体制、维护社会和谐稳定等方面的难题，克服公器私用、以权谋私、贪赃枉法等现象，克服形式主义、官僚主义、享乐主义和奢靡之风，反对特权现象、惩治消极腐败现象等，都需要密织法律之网、强化法治之力。

　　承认民主有普遍性原则，但强调模式不一、具有中国特色；不认为民主是资本主义的"专利"，反对所谓的"灌输式"民主，但强调借鉴人类政治文明的精华；认为在中国这样一个拥有十三亿人口的大国，民主固然不可急进，但也不必蜗牛爬步，应伴随经济发展，回应民众期待，不失时机地推进。"负责任"的政治体制改革，并不必然带来社会不稳定；相反，有利于提高公信力，深化经济体制改革，化解利益矛盾，促进社会和谐，构建"全面小康"。推进旨在扩大社会主义民主的政治体制改革是实现当代我国青少年公民责任意识培养的最重要、最直接的外部条件。它为广大公民在广泛地直接或间接参与国家和社会事务管理的过程中，民主意识、法制观念和参与条件的形成提供了制度上的保障。如果政治体制不改革、机构不精简、关系不理顺、运行机制不合理，广大公民的政治行为就没有遵循的根据，也不可能有秩序，国家的政治就运转不畅。因此，在民主政治建设的诸方面中，同政治生活、政治意识相比，制度是一个带有根本性的问题。针对我国政治体制制度化程度不适应改革、稳定、发展的客观要求的问题，政治体制制度化的过程，也就是民主与法制相统一的过程。发展社会主义民主是我国政治体制改革的根本目标，既是出发点又是落脚点。发展社会主义民主要通过健全的民主制度和扩大基层民主来进行。

　　习近平总书记在十九大报告中强调，要健全人民当家做主制度体系，发展社会主义民主政治。习近平总书记指出，我国社会主义民主是维护人民根本利益的最广泛、最真实、最管用的民主。发展社会主义民主政治就是要体现人民意志、保障人民权益、激发人民创造活力，用制度体系保证人民当家做主。深化依法治国实践。全面依法治国是国家治理的一场深刻革命，必须坚持厉行法治，推进科学立法、严格执法、公正司法、全民守法。成立中央全面依法治国领导小组，加强对法治中国建设的统一领导。各级党组织和全体党员要带头尊法学法守法用法，任何组织和个人都不得有超越宪法法律的特权，绝不允许以言代法、以权压法、逐利违法、徇私枉法。

　　（二）发展市场经济，注重渗透式教育

　　民主政治作为上层建筑的重要组成部分，它是由一定的经济基础决定的,它的产生、发展及其实现程度,需要一定的经济基础作为条件,这是人所共知的。民主政治只能以市场经济为基础,社会主义民主政治也只能建立在社会主义市场经济基础之上。如果市场经济在一个社会中不占统治地位,民主政治就不能真正获得成为普遍的政治形式的基础,就很难产生与市场经济相适应的民主观念和民主意识。市场经济的等价交换原则从根本上否定了诸多与经济平等不相适应的差别,并推动了与这种经济平等相适应的政治平等的建立。市场经济有四个特点:一是平等交换;二是自由竞争;三是民主法制;四是开放。这四个特点反映到政治上,就是要求平等、自由和政治参与,正是由于商品发展的需要,决定了商品生产者要求参政、要求民主、要求法制的意识变得强烈起来。市场经济要求每个参与者都自由、平等地参与其中,并对自己的行为负责。随着市场经济在一个社会中逐步成为普通的、占支配地位的经济形式,平等自由思想也就必然得到广泛的发展,并逐步扩展到政治思想领域中去,成为普遍的、占支配地位的观念体系。我国以建立社会主义市场经济为目标的经济体制改革,极大地发展了市场经济,也为青少年公民责任意识的形成和实现建设高度的社会主义民主奠定了经济基础。市场经济的发展,在加强民主政治经济基础的同时,使人们的思想观念不断更新,也为我国公民意识的形成改善了物质条件。人们的物质需要往往先于精神需要,在物质生活还没有达到一定程度的前提下,就不会有积极参与社会生活的愿望,由此而决定的观念形态的状况就会使人冷淡民主政治和社会事务。很难想象在一个物质生活水平低下的国家会有高度的民主政治,会有人们热衷于社会公共事务。社会主义民主的核心和本质,是人民当家做主,人民群众享有管理国家的一切权利并承担相应的义务。但如果缺乏充分的物质条件,就不能使全体公民充分地行使宪法和法律赋予的民主权利和义务。目前要提高青少年公民责任意识,改善人们的物质生活条件是一个重要的措施。因此,必须大力发展经济,提高人们的物质生活水平。在现阶段,就要大力发展社会主义市场经济,提高社会的生产力水平。只有这样,才能提高全体公民的社会主义权利意识和义务意识,加速青少年公民责任意识的形成。

(三)培育公民文化,营造民主氛围

公民文化是一种主体自由自觉的现代文化,这种文化首先表现为自主自律、自由自觉的主体价值取向；其次表现为个性、参与、横向的权利、利益纽带的有机联结；再次表现为个性、参与、创造、开拓的行为图式；最后，表现为高度的角色意识、社会责任感和公共精神。文化氛围对青少年公民责任意识形成有重要的影响作用，青少年公民责任意识的形成是与文化氛围休戚相关的，这就要求我们必须加强文化建设。首先是观念上的建设，要加强公民个人、家庭和社会等各方面对形成青少年公民责任意识的重视，并将这种观念体现在生活的方方面面，争取形成一种民主文化氛围和社会成员对形成健康的青少年公民责任意识的自觉追求；其次，要提高公民的受教育程度和科学文化水平，提高公民的整体素质；再次，要加强大众传媒在青少年公民责任意识形成上的舆论导向功能，在社会舆论上为公民意识的形成提供良好氛围；最后，要加强社区文化建设，为青少年公民责任意识形成提供切近有益的影响。我们不能只重视制度建设，而忽视文化建设。一是必须对传统文化进行更新，实现其现代化。文化的现代化，一方面是一个民族的文化对世界其他文化中具有普遍意义的因素的吸收，体现为文化的世界化趋势，即"文化的全球化"；另一方面是对民族文化自身积极因素的发扬光大，体现为文化的民族化趋势。二是必须阐明制度的文化根源，这就要求我们在进行制度建设时，必须使制度的价值意义与文化意义保持一致，否则制度最终就不具有合法性。

我们必须清醒地意识到，传统文化中有诸多不利于公民文化生成的东西，如小农观念之于市场观念，奴性观念之于个性观念，宗法观念之于民主观念，这些观念在中国人的日常生活中起着或明或暗的作用。面对这些与民主相左的观念，我们应有自觉的文化批判意识，这其实正是青少年公民责任意识教育的题中应有之义。文化批判的任务不是要褒贬某种行为方式或生活方式，而是检验我们对自由与人性的承诺及其强度。它对人类命运和未来有一种根深蒂固的关心，促使它不断为人类寻求新的可能性。当它指出新的可能性时，它是在指出一个"应该"，尽管这种"应该"不一定像康德的"绝对命令"那么强烈，但却同样体现了人类不为自然的因果性和物质性的逻辑所囿的自由意愿，这恰恰是道德的本质。在此意义上，公民教育不仅要传播权利意识与责任意识来克服"权力崇拜"和"国家主义"，还要展现和生成自主自律、平等互利、民主参与、开放沟通、自由创造和较高公共精神的公民文化，并努力实现对东方与西方、传统与现代的一定程度的反思与超越。①

（四）发挥教育"主渠道"的作用

从整体的文化基础上看，社会主义民主政治的发展，有赖于教育事业的发展和科学文化水平的普及和提高。文化不发达就会导致大量文盲的产生，而且文盲同时又是法盲、科盲、民主盲。科学文化落后必然产生愚昧，没有科学文化就没有现代民主政治，没有现代民主政治就没有公民的政治参与，公民要涉身于政治活动，就必须以一定的文化水准为前提。公民的文化素质是公民政治素质的智力基础，对公民进行文化教育，提高整个中华民族的科学文化水平，既有利于公民文化素质的提高，又有利于公民政治素质的全面提高。从具体的青少年公民责任意识形成要求来看，在现代民主社会中，要使全体公民有效地参与政治活动，行使公民的权利，履行公民的义务，一定范围一定水平的教育普及是一个必不可少的前提条件。首先，对政治问题的热情、了解和参与，需要公民对于政治知识的熟悉和掌握。在民主政治下，无论是积极地参与国家和社会事务的管理，还是被动地接受管理，一定的文化知识和政治素质都是必须具备的。只有具备了一定的知识水平，人们才能认识到自己作为一个公民的权利和义务，才能将自身的利益真正同国家和社会的利益联系起来。人们的文化水平不高，法制观念、民主意识淡薄，就会使人们对于什么是民主、应该怎样正确运用民主权利缺乏正确的认识。其次，青少年公民责任意识的形成需要个体具备一定的社会认知能力、自我认知水平和良好的思想价值观念。认知能力和思想价值观念的形成都需要后天的教育培养、引导和训练，否则单纯靠个体自身的努力是很难形成科学有效的认知方式和健康的思想价值观念的。要想提高全社会的受教育程度和科学文化水平，就必须大力发展教育事业、加强政策上的重视、增加教育经费、深化教育改革、提高教师的素质和待遇、优化教育结构、完善教育评价等，要从全社会的范围内，利用各种力量促进教育事业的蓬勃发展。

（五）建构大众传媒的辐射平台

当前的舆论宣传中，"清官救世，为民做主"的思想仍占有很大的

---

① 马长山：《国家、市民社会与法治》，商务印书馆2002年版，第213页。

空间，清官本位意识时隐时现于各种媒体，在中国人的政治文化心理中，清官意识占据着一个特殊的位置。可以说，中国社会的普通民众无不抱有一份对清官的向往和期待，几乎每个中国人的内心深处都蕴藏着一种根深蒂固的清官意识。而清官意识的背后是"人治"，是一种与现代民主理念相悖的个人魅力型权威。清官意识是中国传统政治文化和伦理文化中的重要社会意识，这种意识的产生反映了权力的归属和运行以及权利的认同和实现都存在问题。权利的实现必须以权力的制度化运行为保障；权力的有效运作应该受到权利和制度的约束。社会主义政治文明建设应该努力做到权利与权力的和谐统一。公民权利的实现应该主动地诉诸可靠的保障制度，而不是被动地期盼某些清官的救助；同样权力也应该依照制度性的法规运行，而不是借助清官个人的德行实施。清官本位的宣扬，对公民观念的培育起很大的阻障作用。公民的宪法信仰是实现法治，走向宪政的精神支柱，宪法至上是宪法文化形成的重要标志，是人类走向法治的第一个里程碑。

如果我们盲目地宣扬清官意识，就是对人治极力推崇。这样一来，人治与法治的区别只是法律制度的多寡、法律被重视程度的高低而已，公民不会有对宪法和法律的崇高情感，崇法尚法的风气不会形成。如果过多地寄希望于清官，就非常容易忽略宪政对自由、民权的保障这一终极价值，使民众对宪政价值的认识走样。那样，在人民眼中宪法只是工具，不具有被崇尚的价值，民众把对社会公平、正义的信念寄托在开明君主和清官身上，缺少权利本位观念和权利维护观念，造成人们的消极归属心理。对权力的顶礼膜拜也必然导致重伦理家族、亲情礼法，而轻视程序规则，形成了至今仍然存在的关系社会、熟人社会、裙带之风、人治大于法治、潜规则重于正式规则、重视编织人际关系网、轻视法治等现象。

要充分认识清官文化对青少年公民责任意识形成的阻碍，从大众媒体上给予肃清这种清官意识的宣扬，要宣扬公民主体地位，宣扬用法律来保障自己的合法权益相关体裁，针对我国公民政治参与要求强烈但理性程度较低的情况，通过大众传媒引导公民认清自己的权利和义务，并引导他们认清我国国情和未来社会发展目标。积极参与对国家政治生活的管理。通过青少年公民教育，让他们从心底理解：清官们只是做好了分内的事情，并不值得表示钦敬和感激。同时使青少年从小能够掌握包括监督权在内的一切宪法所赋予的权利来维护自身的合法权益，惩治不称职的官员。

二 青少年公民责任意识培养的教育策略

教育是培育人的活动。培育出什么人是教育首先要解决的问题。现在我国教育模式是专业人才的教育模式，而不是通识模式。专才教育是培养在某一专业领域具有精深知识和能力基础的高级专门人才。为了培养学生从事某种狭窄的专业工作，很容易忽视学生作为一个完整的人的全面发展的需要，使培养出来的专门人才成为"单向度的人"（指对社会没有批判精神，一味认同于现实的人）。专业划分过细使学生对生活的认识变得支离破碎，但生活本身是一个整体，并非像专业划分那样界限分明。从学术发展的角度看，专业划分过细导致知识过分分割，使各系科学生所学内容的差异过于明显，学生难以走出各自专业的小圈子，认识不到知识之间的联系，缺乏从比较广阔的视角思考和处理问题的知识基础与能力。从就业的角度看，目前毕业生面临的是比传统社会更加复杂、更加多变的工作环境，需要开阔的视野，关注并利用其他相关领域的新进展，有效地解决工作中遇到的实际问题，同时需要应对职业经常变换的挑战。

（一）"全面培养"策略

作为青少年公民责任意识培养的前提条件，教育观念必须更新。必须在观念上提高对青少年公民责任意识培养的重视，使培养人才的目标与培养公民的目标达到动态的统一。青少年公民责任意识教育目标一般认为是培养受教育者的责任意识，使其具备担当个人与家庭、集体、社会、国家乃至世界关系的能力的意识；培养他们参与公共事务的积极态度、实践能力和价值观念，使其在实践中成为权责主体的有效公民。必须正确理解青少年公民责任意识的含义、形成的特点和规律及其对我国现阶段社会发展的重要意义；必须要将青少年公民责任意识培养作为学校教育、家庭教育、社会教育的重要内容来抓，科学实施，取得实效。在此前提下，我们的重要任务就是对现实的教育目标及实施进行改革。

首先要实现教育目标向教育培养人的根本目的的回归。而只有实现教育目标向人的回归，重视人自身的发展，注重社会人的培养，教育才能真正关注公民的培养，青少年公民责任意识培养才能成为教育目标的重要内容。其次在实施中，在家庭教育和社会教育中，尤其是在作为教育目标主要的实施途径的学校教育的课程中要体现青少年公民责任意识培养的精神和内容。青少年公民责任意识培养不能仅依靠思想政治课来实现，各科教学都是青少年公民责任意识培养的有效途径，各科教材中也都应该体现青少年公民责任意识的内容。目前所进行的课程标准的改革中已经逐步体现出这一趋势，但对青少年公民责任意识的强调仍然不够，因此对课程的改革必须继续加大力度。与青少年公民责任意识培养相关的重要的配套改革是要提高教师的素质。教师应认同青少年公民责任意识培养的价值，教师所采用的教育方法和手段要科学有效地发挥青少年公民责任意识培养的效果，因而教师的整体素质必须尽快提高。总之，我们必须加强对教育目标及实施的改革，尤其需要加强对学校教育进行整体改革，使青少年公民责任意识培养不仅仅停留在内容和手段上，更要使青少年公民责任意识培养作为一种精神贯穿到整个学校教育中去。

（二）"全程教育"策略

终身教育是指开始于人的生命之初，终止于人的生命之末，包括人的发展的各个阶段及各个方面的教育活动，既包括纵向的一个人从婴儿到老年期的各个不同发展阶段所受到的各级各类教育，也包括横向的从学校、家庭、社会等各个不同领域受到的教育。终身教育的本质要求是学习社会化与教育社会化，含有"公民教育是贯穿终身的教育"的新观念，旨在建立贯穿"家庭、幼儿园、学校、工作岗位和社会生活"人生全程的"终身公民教育"体系。这一策略的社会心理学依据是自我意识的"终身发展"观。传统观念认为，人的自我发展仅仅是从出生到成人期间的事，比如我国目前学校中就仅仅在初中一年级进行一点"普法"意义上的"公民教育"。而事实上，自我意识形成是一个不断发展的过程，不仅仅局限于青少年时期。从青少年公民责任意识形成的复杂性来看，青少年公民责任意识形成需要个体间的符号相互作用，而符号相互作用的对象和所选择的参照群体，都会随着年龄和认识水平的增长、生活境域的改变而有所不同，社会的发展也会对公民所应具备的素质不断地提出新的要求，因此，青少年公民责任意识的形成，不是一次成型的，而是一个长期的、持续终身的过程。在终身公民教育体系中，家庭教育是基础，学校教育是主体，岗位教育是强化，社会教育是关键。在家庭教育中，家长应该升华自己的教育情感，在亲子之情和血缘之爱的基础上超越和走出儿女是私有财产的小农观念，满怀社会和国家责任感，精心爱护、养育和培养儿女，让他们在家庭生活中充分体验到自己既是家庭的一员，更是国家的公民。在学校教育中，建构起从幼儿园、小学、初中、高中到大学的一体化公民教育。18世纪初，美国在著名教育家霍拉斯·曼的疾呼和奔走影响下，就形成了一场持久的公民教育运动，在学校中普遍开设公民课程，从而孕育出了持久的极具凝聚力的美国青少年公民责任意识。至今，公民教育仍然贯穿于美国大中小学幼儿园。对于我国来说，应组织力量，开发出适合我国国情的中小学幼儿园一体化的公民教育课程体系，完善大学公民教育课程，并尽快实施，从而把大中小学幼儿园一体化公民教育落到实处。学校外的公民教育，包括岗位教育、社会教育和家庭教育，其中职业岗位教育和社会教育是重点。职业岗位公民教育主要是确保每一个工作者的工作劳动、人身安全、获取合理的工作报酬、进修继续教育等权利，同时进行工作责任、职业道德、职业法规和专业知识技能等教育。社会生活中的公民教育，主要是确保宪法赋予每一个公民的生命财产安全、享受社会福利、自由生活活动、健康发展等权利，同时进行维护公共场所秩序、社会公德、生态道德等教育。

（三）"活动教育"策略

公民参与责任意识是参与各种公民实践活动的基础。无论从人类的认识活动来看，还是从自我意识发展是以语言符号为中介的个体与他人的相互作用过程的特点来看，活动在青少年公民责任意识的形成中都占有非常重要的位置。因此，必须加强活动在青少年公民责任意识形成中的作用。"活动教育"策略，就是要超越长期以来在思想政治教育中占主导地位的、以语言传递为根本特征的"授受教育"模式，建构起强化个体与环境相互作用的、以感受体验为根本特征的"活动教育"新模式，让受教育者在活动中充分实现对自身地位和权利与义务的认识，把自己培养成作为现实社会活动主体的真正公民。以赫尔巴特为代表的教育模式只适合于已有知识经验的传递和传播，对语文、数学等学科的教学有一定的促进作用，却不适合于人的观念的形成，也不利于形成相关行为。加强活动的真实意义与价值，不能停留在表面形式上，活动应该有针对性，指向人的真实的社会生活。加强活动的可参与性，要让活动成为每个人都可以参与的活动，而不只是面向个别人，要有普遍性和易操作性。加强活动的多渠道性，活动教育不仅包括要在学校中加强活动，也包括在家庭教育中、社会教育中同样重视活动的重要作用。

三　青少年公民责任意识培养的学校措施

青少年社会化主要通过对公民意识（青少年公民责任意识是公民意识的核心）的培养来实现，其中学校教育是公民意识培养的主渠道。这主要是因为学校教育的主要对象是青少年，青少年时期是公民意识形成的关键的和最佳的时期，公民教育的重点在学校教育阶段。同时，学校教育是一种专门的教育活动，有专门的场所、专职的教师及相应的教学形式与集体活动形式，与其他系统相比学校教育活动具有更强的系统性、计划性和目的性。

（一）途径上——走向课程

过去我国的青少年公民责任意识培养一直由思想政治教育来完成，取得了一定的效果，但也存在着很大的问题。青少年公民责任意识培养仅作为思想政治教育中的一部分内容，不具备作为一门独立的课程所应有的优势，不能体现出自己的内容体系，缺乏结合青少年公民责任意识形成特点和规律的相应的途径和方法，更没有合理的评价手段，使我国青少年公民责任意识培养处于滞后状态，因而青少年公民责任意识培养走向课程化就成为必然的趋势。考察国内外公民教育与课程的关系，可以概括为三种模式：一是专门开设"公民"课程；二是将公民教育整合到有关课程之中；三是专门开设"公民"课程，又将公民教育贯穿到有关科目的教学之中。这三种模式不能简单地评价优劣，关键要看是否与我国的现实国情相适应。1985年我国曾开设《公民》，但由于条件时机还不成熟，还缺少深入的论证，《公民》缺少其独立作为一门课的基础和内容，被其后的思想政治课取代。目前政治制度的完善和市场经济的发展为公民教育的发展提供了条件，也提出了要求，青少年公民责任意识培养已经提到了议事日程。加强青少年公民责任意识培养的途径就是逐步走向课程化，虽然这是一个长期的过程，需要很长时间的过渡，但却是不可扭转的趋势。

课程化不仅包括公民教育的内容要以课程教材的形式体现，还包括青少年公民责任意识实现课程化过程及其作为一门独立的课程所应有的特点。因此，课程化不仅体现在教学内容或是教材上，而且还反映在课程编制的各个方面以及教学的方法上。课程的编制有四个方面的内容，首先是课程目标的确定，即把公民教育的目的转化为公民教育的课程目标，从而用它来指导公民教育课程的具体编制。课程目标还要顾及大中小学幼儿园一体化的建设。其次是课程内容的确定，在公民教育课程内容的取向上，应兼顾到学科体系、学习活动和学习经验这几方面的因素；对于公民教育课程内容组织的原则，应遵循一定的逻辑顺序和心理规律，应贴近社会生活，与学生和学校的特点相适应。再次是课程的实施，这是把设计好的公民教育课程付诸实践的过程，具有实质性的意义。最后是课程评价，即进行公民教育课程的诊断和修正，使公民教育的课程变得日益完善。关于教学方式方法方面的措施，我们将在以下部分着重论述。公民教育课程化趋势与将公民教育渗透在各学科中进行是不相矛盾的，任何一门学科都不能单独完成它的教学内容，必须依靠其他学科的辅助。

（二）内容上——走入生活世界

青少年公民责任意识培养必须走入学生的生活世界，这既是由青少年公民责任意识培养所承担的任务所决定的，也是青少年公民责任意识培养能取得成效的必然选择。青少年公民责任意识培养的内容走入青少年的生活世界主要包括几个方面：一要选择与青少年自己的生活、家庭生活、学校生活和社会生活紧密相关的内容，例如青少年的个人的学习生活、家庭中的家务工作、社会制度、经济制度等；二要选择注重青少年可以亲身经历、深刻体验的内容；三要选择可以培养青少年情感和意志品质的内容；四要选择有助于青少年解决生活中和思想观念上的实际问题的内容。这些内容的选择不仅是在公民教育作为一门教材的内容上要贯彻，活动的内容选择也要以此为依据，而且在各科的教学过程中也要根据有关内容对青少年进行教育。

(三) 方法上——从灌输到阐释

原有青少年公民责任意识教育主要使用的是灌输的方法，这种灌输不仅指贬义上的"灌输"，也包括其本来意义上的系统地传授和学习之意。这种灌输的方法，在教授青少年有关公民应了解的知识和观念上是有重要意义的，但对于青少年自我意识的形成、对自身地位和责任的认识，灌输的方法不仅难以取得效果，而且可能导致负面效果，易引起学生对教育内容方法的厌烦情绪和抵制态度。灌输的方法是不能完成公民意识培养的全部任务的。而另外其他有关的教育方法，例如说服教育法、榜样示范法、情感陶冶法、品德评价法等，强调的也是外在的说服和教导，采用的是"告诉"式的话语，缺乏从学生内心深处进行的引发式的教育，仍然是灌输式的教育方法。青少年公民责任意识培养是针对学生的自我意识进行的教育。自我意识的形成主要依靠的是学生自己的认知和理解，外在教育起到的应该是一种辅助的阐释作用，阐释的目的不是让学生记忆，而是让学生能够理解认同，从心理上产生需要并且接受。阐释不仅指言语上的阐释，需要教师用"阐释"而不是"告诉"的话语来引导学生，更多依靠的是有目的的活动的阐释。学校教师通过安排一种含有明确教育目的的活动来进行教育，让学生在活动中，通过自身的实践，自觉产生对有关问题的思考，领悟其中蕴含的深刻道理，并达到理解和认同的程度。这就要求活动是有明确的目的和内容的，而不仅仅是一种形式。另外活动要有很强的参与性和可操作性，让每个学生都能参与其中，在教师引导下形成健康的青少年公民责任意识。

(四) 评价上——从考试到评估

考试没有被完全取缔是因为它作为一种量化的评价方法，具有其他方法所不具备的公平性，这是考试的优势所在。不过，人们也逐渐认识到考试不能作为评价学生的唯一标准，它仅是对学生知识技能的考核，不能观照人的内心世界，而且人的思维方式、思想道德品质等都是不能由考试测评出来的。青少年公民责任意识作为人的自我意识更不能以量化的标准来衡量。这种衡量的结果非但不能了解青少年公民责任意识的形成情况，还会将青少年公民责任意识的培养引入歧途，使青少年公民责任意识只重视知识技能的教育，忽视学生内心的认同和理解程度，使培养过程走向僵化、低效。所以，在青少年公民责任意识培养上要转换评价的方式，用评估来代替考试。此处所指的评估是与量化的评价相对的，它是一种质的评价，是通过对学生行为长期的跟踪了解，对学生观念、行为的一种整体上的估量和建议。它不带有判断性，仅是一种对现象的描述和总结，是为了对学生的行为、观念做调整提供的一种参照。它包括很多种形式，如档案袋评价、民主评议、活动中评议，都是旨在对学生有一个整体的、全面的、系统的了解，既有助于给学生提供帮助，也为进一步的教育培养工作提供内容、方法选择上的依据。

四 青少年公民责任意识培养的家庭措施

一般说来，家庭是青少年社会化的起点，在家庭中的青少年的公民责任意识往往是无意的、非正式的，是潜在的、暗示性的。学校是正式的、有效的和系统的青少年公民责任意识培养场所，而家庭对青少年的公民责任意识的形成起着不可低估的作用。家庭是最先对人实施教育和影响的地方，父母是子女的第一位老师，也是孩子的终身老师，家庭环境的熏陶不仅影响子女个性的发展和人生观、价值观的形成与确立，而且对子女公民意识的形成也起着潜移默化的作用。在当代中国独生子女普遍存在的家庭，家长往往偏重于子女的智力投资和生活上的无微不至的关怀，而忽视了子女的非智力品质和权利义务意识的教育与培养。为了更好地培养孩子的公民责任意识，家长应注意以下几个方面。

（一）转变传统观念，树立科学的家庭教育观

随着市场经济的发展，竞争机制的引入，社会原有价值体系受到冲击而正待重建。家长的教育观念正在发生变化。一方面，广大家长深切体会到未来社会人才竞争的激烈，也认识到家庭教育的重要性和迫切性。另一方面，传统观念仍根深蒂固地影响着广大家长，反映出一些共同倾向性的问题，如教育期望上存在理想化倾向；育子目标上存在唯智化倾向；教育动机上存在父母定向现象；择业意向上存在功利化倾向等，严重阻碍了家庭教育的成效。所以，家长应该转变这种专制的教育观念，树立科学民主的家长教育观念。首先，家长应尊重青少年。青少年不是家长的附属物、私有财产，青少年是独立的人。应尊重儿童的人格、权利和心理需要；尊重儿童的思想、情感、社会交往需要；尊重儿童的自主、自由和选择。其次，家长应正确认识到每个儿童都具有不同

于他人的个性,家长应让儿童在达到基本的发展外,还能按其自身的特点和可能去发展。要允许孩子以其自己的速度成长,不要盲目攀比,对孩子有过高、不切实际的要求。要在尊重孩子的人格、兴趣、爱好、水平的前提下,引导孩子循序渐进,不能使"儿童依旧被当作是'小大人',他们被鼓励像成人一样做事,像成人一样说话"①。

(二) 营造"学习型家庭"氛围,促使家庭成员共同成长

家庭成员之间应形成一种和谐民主的关系。建立新型的适应学习化社会的学习型家庭,家长责无旁贷。家长应确立终身学习的理念,转变传统的家庭教育模式,顺应时代发展潮流,建立学习型家庭模式。这要求家长树立向孩子学习的观念,树立家庭全体成员都是学习的主体的观念,营造民主的家庭学习气氛,创建学习型家庭的学习环境和家庭学习活动。学习型家庭反对迷信权威,崇尚真理,家庭成员在知识面前人人平等。在这种家庭中,家长注重与子女平等交流,互相商讨,不武断,不强迫,充分尊重子女的人格尊严,既不溺爱孩子也不"棍棒教育"。在这样一种互相教育、影响,互相学习、启发,互相取长补短的家庭人际关系中,亲子关系和谐融洽,子女有选择学习内容和学习方法的权利。民主型学习家庭,形成一种家长—青少年之间的良性互动,并能更好地发挥家长对孩子教育的主导作用。

(三) 家长要提高自身责任意识,肩负起启蒙教师的职责

家长要以身作则,率先垂范,言教和身教相结合;要培养子女责任意识,强化对社会、对他人的责任意识。家长首先要增强自身责任意识,家长自身的责任意识不强,对家庭不负责,青少年在成长的过程中就不易形成对家庭的责任意识,父母的一言一行都起着潜移默化的教育作用,对孩子影响非常深刻。家长的责任意识是一种教育力量,不仅能影响孩子责任意识的形成、民主性格的形成,而且能影响家庭教育的效果。尤其在社会处于经济转型期的今天,人们的道德价值观发生了很大变化,其中有积极的变化,如强调竞争、开拓进取等;也有一些消极的倾向,如社会不诚信等,家长应该经得起诱惑,提高自身责任意识。

---

① [法] 让-雅克·卢梭:《爱弥儿》,李平沤译,上海人民出版社2007年版,第56页。

第二章　青少年自主选择性道德人格教育

我国学校道德教育由于受传统灌输道德教育模式的影响，一味地强调既定的道德规范的权威性，只重视学生对社会既定的道德规则、规范的服从，而忽视甚至否定了道德的本身含义——人的主体性。学校和教师被视为"道德的化身""绝对的权威"，学生只有服从，缺少自主选择的权利和机会。这样，一味地强调权威性和约束性的道德规范就把个体所具有的主体性从道德中抽掉了，这种教育其实就是"知性德育""规范德育"。它所培养出的学生多数是缺乏独立性、责任性、关系性、超越性等道德人格异化的人。本书认为，任何真正牢固的、充满活力的道德品质不是说教、灌输出来的，而是个体在现实生活世界中通过不断的道德选择、自主建构而形成的。它需要教育者正确的价值引导和教育，需要个体不断增强自身的道德责任感、不断完善自我与他人的关系，更需要个体超越功利主义的存在，用心灵去感受和体验。

自20世纪80年代以来，在全球化、信息化的时代背景下，中国进入了社会转型时期，其中最大的一个变化就是社会主义市场经济的发育与逐步发展。市场经济不仅带来了经济的繁荣和政治体制的革新，它更带来了传统文明和现代文明的碰撞、交融：传统社会的封闭性被打破，开放性日益彰显，一元化的色彩逐渐消解，取而代之的是一个多元化社会的呈现。面对道德价值取向多元化的21世纪，人们不但时刻面临着选择，而且更重要的是要学会选择。"选择，而不是一味地顺从或盲从，将成为新世纪的中国人的价值生活（包括道德生活）中的一种'日常行为'。"[①] 在这样的道德生活环境中，个体的独立性、自主性得到了极

[①] 吴康宁：《教会选择：面向21世纪的我国学校道德教育的必由之路——基于社会学的反思》，《华东师范大学学报》（教育科学版）1999年第3期。

大的提升，人与人之间正逐步形成"共生""共在"的关系，个体的道德人格开始以其本真的形态存在和发展。如前所述，道德教育的根本是要使人成为人，就其具体目标来说是成就人的道德人格的教育。不同历史时期的道德教育肩负着不同的成人任务，对于正在实现现代化的当代中国来说，学校道德教育面临着重塑人的观念、人的形象的重要历史使命。由于现代人的生存基础所发生的重大变化，个体必须从整体主义的道德人格、单子式道德人格的存在观念中走出来，用一种新的生存理念去实现人的全面转型。本书认为，把自主选择性道德人格教育作为学校道德教育的价值取向，是21世纪学校道德教育所需要的新的德育理念。自主选择性道德人格作为道德人格在当代的实践形态，它更接近于现代人存在的事实与本质，它对现代人的生存与生活是必要的，并将引导人们走向更为完善的生存方式。把培养青少年自主选择性道德人格作为我国当前道德和道德教育的价值取向，这不仅是当前我国德育理论上的探索，同时也是德育实践发展的现实需要。

第一节 青少年自主选择性道德人格释义

一 相关概念的厘定

（一）人格

人格（Personality）一词源于拉丁文"Persona"，原意是舞台上演员用的面具，"其含义一是指一个人在社会生活舞台上显现的行为，二是指一个人的真实自我"。[1] 对于人格，不同学科，甚至同一学科的不同学派或不同学者，往往从不同的视角、以不同的方式对人格的某一维度、某一个侧面进行界定和把握，从而得出了不同的结论。《教育大百科全书》把人格定义为"个体具有一定倾向性的各种心理特征的总和，是心理复杂性多角度、多层次的统一体，也是人的性格、气质、能力等特征的总和"。[2] 心理学认为人格是个人的气质、性情、能力的总和，

---

[1] 唐凯麟：《伦理学教程》，湖南师范大学出版社1993年版，第233页。
[2] 顾明远：《中国教育大百科全书》，上海教育出版社2012年版，第1503页。

是个人的心理特征的具体体现。例如，美国心理学教授杰瑞·伯格把人格定义为"稳定的行为方式和发生在个体身上的人际过程"①；法学一般是从社会等级和财产关系上表述人格，把人格视为能作为权利和义务主体的资格；人类学所讲的人格是指"人类个体特殊的生存方式及其与之相关联的自然机体的自我认同和他人认肯"②；哲学上的人格是指人的独特的精神世界，它标志着人本身之所以作为人存在着的价值肯定与意识自觉，"人格的丧失意味着人之为人的意义的丧失与人之为人的资格的丧失，没有人格的人也就是没有人之为人的自觉意识，从而也就是没有存在价值的人"。③

本章对人格的理解是伦理学意义上的，具体指个体的道德品质、精神风貌以及情感态度等。人格通过个体与环境、社会的关系表现出来，它是人的独特的精神世界的反映，它是人之为人的自觉意识。此外，人格还表现为对我他关系的处理方式和对自身行为责任的主动承担。

(二) 道德人格

本文所说的道德人格是指个体人格的道德性规定，它"作为人格的道德维度，是个体在社会化过程中形成的道德认知、道德情感和道德行为的整体组织，是个体的内在品质与外在道德行为模式的统一"。④ "它既是一个人的社会特质的具体表征，也是个体内在精神和外在行为的综合表现。"⑤ 道德人格是个体做人的资格、道德规格和品格的内在统一，同时又是衡量个体人性和道德境界高低的标志。首先，人之为人的资格是道德人格形成的必要前提。其次，伦理学中所使用的"规格"范畴是指道德规范。道德规格是指"从道德主体长期遵循的特定道德规范的性质和层次中所折射出的人格境界，其高低直接决定了道德主体是否真正具有做人的资格和品格的高低，进而决定道德人格的有无"。⑥ 最后，

---

① [美] 杰瑞·伯格：《人格心理学》，陈会昌译，中国轻工业出版社 2004 年版，第 3 页。

② 魏英敏：《新伦理学教程》，北京大学出版社 1993 年版，第 493 页。

③ 余潇枫：《哲学人格》，吉林教育出版社 1998 年版，第 28 页。

④ 王云强、郭本禹：《大学生道德人格特点的初步研究》，《心理科学》2011 年第 6 期。

⑤ 包卫：《现代道德人格教育论》，上海交通大学出版社 2011 年版，第 27 页。

⑥ 彭升、彭放珍、曾山金：《道德人格内涵新析》，《现代大学教育》2003 年第 2 期。

品格是规格的外化，作为道德人格的实质所在，它直接体现出道德人格的水平高低。也就是说，道德人格是个体做人的尊严、价值和品质的总和，是某个个体特定的道德认识、道德需要、道德情感、道德意志、道德信念和道德习惯的有机结合，是人的主体性、目的性和社会性的集结。道德人格是一定社会历史时期的道德的反映，是道德主体在现实生活中长期进行道德实践而生成的。道德人格作为人的生命的价值与意义的承担者表明，生而为人，并非就是人，只有获得道德人格，人才称其为人。因此，在个体人格化的生命历程中，道德人格的获得，"意味着人的主体性资格的自我确证，意味着有限的人生在'价值时空'中走向意义无限的价值呈现，意味着人类的本性在人的个体本性中的完好体现"。① 正是从人性、从人的存在的价值和意义，从人之为人的资格、尊严和境界来说，道德人格是一种纯善的人性，是一种珍贵的价值，是人的精神生命的崇高体现。

（三）自主选择性道德人格

自主选择性道德人格具有人格、道德人格的一般特征，但作为道德人格的一种，它既是对整体主义道德人格的超越，又是对单子式的道德人格的扬弃；它既是人类社会发展到今天当代人的生存状态与人学理念的根本性变革，又是社会转型时期我国道德教育的基本价值目标所在。自主选择性道德人格意味着：对社会来说，体现个体在社会中的独立、自由、尊严和价值；对个体来说，赋予个体以自主的尊严和对他人、对社会的道德责任感。自主选择性道德人格的内涵可以归纳为以下四点：其一，个体是一个独立性的存在，他能以自己的独立思考、反思批判精神去选择自己的生活方式、价值取向，而不是顺从于各种依附关系。其二，这种独立性是以承认他人的独立性，以人与人之间的平等、公正为其规定性的。它既包含着独特性、多样性的个体价值，同样也显示出当代人在价值上的普遍相关性。其三，自主选择性道德人格强调个体道德选择的自由，同时也要求个体对自己的行为负责。这就需要个体做到对他人尊重、宽容、关怀和理解，学会通过对话进行沟通和交流，克服自我中心式的人格取向。其四，自主选择性道德人格以超越功利主义、享

---

① 余潇枫：《哲学人格》，吉林教育出版社1998年版，第3页。

乐主义的价值取向作为自己的精神特质，它是现代人的精神生命和人格境界的重要体现。

自主选择性道德人格是与依附顺从性道德人格相对应的一个概念，它们是两种完全不同的道德人格类型。前者的本质特征是"独立性"，后者则是"依附性"。这两种道德人格是对不同时代下社会生活的写照，依附顺从性道德人格是传统一元社会道德生活的产物。20世纪80年代之前的中国社会是典型的一元化社会，在这种社会里，有为人们预设好的一整套的道德律令，道德价值目标是一元化的，道德评判标准是整齐划一的，它将本应作为道德主体存在的人毫不留情地置于客体地位，只有服从，没有任何其他的选择。因此，在这样一个从根本上压制人的独立性的社会里，社会所希望的就是依附顺从性的道德人格。20世纪80年代以来，中国进入社会转型时期，其中最大的一个变化就是市场经济的发展。市场经济不仅带来了经济的繁荣和政治体制的革新，它更带来了传统文明和现代文明的碰撞、交融：传统社会的封闭性被打破，开放性日益彰显，一元化的色彩逐渐消解，取而代之的是一个多元化社会的呈现。在这个民主、开放、自由、平等的社会里，"个体真正成为道德生活的主体，其主体地位的确立和主体性的发挥已成为整个社会道德生活的基石"[①]。在这样的道德实践环境中，个体的独立性、自主性得到了极大的提升，人与人之间已经走向"共生""共在""共享"的关系，个体的道德人格开始以其本真的形态存在和发展。本书认为，自主选择性道德人格是道德人格在当代的实践形态。所谓实践形态的道德人格，就是指某种道德人格在特定的道德实践环境中的现实表现。中国当前的道德实践环境就是市场经济体制的不断完善与发展，这就要求一种与一元社会完全不同的人格形态——自主选择性道德人格。

二 自主选择性道德人格的基本特征

（一）独立性

自主选择性道德人格的本质特征是"独立性"。首先，"独立性"

[①] 冯建军、周纯基：《自主选择性道德人格：主体道德教育的现实目标》，《内蒙古师大学报》（哲学社会科学版）2001年第6期。

意味着道德主体的自主和自律。科恩说："自主和自由一样，有两个尺度。第一个尺度描述个体的客观状况、生活环境，是指相对于外部强迫和外部控制的独立、自由，自觉支配生活的权利和可能。第二个尺度是对主观现实而言，是指能够合理利用自己的选择权利，有明确目标，坚韧不拔和有进取心。自主的人能够认识并且善于确定自己的目标，不仅能够成功地控制外部的环境，而且能够控制自己的冲动。"[①] 也就是说，在自主选择性道德人格里，道德主体是独立、理性、自觉的，因而也是自为的，在自立能力的基础上的自主和自律是自主选择性道德人格形成的重要标志。其次，"独立性"意味着道德主体要经过不断的道德选择才能形成自己的道德人格。亚里士多德指出："选择是德性所固有的最大特点，它比行为更能判断一个人的品格。"[②] 麦金太尔在《德性之后》一书中写道："德性就是去做公认的秩序要求做的事情。"[③] 也就是说，独立性体现了个体道德行为具有选择性的一面。

（二）责任性

对责任的执着和坚持是一个人最崇高的本质，也是一个人能够保持高尚情操的根本原则。"责任感使我们的道德坚固，使我们抗拒诱惑和考验；没有责任感，所谓的力量、仁慈、智慧、真诚、幸福、快乐甚至爱情都是无中生有的空谈。不负责任的生活是一片废墟，不负责任的人最后只会落得受人嫌恶的下场。"[④] 当代法国哲学家列维纳斯"把每个人的主体性看作是一种责任——对他人负责，他认为只有在对他人负责时，我们才能见证他人，他人也才实质性地向我们靠拢"[⑤]。因此，自主选择性道德人格的培育以个体的意志自由为前提，又以道德责任为结果，主体在自由地选择对象的同时，也自由地选择了责任。因

---

① [俄] 伊·谢·科恩：《自我论》，佟景韩译，生活·读书·新知三联书店1986年版，第407页。

② [古希腊] 亚里士多德：《尼各马可伦理学》，苗力田译，中国社会科学出版社1990年版，第45页。

③ [美] A.麦金太尔：《德性之后》，龚群等译，中国社会科学出版社1995年版，第169页。

④ [英] 塞缪尔·斯迈尔斯：《品德的力量》，夏芒译，海峡文艺出版社2004年版，第6页。

⑤ 杨大春：《超越现象学——列维纳斯与他人的问题》，《哲学研究》2001年第7期。

此，对自己负责、对他人负责、对社会负责是自主选择性道德人格的固有特征。

（三）关系性

从本质来说人是一种关系性的存在。马克思曾经指出："人的本质不是单个人所固有的抽象物，在其现实性上，他是一切社会关系的总和。"① 社会关系产生和造就现实的人，产生和规定人的现实的特性和本质。每个个体所具有的一切都是在以这样或那样的方式和他人、社会发生联系、发生相互作用中获得的，而每个个体也都是以其特有的方式作用于他人、社会。"一个人同时具备独立性和依赖性，这两个东西，看似自相矛盾，但却是相辅相成的。"② 这就是说，人片刻也不可能走出人与人的关系，即使在他独处、独思之际也是如此。而学校道德教育在本质上就是使人成为人的教育，就其具体目标来说就是成就人的德性的教育（德性是人性的自觉，它使人成为人）。道德教育与其他教育一样又总是在人与人之间的关系中进行的，是一种人对人的活动。正是在这种意义上，关系性既是人的本质属性，又是自主选择性道德人格的根本属性。本章所指的人与人之间的关系主要表现为共生、共在的关系。

（四）超越性

所谓超越性，"即主体不再盲目地满足于自己的现状，为了在理论上和实践上能动地把握客体，主体迫切需要提高自己的认识能力和实践能力"。③ 超越性是人类区别于动物的独特的内在精神特质，是自主选择性道德人格的本质属性。道德人格的超越性表明人是价值、意义和理性的存在。"人的存在是追求生命价值和生活意义的存在，人类的历史是追求自己目的的人的活动过程，因而对人来说，'无价值'的生命和'无意义'的生活，是人的'存在的空虚'。"④ 所以，"在我们立足于人本真的独特存在方式，说人在根本上是一种价值存在的同时就意味

---

① ［德］《马克思恩格斯全集》（第1卷），人民出版社1972年版，第60页。
② ［英］塞缪尔·斯迈尔斯：《品德的力量》，夏芒译，海峡文艺出版社2004年版，第102页。
③ 肖川：《主体性道德人格教育》，北京师范大学出版社2002年版，第7页。
④ 孙正聿：《超越意识》，吉林教育出版社2001年版，第4页。

着，乌托邦精神是人的根本精神。"① 人是现实的存在，然而，现实的人却总是不满足于人的现实，总是要把现实变成人的理想的现实。"正因为在人的精神和思想中存在着这个可能的世界，才使人能够成为唯一的、得以超越现实存在的动物。"② 然而现代人由于过分追求物质的享受，他们道德人格的超越性逐渐被金钱、权力、欲望等消解了，人纯然成了物的存在。正是对现代人理想、信仰、意义、价值等精神生命缺失的反思，我们认为，超越性不仅是人的内在精神特质和自主选择性道德人格的根本属性，它也是具有旺盛生命力的现代人所应具备的基本人格特性。

第二节 青少年自主选择性道德人格教育的出场语境

一 社会转型带来了自主选择性道德人格教育的可能性

当前中国社会正面临着一个史无前例的社会转型期。与其他国家的社会背景相比，中国社会的转型包含着众多特殊的矛盾和问题，具有它独特的复杂性。一方面，从中国社会转型所要解决的任务来看，它不但要完成从传统农业社会向现代工业社会的转型，同时还要从计划经济体制向市场经济体制转变。另一方面，由于中国社会现代化进程起步较晚，当前在全球化、信息化的时代背景下，中国正在进行的社会转型注定要成为世界现代化进程中的重要组成部分。

回顾三十多年来中国社会变革的事实，不能不看到一个最根本的变化就是市场经济的兴起，以及由此而引发的一系列社会生活方式的深刻变化。新中国成立前，由于两千多年"整体至上"的封建传统道德占统治地位，它从人性上抹杀了个体的独立性、责任性、关系性和超越性。再加上长期自给自足的农业经济占垄断地位，市场经济、工业经济等发展不足，这在根本上缺乏自主选择性道德人格产生和发展

---

① 贺来：《现实生活世界——乌托邦精神的真实根基》，吉林教育出版社1998年版，第13页。

② 鲁洁：《道德教育——一种超越》，《中国教育学刊》1994年第6期。

的土壤。新中国成立初期，学校道德教育着眼于政治需要，其价值理念在于培养"又红又专"的社会主义接班人，每个人隶属于他的"单位"，人是"单位"的人，个人的一切都依赖于"单位"，个体的自身价值被政治价值和社会价值所遮蔽。道德教育没有把个体的独立性等作为道德教育的前提。改革开放至 20 世纪末，学校道德教育目的的"价值取向走向多元，兼顾政治价值、社会价值和个体价值"。① 进入 21 世纪，道德教育受社会转型、全球化、文化多元化、教育变革等多重因素的影响，传统道德教育中的"人学空场"现象日益遭到反思和批判，"以人为本"正成为转型时期学校道德教育发展的新理念，这种理念"强调要从尊重人的本性出发，以实现人的自身价值为目的，以'重视人、尊重人、发展人'为导向指导德育实践"。② 这种教育理念更加突出个体价值的意义和实现，它将促使学校道德教育朝着更加符合教育规律的科学化和人性化的方向发展，同时也为自主选择性道德人格教育开拓出了新的可能空间，这样的空间为道德教育培养出具有现代道德人格的公民，以及为形成这种道德人格的各种内在道德属性，诸如独立、自主、自由、自律、超越等品质提供了必要条件。

二　生存方式的转变确立了自主选择性道德人格教育的合理性

在人类进入现代社会之前，人们以群体的存在方式发挥着其主体性，个体缺乏独立性、自我意识和自主选择的道德人格，建立在这种人的生存状态和人学理念之上的道德教育，其基本取向就是整体主义。"道德教育对每个个体来说，它所要建构的是一种以服从、驯服、恪守本分为特征的整体主义人格，它所要消解的是那种以自主、自尊、个性自由为特征的独立性人格，这种教育也必定是在人对人的约束和强制灌输中进行的。"③ 随着中国现代化进程的不断推进，人逐渐从整体主义道德人格状态中走出来，人们开始摆脱血缘、地缘以及种种人身依附的

---

① 刘济良：《学校德育》，北京师范大学出版社 2015 年版，第 47 页。
② 同上书，第 5 页。
③ 鲁洁：《道德教育的当代论域》，人民出版社 2005 年版，第 191 页。

生活方式，人的个性得到了张扬，以物的依赖性为基础的人的独立性开始确立。我们把与这种独立性相适应的人格形态看作是"单子式道德人格"。单子式的人学逻辑造成了道德的虚无化，这是因为，按照这种人性观，单子式的自我就是一切的中心，自我是唯我独尊的，自我的经验具有至高无上的价值，是衡量是非善恶的唯一尺度，其结果必然是道德秩序的崩溃、道德教育的销蚀。这样的道德教育是"失去灵魂"的教育，因为它无法触及学生的心灵，更谈不上使学生养成良好的德性品质。

进入20世纪80年代以后，人类的生存方式在信息化、全球化的背景下发生了巨大的变革，它使人们相互之间的联系更为密切和内在化，呈现出了许多新的特征。"共生""共在"和"共享"等词语成了当今时代的主要话语，"因为在这些词语中以某种方式反映了时代的取向。"[①] 建立在单子式道德人格上的自我中心主义、利己主义越来越暴露出它的消极方面，人与人之间的关系不再是孤立的、自我封闭的，每个个体都是彼此内在地联系着的，它是双方之间自主、自由、对话、合作的关系，形成关系双方的相互作用是动态的和建构性的，这是一种超越了整体性存在和单子式存在的共生性的存在状态。在这种共生性人学理念的观照下，个体道德人格的独立性、责任性、关系性和超越性得到了极大的提升和张扬。可以说，这种人学观更为接近现代人存在的事实与本质，它对现代人的生存与生活是必要的，并将引导人们走向更为完善的生存方式。

三 自主选择性道德人格教育推动了道德教育改革的必要性

传统道德教育实质上是一种相对封闭的、强制的、静态的道德规范教育，它试图借助一切可能的教育手段，使学生无条件地接纳和认同既定的道德价值、规范和理想；道德教育的出发点大多从属于政治形势的需要，忽视了学生的身心发展规律；道德教育的内容和形式，主要是驱

[①] ［日］尾关周二：《共生的理想：现代交往与共生、共同思想》，卞崇道译，中央编译出版社1996年版，第115页。

使学生参加政治学习或政治活动，忽视学生行为习惯的训练，缺乏道德情感的体验；道德教育关注的焦点，仅仅是如何适应政治形势的变化，而不是培养学生的德性品质。由此，学校道德教育形成了一种强制性、灌输性的教育模式，造成了学校道德教育低效甚至无效的现状，这在很大程度上是由于我们在德育过程中无视学生的独立性造成的。学校培养出来的人大多是缺乏独立性、责任性、关系性和超越性的道德人格异化的人。我们认为，要把握当代中国道德和道德教育可能发展的空间，"所使用的方法就不是诉诸绝对理念的假设，或是从形而上的道德观出发来进行思辨性推理，它要求我们对中国转型期所存在的普遍社会道德事实和道德现象作出实际的考察，探明由这种事实和现象所揭示的诸种可能，用一种'实践理性'来进行价值的选择，这样才有可能成为一种自觉的选择"。[①] 如前所述，道德教育的根本是要使人成为人，就其具体目标来说是成就人的道德人格的教育。不同历史时期的道德教育肩负着不同的成人任务，对于正在实现现代化的中国来说，处于21世纪的道德教育面临着重塑人的观念、人的形象的重要历史使命。由于人的生存基础发生了重大变化，人必须从整体主义道德人格、单子式道德人格的存在观念中走出来，用一种新的生存理念去实现人的全面转型。我们认为，选择个体自主选择性道德人格教育作为我国当前道德教育的基本取向，"这是一种道德坐标轴心的根本转换，是中国两千多年道德和道德教育的根本转换"。[②] 这表明我国学校道德教育的目标和价值取向"越来越重视社会价值和个体价值的和谐统一，德育内容随着社会实践越来越宽泛和包容，越来越体现发展性"[③]，这不仅是德育理论上的探索与发展，而且是当前社会转型时期我国道德教育实践发展的现实需要。

---

① 万俊人：《现代社会道德合理性基础论证——兼及中国现代化运作中的道德问题》，《北京大学学报》（哲学社会科学版）1996年第2期。
② 鲁洁：《道德教育的当代论域》，人民出版社2005年版，第191页。
③ 王定华：《新形势下我国学校德育调查与研究》，教育科学出版社2012年版，第373页。

第三节　青少年自主选择性道德人格的异化

一　青少年自主选择性道德人格异化的表现

（一）独立性缺失

从前面的分析我们看到，自主选择性道德人格的本质特征就是独立性。但是在现实生活中，青少年自主选择性道德人格的独立性存在着明显的缺失，主要表现为：一方面，部分青少年对其道德行为自我控制与调节的能力较差。道德行为的自我调节是个体根据道德准则对自己的行为加以控制和调整的过程。它使"个体在没有外部监督和压力的情况下，自我监督、自我立法；在二择一的道德冲突情境中自主决定、择善而行，自愿地遵守道德准则"。[1] 因此，它是个体的自觉行动，是个体道德自主性的直接表现。据调查显示："青少年学生在面对不同道德认识时能够坚持自己观点的占18%，其余82%的青少年学生都或多或少地受到外界的影响，并不同程度地调整和改变自己的认识，处于矛盾的选择过程之中，有4%的青少年学生甚至完全陷于调整的矛盾之中，无法调适。"[2] 另一方面，部分青少年面对多元化的道德观时常常会有选择的困惑和矛盾。这是因为当前我国正处于社会转型时期，政治、经济、文化上的转型给人们的生活观念带来了诸多影响与冲击，不同的道德价值取向共同充斥着青少年的思想和灵魂：传统的与现代的、中国的与西方的、理想的与现实的等。调查显示："19%的青少年学生有这种感觉并且很强烈；41%的青少年学生有这种感觉但不是很强烈；31%的青少年学生有时有、有时没有这种感觉；仅有9%的青少年学生没有这种感觉。"[3]

（二）责任感淡化

当代部分青少年从责任心方面来看，他们以自我为中心，忽视他人

---

[1] 王晓艳、陈会昌：《自我形象在儿童道德自我调节中的作用及其培植》，《教育理论与实践》2004年第4期。

[2] 张弛：《大学生道德选择矛盾性研究》，《青年研究》2003年第6期。

[3] 同上。

和集体的利益，缺少社会责任感。调查显示："60.7%的大学生认为他们应当承担的社会责任是'努力学习，找一份满意的工作，管理好自己就是在履行对社会的责任'；52.3%的学生认为'做好自己的本职工作就是对社会最大的服务'。"① 另据一项调查显示："53%的学生认为上大学的目的是'找一份好工作'，只有17%的学生选择'服务国家和社会'，只有16%的学生'对思政类的课较感兴趣'。"② 这充分显示出当代大学生在人生价值的定位上更加注重经济利益的回报，而缺少对国家、集体和社会敢于担当的精神。对南京大学、东南大学、南京师范大学、河海大学、南京工业大学五所高校的372名大学生在责任感方面的调查结果显示："有34.4%的大学生选择了自我责任，在六类责任类型中居首位；以下依次为：对社会的责任（27.4%）、对家庭的责任（26.6%）、对职业的责任（6.7%）、对集体的责任（2.4%）、对他人的责任（2.4%）。"③ 上述调查结果表明，由于市场经济的发展、利益主体的多元化，使部分青少年开始以自我为中心，他们的自我意识、成就欲望及自我责任感明显增强，而社会责任感则逐渐淡化。

（三）人际关系冷漠

市场经济中商品交换关系的普遍化，使得不应进入商品交换领域的人与人之间的关系也商品化了，"个体对他人、对国家、对民族缺少必要的责任心与担当意识，透露出冷漠、消极的情感"。④ 诸如，同学关系、师生关系、亲属关系等方面均出现了一定程度的扭曲和变形：部分青少年过于注重自我，不看重"共同性"和"群体性"，缺乏对他人的同情、理解、信任和宽容。根据相关调查显示：部分青少年"在回答'你在平时与同学的关系'时选择'淡化'和'一般'的占有效问卷的1/3以上；在回答'你对人与人的关系所持的看法'时，有近1/4选择

---

① 杜维彦、解晓兴：《当代大学生社会责任感调查分析》，《四川文理学院学报》2012年第1期。
② 王艳菊：《传统文化视野下提升大学生人文素养的思考》，《中北大学学报》（社会科学版）2013年第5期。
③ 朱美燕：《当代青年矛盾统一的文化人格》，《中国青年研究》2005年第5期。
④ 谷君伟：《当代大学生道德人格培养问题研究》，贵州师范大学，硕士学位论文，2016年。

的是'商品交换关系'"。① 就像亚当·斯密所指出的:"出于挂念自己的福祉,我们具有审慎的美德;出于挂念别人的福祉,我们会具备正义和仁慈的美德。正义和仁慈则促使我们关注他人的幸福。如果不考虑别人会怎么想、应该怎么想和在特定处境下会怎么想,审慎之情是利己之心的必然要求,正义和仁慈则是我们慈悲为怀的感情提出的要求。"②

(四) 超越意识淡薄

在市场经济条件下,青少年道德价值取向重现实、重效益,呈现出功利化、实用化倾向。社会上出现的利己主义、功利主义、拜金主义、享乐主义等现象在青少年身上也有所反映,出现了"饮食消费跟着广告走,服装消费跟着名牌走,娱乐消费跟着新潮走,人情消费跟着成人走"③的现象。青少年在物质和精神的关系上,更是重物质、轻精神,崇尚实用、追求实惠已经成为普遍的现象。"人生在世吃喝二字""一切向钱看"等享乐和拜金主义思想严重腐蚀了青少年的思想和心灵,使青少年为了追求物质享受和名利而不择手段,甚至走上酗酒、吸毒、抢劫等犯罪道路。在青少年极力追求物质生活的背后,掩藏着的却是心灵的空虚和无奈:"那种扮'酷'的表面下掩藏的是来自虚幻与现实的断裂而带来的脆弱和迷茫。"④ 从分析中我们可以看到,当代大多数青少年不再去"追求超越自然与现实的规定性,不再去追求人之为人的理想,而是注重于用'物质的批判'去取代'思想的批判';用'物质的超越'去取代'精神的超越'"⑤。"局限眼前,醉心功利,遗忘未来,躲避崇高"是部分青少年道德人格的真实写照,理想、信仰、价值、意义等精神生命的超越性被逐渐消解。

---

① 邱珂、边宏广:《当代中国大学生价值观解析》,《中国青年研究》2005 年第 8 期。

② [英] 亚当·斯密:《道德情操论》,商务印书馆 2008 年版,第 234 页。

③ 陆道平:《转型时期青少年道德品质存在的问题及对策》,《内蒙古大学学报》(人文社会科学版) 2005 年第 6 期。

④ 李庆真:《在酷与痛的边缘——当代青年生活价值取向及其困惑分析》,《当代青年研究》2004 年第 1 期。

⑤ 鲁洁:《道德教育的当代论域》,人民出版社 2005 年版,第 12 页。

二 青少年自主选择性道德人格异化的归因分析

（一）市场经济的负面效应

我国正处于社会主义市场经济的初级阶段，市场经济在带给人们诸如理性、公正、宽容、自由、竞争等新的伦理原则的同时，也把它的反伦理性带给了人们。"市场经济运行中的制度化、科学化、规范化程度都不高，社会状态呈现出的整体上高分化和低整合特点以及社会整合与社会控制出现的明显的滞后与弱化"①，导致自律与他律的实效性降低，社会道德屡有失范。"在现代市场经济中，这种反伦理性集中表现在市场经济对于人与自然、人与人、人与自身这三重关系的负面效应上。"②市场经济的负面影响是造成青少年自主选择性道德人格问题的社会原因。主要表现为：

第一，市场经济容易导致青少年自主选择性道德人格超越性的消解。这是因为在市场经济中，交换价值的实现不仅以使用价值为基础，而且与使用价值的直接性和具体性是呈正相关的。这就容易造成青少年只注重培养自己与市场直接需要相关的技能，而道德规范、道德信仰等精神需要却因其使用价值的间接性和抽象性而很少在他们的考虑范围之内，于是"人的精神被挤压成平面，人的价值成了虚无"。③这一切都是因为人们失去了价值、信仰的依托和支撑造成的。"信仰精神的消亡使人们忘记了恐惧，无视制约自身行为的道德意志，促使人们一味只追求贪得无厌的物质享受与新奇的感官刺激；仁爱精神的消亡使个体丧失了对美好未来的向往，窒息了人们谨守善良的道德的真诚，促使人们一味只追求眼前的利益和同样贪得无厌的享受与新奇的感官刺激"④。因此，在现实道德生活中，市场经济的这种负面影响势必会导致青少年人生及生活信念的危机和现实道德人格超越性的消解。

第二，市场经济使青少年自主选择性道德人格具有实利主义倾向，

---

① 韩玉璞：《我国青少年社会化方式的特点与道德人格的形成》，《教育理论与实践》2012年第10期。
② 孙抱弘：《现代社会与青年伦理》，学林出版社2003年版，第79页。
③ 刘济良：《青少年价值观教育研究》，广东教育出版社2003年版，第132页。
④ 贺雄飞：《风雨敲书窗》，中华工商联合出版社1999年版，第14页。

导致人与人关系的平面化。在市场经济条件下，生产的社会化和交换的普遍化，使人们建立起了普遍物的依赖关系；个人收益最大化的愿望以及一切都要借助物的货币尺度来衡量其社会关系的确立，使人与人之间的立体的社会关系平面化了。物的依赖关系使人逐渐沦为金钱的奴隶，人的价值和精神被铜臭味所污染。这正如弗洛姆所指出的："钱把忠诚变成了邪恶，把邪恶变成了德性，把主人变成了奴隶，把无知变成了理智。"① 人们发现，人们之间的经济联系强化了，而情感的、伦理的、精神的纽带弱化了。物的依赖性使人们在普遍交往中获得了一定的物质基础，然而它又阻碍了人们之间的深度意义的交往；人们感到很熟悉，却又感到很陌生，人们以物的形式出现又以获取物的目的而终结。平面化的人际关系必然造成个人生活的平面化。在这种平面化的人际关系中，亲情、友情乃至爱情都被物化了，利益作为经济价值观念渗透到人生的各个方面，这就势必会造成青少年自主选择性道德人格实用主义倾向明显、人际关系冷漠的现状。

第三，市场经济使当代青少年自主选择性道德人格出现相对主义倾向，导致价值观的飘忽不定和真我的丧失。在传统计划经济体制下，"共产主义道德是社会意识形态的核心，它曾依靠政治的力量把人们的观念、心理和行为统合起来并形成由原则、规范和范畴组成的层级结构"。② 在市场经济体制下，这个结构被逐渐拆解，人们的行为和观念由先前的群体化、单一化转变为个体化和多样化。"在这种急速而深刻的社会转型期，多元化的社会没有给青少年提供明确而坚定的社会价值观来指导其活动，必然对青少年的正确道德人格形成造成不利影响，不健全的道德人格甚至导致极端的失范行为——犯罪。"③ 市场经济体制下，共同尺度的消失，人们似乎失去了一个共同遵守的标准。它不会像伦理道德那样具有可公度性。这正像麦金太尔所说的那样，我一开始就注意到当代伦理道德言语的两个核心因素，一是概念的五花八门，并且

---

① [美] 埃·弗洛姆：《健全的社会》，黄筑荣等译，贵州人民出版社1994年版，第104页。

② 孙抱弘：《现代社会与青年伦理》，学林出版社2003年版，第84页。

③ 韩玉璞：《我国青少年社会化方式的特点与道德人格的形成》，《教育理论与实践》2012年第10期。

明显地不可通约；二是分歧双方若想结束争论，就得独断地使用最终原则。伦理道德变成了见仁见智的个人问题，人们成了伦理道德生活的他者。这样的结果造成了一些青少年不断地包装和改造自己，其自主选择性道德人格的独立性也就在市场经济的大潮中陷入了迷茫和困惑。

（二）学校道德教育的缺陷

学校道德教育的缺陷是产生当代青少年自主选择性道德人格问题的直接原因。主要有以下几个方面：

1. "灌输"道德教育模式的长期运用

我国传统的学校道德教育实际上就是灌输的道德教育。根据"灌输"的道德教育观：人们已经形成了一套较为完善和固定的知识、技能体系，学校道德教育的任务就是让学生了解、掌握这些道德规则，并最终按这些规则行事。相当长一段时间以来，道德教育全部"落实"为具体的规范教育，学校道德教育被当作了简单的认知技能训练。对于这一教育病症，早在20世纪前期，杜威就曾告诫过我们，"训练不同于教育"，不能只有训练而没有教育，训练"只意味着特定技能的获得。天然的才能可以训练得效率更高而不养成新的态度与性情，后者正是教育的目的"。[①] 强迫学生接受，伴随着对服从的学生给予奖励，对不服从的学生施以惩罚乃是最基本的教育方法。道德灌输由于其强制性和封闭性所导致的最大结果就是，或造就无责任的人，或造就只对外部负责而唯独不对自己负责的人，这是造成部分青少年学生道德人格责任感淡漠的直接原因。灌输由于从根本上剥夺了学生自由决定和自由创造的权利，因而也就淡化了人们担负责任的内在根据，所以便出现了并不鲜见的在学校看来"尊敬师长"的学生却会在公共汽车上争抢座位、在教师眼中"诚实"的学生却在考试中弄虚作假的现象。

2. 学生道德教育实践缺乏理性的引导和监督

学校道德教育在本质上是使人成为"人"的教育，就其具体目标来说就是成就人的德性的教育。在一定意义上来说，道德教育首先意味着价值引导，它向学生指明应该获得何种可贵的道德品质。事实上，我们

[①] [美]约翰·杜威：《新旧个人主义——杜威文选》，孙有中译，上海社会科学院出版社1997年版，第125—126页。

现在的青少年所缺乏的正是这种面对现实的道德冲突时的理性的引导和监督，这应是我们探索学校道德教育改革的一个关键点。调查显示，在影响青少年道德观念形成的途径中，"正面引导的途径包括：学校教育和思想工作，其影响比例仅占 20%，而此外 80% 的影响途径属于不确定引导方向的途径。在不确定引导方向的途径中家庭影响最大，所占比例为 48%；其次是社会舆论的影响，所占比例为 22%；再次是大众文化和宗教信仰的影响，所占比例为 10%"。[①] 调查结果显示，学校道德教育对青少年道德人格的培养所起的引导和监督作用并没有得到足够的重视。在不确定引导方向的途径中家庭影响最大。家庭教育由于建立在血亲关系基础之上，它对青少年的引导方向具有双向性，这就决定了它在教育过程中必然带有局限性。其次是社会舆论的影响。由于我国舆论还有很多不规范的地方，它对社会丑恶现象的过度披露及非理性化的推崇和对一些迎合消费者愿望的非主流文化的宣传都会对青少年道德人格的形成产生负面的影响。最后，大众文化和宗教信仰中的道德因素对青少年的影响更多为负向。从以上分析可以看出，在现实学校道德教育中，一方面，教育者的价值引导作用还没有得到足够的重视和完善；另一方面，教育者缺少对学生道德行为的结果做出及时的指导和监督，青少年的道德思想大部分还处于放任状态之中，这就使学生在具体的道德冲突中感到自我选择的困惑与迷茫。

3. 道德教育与学生现实生活世界的疏离

近代启蒙运动以来所产生的科学技术和形成的科学世界观，由于人类缺乏正确价值观的指导和对它的误用，使它成为主导人类生活的文化权威和新的意识形态。正是由于人类对科学技术的误用和过度崇拜才造成了传统理性精神的失落与人性的沉沦，它所带来的深层次的负面后果则是现代人德性的丧失。在这种思维模式的影响下，学校道德教育逐渐与个人的现实生活相脱离，并越来越远离了现实生活。学校道德教育所追寻的是一元的、唯一的、僵化的道德标准；在方法论上表现为绝对主义；在目的观上表现为道德上的理想主义和整体主义，强调人类道德关系和行为的共同性和理想性。正是在这种绝对的、确定的、必然性之

---

① 张弛：《大学生道德选择矛盾性研究》，《青年研究》2003 年第 6 期。

中，个体道德人格的独立性、责任性、关系性和超越性均丧失了，道德原本作为人的一种对生活的实践、精神的把握方式，逐步演化成为一种主体自身对道德世界的必然的、确定的道德知识体系的认识，个体道德人格所具有的独立性与超越性便在这种道德知识的确定的体系中悄然隐退了。因此，学校道德教育不仅很难对学生的道德生活做出正确的价值引导，而且本应以现实生活为根基的自主选择性道德人格教育也出现了异化，从而使原本丰富多彩的道德生活退化为一种机械单调的行为操练。

4. 道德教育被技术主义、实证性思维异化

当今社会，尤其是西方发达社会，是一个科学技术飞速发展的社会，技术统治取代了一切，成为一种极权统治。"统治不仅通过技术，而且也作为技术使自己永存并扩大化。在它的统治下，人失去了他的自主、自为性，技术也为人的不自由提供充分的合理性，并且证明自主即自己决定自己的命运在'技术上'是不可能的。"① 这就是说，技术的统治让人失去了他的自主性、批判性、超越性而成为单向度的人。此外，在思想领域中，科学主义的实证性思维在技术合理性的支持下取得了统治地位。用这种思维方式来考察人的本质与人性，所能见到的只能是它的现实规定性，也就是人的实然生存状态，而人的应然性，也就是人的理想、信仰、价值、意义等均被排除在这种实证性思维的范围之外，成为一种不合科学的、不合法的存在。那么，学校道德教育被技术主义、实证性思维异化的主要表现是对学生道德评价的数字化、符号化。在这种思想的影响下，自然科学的原理与方法被运用到学校道德教育领域。然而，那一串串抽象的数字并不能反映出青少年真实的道德面貌。这是因为学校道德教育面对的是一个个有血有肉的人，而不是抽象的概念化的人和冷冰冰的理性。"如果将科学方法以及科学结论运用于具有较强主观色彩的人的教育中，就会把人解释为自然现象，成为没有内在生命力的物体"②，这样就抹杀了学生个体道德生命的完整性和自主选择性道德人格的独立性。

---

① ［美］赫伯特·马尔库塞：《单面人》，左晓斯译，湖南人民出版社 1988 年版，第 135 页。

② 易连云：《重建学校精神家园》，教育科学出版社 2003 年版，第 38 页。

(三) 学生道德修养的欠缺

对于青少年自主选择性道德人格教育来说，社会环境和学校道德教育是影响其道德人格形成的外部因素，学生自身进行道德修养则是内在因素。"业精于勤荒于嬉，行成于思毁于随。"[①] 对于提升青少年道德境界来说道理同样如此，关键就是要不断增强青少年自身进行道德修养的能力。如果在社会实践中没有促使自身养成高度的道德修养自觉性和自律性，再好的外部条件也起不到作用。道德修养的欠缺主要表现为对社会和自身的反思存在着欠缺和不足之处，即缺乏反思批判精神，这是他们产生道德人格问题的根本原因。反思批判精神体现了生命超越性的本质，同时它又是人类所特有的一种超越意识和能力。反思批判主要是指对自我和对社会的感悟与反思。缺少对自我的反思和批判，就意味着对他人缺少理解、尊重、信任和宽容，最终导致青少年人际关系的冷漠和自我中心主义的膨胀。缺少对社会的反思，就会导致青少年自主选择性道德人格独立性的缺失。

一方面，学校道德教育由于受到技术主义、科学实证性思维的影响，青少年把注意力过分集中在对今后就业、深造等起到重要作用的课程学习以及相关技能的训练上，很少去反思自身言行的道德性问题，更很少去思考自我与他人的关系问题，这就导致了人与人关系的平面化和功利化。

另一方面，青少年对社会的反思同样也存在着缺失的情况。主要表现为：当他们遇到社会上一些大众不文明道德行为与现象时通常采取默许、接受的消极心理；由于受传统依附性思想的影响，青少年对社会上出现的专制主义道德规范和规章制度等采取一种容忍退却的被动姿态，很少去思考其现实的合理性，盲目从众现象严重，从而造成道德人格独立性的缺失。这其中的内在原因在于青少年反思批评精神的缺失，导致他们的道德观念与意识出现动摇，从而产生道德人格虚无主义倾向。

第四节 青少年自主选择性道德人格教育的建构

从上面的分析中可以看出，造成青少年自主选择性道德人格异化的

---

① 《韩愈集》。

原因是多方面的，既有市场经济负面因素带来的影响，又有学校道德教育自身存在的缺陷及学生道德修养的欠缺等。我们认为，造成青少年自主选择性道德人格异化的根本原因还是在于学校道德教育自身。这是因为以往的学校道德教育"背离了人自身，背离了人心，背离了人的向善之心，它向人宣讲的是抽象的概念、空洞的道理，它要人做到的往往是不可企及的要求，它规定人去遵守的是一大堆违反身心发展的规训……德育因此而变得面目可厌"。[①] 21世纪之初的学校道德教育"要想摆脱困境，重获发展的活力，必须探索产生这种困境的内在的、根本的原因"。[②] 只有这样，我们才能找到走出困境的出路，正确把握未来学校道德教育的方向。

青少年自主选择性道德人格教育的过程是一个人自身道德解放的过程。与"解放相对的是压抑、禁锢、灌输、奴役、摧残、践踏、束缚、钳制……这是两种向度的力量"。[③] 事实上，教育即引导，这意味着教育是探索、是启蒙，而不是灌输和压制；教育是师生之间平等的对话和交流，而不是命令和指示；教育是丰富知识、提升人性、完美人格，而不是统一思想、压抑个性；教育是尊重、信任、宽容和爱，而不是消极防范和不负责任。为了使学校道德教育实现青少年自主选择性道德人格的生成与确立为主要目标，实现向自主选择性道德人格教育的转向，使学校道德教育获得与时代发展主旋律相符合的品性与意蕴，为此，应该从理论基础和实践策略两方面进行探索。

一　青少年自主选择性道德人格教育的理论基础

（一）马克思主义人性论基础

"人性，又称人的本性或人的本质，指人区别于其他一切物并所以为人的本质规定性。"[④] 教育面对的是人，教育的世界是人的世界。因此，任何教育理论的建构，都必然要建立在某种人性假设的基础上。本

[①] 鲁洁：《道德教育的当代论域》，人民出版社2005年版，第1页。
[②] 高德胜：《知性德育及其超越——现代德育困境研究》，教育科学出版社2003年版，第2页。
[③] 肖川：《主体性道德人格教育》，北京师范大学出版社2002年版，第151页。
[④] 罗国杰：《伦理学》，人民出版社2014年版，第443—447页。

章所论述的自主选择性道德人格教育的理论基础是根据马克思关于人的实践性理论做出的实然与应然两重性的人性假设。这是因为自主选择性道德人格所具有的关系性与超越性特征必然体现了人性的实然与应然两重性的统一。

马克思在《政治经济学批判》中指出："人双重地存在着，主观上作为他自身而存在着，客观上又存在于自己生存的这些自然无机条件之中。"① 马克思所阐明的人的两重性，深刻地揭示了人性的奥秘。一方面，马克思从客体性向度揭示了人必然地存在于他所赖以生存的各种自然、社会条件之中。这是因为，人是一种关系性的存在，他不能脱离他的对象物而存在，他的生存状态要由各种对象关系所规定，也就是说，他是以一种实然状态存在着的。另一方面，马克思又从人的主体性向度揭示出人是为自身而存在着的存在物。与其他自然物不同的是，他能够按照自己的需要，通过对象性活动，去超越各种被给定的对象性关系，从而去实现所应是的目的。这就是说，人性的本质既在现存的实然之中，又在超越现存的应然之中。实际上，人的生命存在就是在这种实然与应然否定性的动态过程中，不断地寻求平衡，不断地走向超越的过程。

从上面的分析可以看出，人性的本质是实然与应然的统一、理想与现实的统一、自在与自为的统一，这种内在的统一性源自于人的实践性本质。马克思认为，人的本质就是人的实践性。实践的本性就是对一切给定性、自在性的扬弃与否定。在实践中，人不断产生出新的发展自身的需要，但人已有的自在形式总是不能满足这种发展的需要。正是由于这种张力的存在，人对其现有的自在形式总是持一种否定的取向和态度，这实际上就是人所要实现和满足的"应然"。所以，"人的本质既在其现存之中，又在其超越现存之中；既在其对自身的肯定之中，又在其对自身的否定之中；既在其对现有自在状态的确认之中，又在其对自为状态的追求之中；人既以现在怎样的形式存在，又以应当怎样的形式存在"②。人的实践性内在地决定了人的实然与应然的两重性，也决

---

① 鲁洁：《道德教育的当代论域》，人民出版社 2005 年版，第 3 页。
② 同上书，第 6 页。

了自主选择性道德人格教育必然要在人与人之间的关系中进行，更要通过个体不断的道德实践活动才能得到发展与提升。

（二）伦理学基础

从前面对自主选择性道德人格相关概念的分析中可以看出，独立性和责任性是自主选择性道德人格的重要特征。独立性意味着个体道德人格具有自主性和选择性的特征。因此，青少年自主选择性道德人格教育必然要涉及伦理学中对自由、选择和责任三者关系的正确理解。

1. 选择与自由

个体道德选择是在个体与他人、社会、自然的相互作用中进行的。它需要有一定的前提条件，即自由。自由表现为两种形式：一种是社会自由，另一种是意志自由。社会自由是个体选择的外在可能性。"社会越发展，展现在人们面前的选择可能性就越丰富，选择的自由也就可能越大。反之，社会越不发达，社会生活越原始，社会关系越落后，人们所选择的可能性就越少，人们活动的限制就越多，选择的自由也就必然越小。"[①] 对于个体的道德选择而言，丰富的可能性只是外在的自由，这种自由能否实现，更要依赖于人的内在自由即意志自由。意志自由表现了人的独立性和责任性，它使人们在多种可能性中根据自己的需要、信念和理想进行选择；意志自由使人获得了独立的地位和道德人格，它使人通过选择自己的生活方式、行为方式，来造就自己的德性和价值。意志自由使道德选择得以进行，又赋予道德主体以道德责任。恩格斯曾经指出："如果不谈谈所谓自由意志、人的责任、必然和自由的关系等问题，就不能很好地讨论道德和法的问题。"[②] 马克思主义认为，人是社会环境的产物，人的选择受着客观必然性的支配，"不管个人在主观上怎样超脱各种关系，他在社会意义上总是这些关系的产物"[③]。道德上的自由不在于超越这种必然性，而在于对客观必然性的认识和对社会现实生活的改造。这就是说，人总是受历史必然性支配的，同时人的活动又是自觉的、具有一定目的的。

---

① 罗国杰：《伦理学》，人民出版社1989年版，第353—354页。
② ［德］《马克思恩格斯选集》（第3卷），人民出版社1972年版，第152—153页。
③ ［德］《马克思恩格斯全集》（第23卷），人民出版社1972年版，第12页。

意志自由是个体通过"自觉地确定目的、支配行动、克服困难等表现出来的能动的实践精神，它是个体道德品质的重要因素之一"。①意志自由是道德选择的重要前提，但必须对意志自由做具体的分析。在伦理思想史上，绝对自由论者无限夸大意志自由，认为自由就是没有任何限制，就是超越一切，随心所欲地去选择，这显然是我们所要批判的。例如，18世纪的德国哲学家康德，从唯心主义立场出发，在道德上宣扬理性的神圣性和意志自由的绝对性，把意志自由看作人之为人的本质，是道德的唯一前提。法国存在主义哲学家萨特认为："人总是一种'是其所非'或'非其所是'的存在。"②就是说人的本质是一种可能性。至于这种可能性能否成为现实，就完全要看个人如何设计自己、如何造就自己了。由此，萨特得出了人绝对自由的结论。

从以上分析可以看出，个体进行道德选择的前提是自由，但这种自由是社会自由与个人自由的统一。要获得这种自由，一方面需要个体积极投身到认识世界、改造世界的实践活动中去，为自主、自由的选择创造社会条件和主观条件；另一方面个体又要努力进行自我培育、自我锻炼和自我修养。

2. 选择与责任

一般来说，凡承认选择自由的理论也都承认人应该为这种选择负责。只有自由才能使选择者负有责任，也只有责任才能说明选择者是自由的。马克思主义伦理学认为，选择和责任是不可分的，责任是选择的属性，否定责任也就否定了选择。个体的道德选择之所以具有重要的意义，其原因之一就在于它包含着人的责任。选择将人带进价值冲突中，使人在多种可能的价值观念中进行取舍，并在这种取舍中表现出自己的价值和意义。诚如黑格尔所说："人的决心是他自己的活动，是本于他的自由做出的，并且是他的责任，当我面对着善与恶，我可以抉择于两者之间，我可对两者下定决心，而把其一或其他同样接纳在我的主观性中，所以恶的本性就在于人能希求它，而不是不可

---

① 赵志毅：《德育的"意志"转向——兼论走向"实践理性"的学校德育》，《教育研究》2012年第2期。

② 万俊人：《西方伦理学史》（下卷），北京大学出版社1992年版，第143页。

避免地必须希求它。"① 想要成为恶并且选择恶的人，就必须要为其选择恶的后果负责。

绝对自由论者由于无限夸大人的选择的自由，把人的选择看作不受任何限制和约束，可任意地选择，这就必然无限地夸大人的责任。存在主义者既是绝对自由论者，又是绝对责任论者。"和人的自由一样，人的责任在任何情况下都是绝对的，无论哪一种责任，对于人这一责任主体来说都责无旁贷。"② 绝对责任论者在客观上造成了两种结果：一是因责任而取消自由，责任已成为无法承受的负担，因此必然要逃避自由；二是因责任而取消责任。个人什么责任都负，也就等于什么具体责任都不负，人人都具有同样的责任，又等于人人都没有责任。

从以上分析可以看出，个体的道德选择以意志自由为前提，又以道德责任为结果，主体在自由地选择对象的同时，也自由地选择了责任。因此，道德责任是道德选择的基本属性，它和自由一样也是道德选择的必要条件。

（三）心理学基础

自主选择性道德人格的基本内涵要求个体要具有道德自我意识、道德选择需要、道德选择能力和道德责任意识。而意识、需要和能力是心理学中的基本概念，因此，要实施自主选择性道德人格教育，就有必要从心理学的角度对其基本内涵进行理论分析。

1. 道德自我意识

意识在心理学上是指以情感、态度的方式体现个人与社会之间关系的一种内心状态，它使人的行动具有目的性。具有道德自我意识是人区别于动物的重要标志之一，也是人本质力量的重要表现之一。正如马克思所说："动物只是按照它所属的那个物种的尺度和需要来进行塑造，而人则懂得按照任何物种的尺度来进行生产，并且随时随地

---

① ［德］格奥尔格·威廉·弗里德里希·黑格尔：《法哲学原理》，范扬等译，商务印书馆1979年版，第146页。

② 万俊人：《西方伦理学史》（下卷），北京大学出版社1992年版，第160页。

都能用内在的尺度来衡量对象；所以，人也按照美的规律来塑造。"①所谓道德自我意识，"就是对自我的反省意识，是人对自己区别于他物的性质、地位、作用以及由此形成的与他物关系的意识"。② 作为自我反思的活动，道德自我意识是通过认识他人、认识自己活动的结果来认识自己的。"自我意识的发展过程是个体不断社会化的过程，也是个性特征形成的过程。自我意识的成熟往往标志着个性的基本形成。"③ 在整个自主选择性道德人格的培养中，道德自我意识至关重要。这是因为"自我意识对人的人格发展起到反馈和调节作用。现实中人们总是不断反思自己，不断领悟，朝着对自己有益的方向发展自己的人格"。④

2. 道德选择需要

需要是人作为主体对促使自身生存、发展条件和因素的渴求状态，是个体行为积极性的源泉。道德选择需要是一种指向道德价值、道德规范、道德情感、道德意识和道德行为的特殊需要，它对自主选择性道德人格的建构有基础性作用。激发道德选择需要与建构自主选择性道德人格有相同的人性论基础，这是因为道德选择需要的主体不仅是一种自然的存在，还是一种自由的存在，主体对道德生活诸要素的渴求"来源于人应更好地活着，应比动物更有价值感、意义感地活着的信念"。⑤ 一个有着强烈道德选择需要的人，是一个力图在物质世界中确定自己的位置，在意义世界中获得超越的人，是一个能清晰地听到内心诉求并付诸行动的人，他是自身的主人，因而也是有尊严和自由的人。而这一切，恰恰是自主选择性道德人格的基本内涵。

3. 道德选择能力

能力是顺利完成某项活动所必需的并直接影响活动效率的个性心理特征。道德选择能力是人们在进行自主选择的过程中表现出来的能力，主要包括反思批判力、自主意志力和责任承受力三个方面。反思批判力

---

① [德] 马克思：《1844 年经济学哲学手稿》，刘丕坤译，人民出版社 1979 年版，第 50—51 页。
② 陈根法：《德性论》，上海人民出版社 2004 年版，第 73 页。
③ 林崇德：《发展心理学》，人民教育出版社 1995 年版，第 312 页。
④ 辛占香：《大学生自我意识发展的特点及其调控》，《教育科学》2005 年第 4 期。
⑤ 柳潇：《道德需要：主体性道德人格建构的基石》，《理论与改革》2004 年第 6 期。

是人们在采取道德行为前，面对各种价值观念及可能的道德行为，自主地进行判断并决定采取某种行为的能力。因此，提高道德选择能力的关键是使青少年"掌握批判的武器，学会通过对各种社会道德观念和价值取向的批判性分析判断，最终得出自己的评价和厘定是非、善恶的标准"①。自主意志力是指个体在整个自主选择过程中，对自己的意念及行为进行有效控制和调节的能力。自主意志力是一种理性的力量，自主选择性道德人格就是依据道德理性对欲望制约的意志力。斯宾诺莎指出，作为精神力量的意志力"是指每个人基于理性的命令努力以保持自己的存在的欲望而言"②。然而，自主意志力又不是一般的理性认知能力，而是能产生行动的道德力量，理性需要意志来体现自己的力度，只有具备了自主意志力，人们才能坚贞不渝地坚持正确的选择，才能养成自主选择性道德人格。

4. 道德责任意识

道德责任意识是个体对其承担自己行为后果的义务持认真负责和积极主动态度而产生的情绪体验。"人是社会的人，每一个人的成长、发展，各种需要的满足，除了受惠于社会和他人以外，他必然还要受制于他人和社会；在社会中的个人，除了享受权利还必须承担义务，除了获取还要付出。"③道德责任意识集中地体现一个人的道德人格。道德人格的魅力"在于履行职责中的崇高责任心"④，自我只有作为责任主体才有道德人格，有道德人格才能体现出他的内在价值。20世纪80年代，美国心理学家 H. 加登纳在《智能的结构》一书中阐发了个体心灵中"他人感""关系感"及其存在发展的生物学基础。这里的"他人感""关系感"其实可以看作是个体的道德责任意识。这是因为，每一个人都生活在一定的社会关系之中，这种关系赋予了人一定的要求和责任，个人按照要求尽到了自己的责任，就能体现出个人的道德人格和对社会的贡献，人性的完美和崇高也就得到了体现。高度的责任感是一切

---

① 刘晖：《略论道德选择能力的培养》，《教育评论》1995年第4期。
② [荷兰] 巴鲁赫·德·斯宾诺莎：《伦理学》，贺麟译，商务印书馆1983年版，第149页。
③ 叶澜：《试析当代中国道德教育内容的基础性构成》，《教育研究》2001年第9期。
④ 陈根法：《德性论》，上海人民出版社2004年版，第9页。

创造性劳动和道德行为的内在动力。因此，也可以说"责任感是一种生产性的道德力量"①，"它能催生出智慧和能力，促使人去做好事情，并因工作成功而感受到一种尽责和胜任的欢愉和满足，也正是在这种负责行事的过程中，提升了人的社会意识"②。

二　青少年自主选择性道德人格教育的实践策略

（一）青少年自主选择性道德人格教育的原则

1. 引导性原则

道德教育具有方向性，即道德教育首先意味着价值引导，它指明学生应该获得某种可贵的道德品质。我们主张学生养成自主选择性道德人格，并不是倡导相对主义价值观，而是让学生在教师的引导下自主地做出价值选择，把传统的道德规范和价值观的传承变为主体自主选择、自主建构的过程。那么，教育者在道德教育过程中的主要职责和任务就是引导、激励和唤醒。"'引导'不同于'灌输'和'训练'，就在于它尊重个体生命发展的主体性要求；'引导'不同于'放任自流'，就在于它能使个体生命的发展不被生物性所奴役，而赋予社会的价值。"③引导就其内容而言，不是对个体的发展规定什么，而在于对个体提供价值导航，在于唤醒个体道德发展的意识，激励个体不断超越自身，彰显和弘扬人的主体性。从当代青少年所面临的道德困境来看，"缺乏理性，或者具体说在道德选择中缺乏理性监督与引导是造成青少年道德行为失范的主要原因"。④ 事实上，我们现在的青少年所缺乏的正是在面对复杂道德冲突时的理性引导和监督，这应是我们探索现实生活中学校道德教育改革的一个关键之点。因此，在实施青少年自主选择性道德人格教育时，就要做到：

第一，重视和完善教育者的价值引导。我们之所以要重视教育者的价值引导，其深层的含义在于：它不仅使人具有各种现实道德规定的实

---

① 王兆林、姬焕芳：《学校责任教育初探》，《青海师范大学学报》（哲学社会科学版）2004 年第 1 期。
② 叶澜：《试析当代中国道德教育内容的基础性构成》，《教育研究》2001 年第 9 期。
③ 冯建军：《生命与教育》，教育科学出版社 2004 年版，第 301 页。
④ 易连云：《重建学校精神家园》，教育科学出版社 2003 年版，第 69 页。

然性，而且还赋予人所独有的应然性。首先，要求教育者通过开放的教育过程和内容进行价值引导。学校和教师要具有开放的精神，对各种价值观和道德规范以辩证的、历史的态度进行分析，而不是用僵直的、教条的态度进行简单的说教。教育者的价值引导要充分体现学生的主体性原则，让学生通过自身的道德经验给予说明、充实甚至创造。自主选择性道德人格的培养不同于灌注"香肠"，只需要朝里面灌满各种现实的道德规范、道德原则、道德律令就可以完事，它需要教育者把道德人格的养成作为道德教育的核心和重点，通过价值引导使青少年自觉加强道德养成。所谓"养成"，不仅是指在课堂上接受教育，更是在生活中、实践中自觉地培养自己的道德人格，使道德人格成为自觉的意识、自身的习惯，成为道德自律、活的智慧。除了有教育过程的开放，还要有教育内容的开放。我们既要将既定的价值取向和道德规范作为教育的基本素材，同时也要把一些既定的社会上客观存在的某些价值取向作为讨论的话题。其次，为了对受教育者的行为做出科学有效的引导和监督，教育者"应充分了解和掌握受教育者个体的先天禀赋、自身需要、政治思想、道德价值、认知水平等方面的特点、差异和变化，指导受教育者根据自己的具体情况和现有状况以及可能做出选择，而不是将教育者的选择强加给受教育者，扼杀受教育者的自主选择意识和选择能力"。[①] 最后，教育者应该了解、尊重学生的道德需要，充分重视学生道德需要的现状和发展方向。心理学研究表明，学生有求善的道德需要。教师应该重视学生的这种需要，注意引导学生合理道德需要的满足，并不断激发学生新的求善需要。要多给学生自主选择的机会并充分尊重学生自主选择的结果，通过引导学生自主选择最终达到学生道德人格的发展与完善的目的。此外，教育者还要关注学生道德需要满足的方式和发展方向，对学生的错误及时指出并加以引导。

第二，要处理好教育者的价值引导与受教育者道德人格自主建构的关系。长期以来，我们把道德教育的过程视为教师施加道德影响的过程，是"制造"符合社会、学校及家长理想的"产品"的过程，其最根本的缺陷是没有认识到个体道德人格的养成只能由学生个体来完成。

[①] 颜晓丽：《网络环境下学生道德选择能力的培养》，《教育探索》2003年第6期。

"教育者或教师如果企图不通过儿童自己的活动去掌握知识、培养品德，却将知识、品德、要求'加到'儿童身上，这样只会破坏儿童健康的智力发展和精神发展的基础，破坏培养其个性品质的基础。"① 这样的教育培养出的只能是具有依附性和顺从性道德人格的人，而难以培养出有主见、有思维、有创造力的独立个性的人。我们主张自主选择性道德人格教育的引导性原则，这是以承认、尊重教师和学生双方的主体性为前提条件的。教育者的价值引导与学生道德人格自主生成是相辅相成的关系，自主不是放弃教师的引导更不是取消教师的盲目的自主。教师在学生自主建构过程中的作用要从前台走向后台，扮演一个"价值提供者"和"价值引导者"的角色。自主选择性道德人格的建构过程，不是盲目的自我生成，而是对教师提供的各种价值观进行自我选择、体验、创生和发展的过程。这是因为，学生个体道德人格发展的自主性不仅是生命存在的方式，而且也是形成独特生命和个性的保证。自主选择性道德人格教育就在于为个体生命的自主发展创造所需要的条件，树立主体教育的理念，"把教育的对象变成自己教育自己的主体，受教育的人必须成为教育他自己的人；别人的教育必须成为这个人自己的教育"②。为此，在实施青少年自主选择性道德人格教育中，教育者要把受教育者视为发展的主体，把个体道德人格发展与完善的主动权还给学生，并树立"学生道德人格的发展与养成只能靠自己来完成"的观念，还学生一片自主自由的天空。

2. 生活性原则

前面谈到，部分青少年道德人格存在着责任感淡化、超越意识淡薄等人格异化的现状。虽然造成这一现状的原因是多方面的，但一个最为根本的原因就是学校道德教育与学生现实生活世界相脱离。当前学校道德教育存在的误区就是只关注道德原则、道德规范和道德知识的灌输，忽视了学生复杂多变、丰富多彩的现实生活世界，忽视了现实生活世界带给学生生动真实的生命情感体验。脱离现实生活世界的道德教育，虽然它可以使学生有足够的道德认识，但是它培养出来的学生缺乏把道德

---

① 冯建军：《生命与教育》，教育科学出版社2004年版，第280页。
② 联合国教科文组织国际教育发展委员会：《学会生存——教育世界的今天和明天》，教育科学出版社1996年版，第200页。

认识转化为道德实践的内在道德自觉,最终造成学生的知行脱节,导致学生道德上的双重人格。

青少年道德人格的形成"源于他们对生活的认识、体验与感悟,只有源于青少年实际生活的道德学习,才能引发内心的道德需要,获得道德体验,提升道德认知,建构道德人格"。[①] 只有植根于学生的现实生活世界,道德教育才会具有深厚基础和强大生命力。这是因为只有在学生的现实生活世界中,在学生的现实遭遇中,在学生内心世界的价值冲突中,才真正蕴藏着宝贵的教育时机和教育资源。道德教育向现实生活世界回归意味着应"充分吸收生活世界的直观性、本真性、体验性,在人的现实生活中,而不是从在道德概念的演绎、道德思维能力的开发中完成自己的任务"。[②] 国际21世纪教育委员会向联合国教科文组织提交的报告《教育——财富蕴藏其中》将"学会共同生活"作为教育的四个支柱之一,但我们不能在生活之外学会生活,而只能在现实生活世界之内生活着并学会共同生活。当然,道德教育回归现实生活不是要与现实生活完全融合、浑然一体,而是要在回归中超越现实生活,同时在对生活的超越中实现道德人格的自主建构与发展。正如鲁洁教授所说:"道德,作为人类的一种精神活动,它是对可能世界的一种把握。道德所反映的不是实是而是应是。它不是人们现实行为的写照,而是把这种现实行为放到可能的、应是的、理想的世界中去加以审视,用应是、理想的标准来对它做出善、恶的评价,并以此来引导人的行为。"[③] 为此,我们主张自主选择性道德人格教育的生活性原则就是要关注现实生活中的完整生命个体,从现实生活中生成新的德育内容,引导学生发现、体验道德的生活意义和价值。

第一,要关注现实生活中完整的生命个体。现实生活中的人是完整的、充满活力的生命存在。自主选择性道德人格教育应该首先面对完整的生命个体,关注学生生命的整体性。学生生命的"整体性"是指

---

① 张绪培、王健敏:《青少年道德人格及其建构的四大支柱》,《中国德育》2012年第11期。

② 高德胜:《知性德育及其超越——现代德育困境研究》,教育科学出版社2003年版,第182页。

③ 鲁洁:《道德教育:一种超越》,《中国教育学刊》1994年第6期。

"人的生命是多层次、多方面的整合体;生命有各方面的需要:生理的、心理的、社会的、物质的、精神的、行为的、认知的、价值的、信仰的。任何一种活动,人都是以一个完整的生命体的方式参与和投入,而不只是局部的、孤立的、某一方面的参与与投入"。① 道德教育不应机械地培养学生的某种品质,而应该培养完整的人,因为人的每一方面的表现都与人的整体情况紧密联系,而一个人提高和完善某一方面的素质也是为了自身整体的提高与完善。关注完整的人,就必须尽可能充分认识和了解一个人的全部,既包括他的学习、交往、健康状况及个性,也要了解他的学校、家庭及社区生活等;关注完整的人,就要关注他的各个方面,完整的人是丰满的、活生生的,不能用简单的几个词或几句话来概括,也不能用简单的好坏来判定;关注完整的人,还应该基于对学生完整人格的塑造来理解和认识道德教育的价值。所以,只有立足于培养完整的人,其德性品质才会有真实的依托,道德教育才有植根的土壤。著名伦理学家德布罗尼斯基认为,不要把道德从人的活动中分离出来,道德不是区别于社会现象中其他现象的特殊现象,不能限定道德的空间范围,道德渗透在生活的一切领域。

第二,从现实生活中生成新的道德教育内容。现实生活是学生接受道德教育的出发点,也是学生接受道德教育的归宿。学生自主选择性道德人格的发展与完善,就是为了改变自己现实的或未来的生活质量。真正的教育就是帮助学生适应并超越现实的生活,创造未来可能的生活。教师要善于针对学生的生活实际生成新的道德教育内容。胡塞尔曾就生活中的道德资源有过生动的论述:"当我们在一起生活,面对面地谈话,互相握手致意,在爱和恨中,在思考和活动中,在辩论中互相联系在一起的时候,我们就经常处在那种人格主义的态度中。"② 这种"人格主义的态度"既是道德教育的素材,也是道德教育本身。生活是道德教育出发的地方,也是道德教育不可避免要回归的地方。从学生现实生活中生成道德教育内容,首先要充分考虑学生的身心特点、接受能力和现实

---

① 叶澜:《时代精神与新教育理想的构建——关于我国基础教育跨世纪思考》,《教育研究》1994年第10期。

② 张庆熊:《熊十力的新唯识论与胡塞尔的现象学》,上海人民出版社1995年版,第124页。

生活状况。这是因为学生是在原有品德基础上接受新的道德要求或产生新的道德需求,学生的品德基础存在着很大差异,教育要做到难易适当、因人而异,不要动不动就搞"一刀切"、随意拔高、搞形式主义。其次,应该了解学生的道德基础究竟是什么样的状况,这样的道德基础是在什么样的现实生活背景下形成的,然后才有可能帮助学生确定可行地发展目标,寻找行之有效的自我完善办法。最后,教师在帮助学生适应现实生活的同时,更应该引导学生超越现实具体的生活,理解生活的意义和价值,让学生认识到"美好生活是在追求美好生活的过程中实现的,任何的道德选择都是为着这一生活本身的,而不是凌驾于生活之上的。生活的目的不是在生活之外实现或者完成道德理想,生活不是向道德展开,而是道德围绕着生活,为着生活的"。①

第三,引导学生发现、体验道德的生活意义和价值。人为什么要成为一个好人?每个学生在完善自我的过程中都会提出这样的问题。如果道德教育一味地强调道德的利他性,忽视引导学生发现、体验道德与个体生命存在、发展的内在一致性,这样的道德教育是没有生命力的,也迟早会被学生背弃。"一个人如果不能通过向善使自己得到更好的发展,或者他发现不了做一个好人对他自己究竟有什么意义,他就不会主动向善,至少他不会保持长期道德追求的热情。"② 正是利益的召唤,才使得学生愿意内化道德规范,愿意逐步走向自主和独立。不承认道德利益的合理性,不帮助学生寻找自身德性的完善提高在改善自己生命质量中的价值,道德教育就必然会被学生视为"假大空",甚至被学生视为虚伪。这样我们培养出的学生所具有的只能是缺乏责任感和超越性的病态道德人格。为此,在现实道德教育实践中,我们可从以下两个方面帮助学生发现、体验道德的生活意义和价值:一方面,德性有助于提升人生的价值目标。现实生活已经表明,德性有助于我们确立人生正确的价值目标,提升生活中的道德人格。人到了青年时期,思考着希望自己成为怎样的人,思考着怎样的生活是最好的、最有价值的生活。在这里,德性的价值判断起着重要的作用。我们所追寻的美好生活不仅不能与德性

---

① 金生鈜:《个人自主性与公民的德性教育》,《教育研究与实验》2001 年第 1 期。
② 王现军、冯建军:《走向生活化的德育》,《思想理论教育》2003 年第 3 期。

相违背，而且最重要的是需要我们探寻具有什么样的德性才会使我们获得美好生活，从而去提升生命的意义和价值。另一方面，德性的魅力在于使学生在履行职责中具有崇高的责任感和责任心。叔本华认为，道德起源于对责任的认识；在荷马史诗里，一种德性是一种品质，它的表现形式是个体能够正确履行其社会角色所要求的一切；在康德看来，德性则是在责任的恪守中，人的意志的道德力量。所以，德性的力量就是"把责任的'应该'转变成'现实的力量'，在自己的社会角色中，履行自己的责任，去尽自己的职守"①。

3. 共生性原则

20世纪的哲学家对人的共生性、共在性给予了充分的关注。德国哲学家胡塞尔认为，每个生命个体都是一个独立的自我，但这些"自我"却拥有一个共同的生活世界——世界不只是我的，世界也是你的、他的，世界是我们的。他说："每一个自我——主体和我们所有的人都互相一起地生活在一个共同的世界上，这个世界是我们的世界，它对我们的意识来说是有效存在的，并且是通过这种'共同生活'而明晰地给定着。"②继胡塞尔之后，海德格尔把个体当作"此在"。他认为，"此在"中渗透了世界和他人，"此在的世界是共同世界。'在此之中'就是与他人共同存在。他人的在世界之内的自在存在就是共同此在"③。而哈贝马斯也认为，一个具有主体意识的自我，并不是纯粹个人的事情，因为"这种存在的主体性从一产生就已经是一个主体际性"④。马克思曾经指出，现实中的人具有双重地位，"正如他在现实中既作为社会存在的直观和现实享受而存在，又作为人的生命表现的总体而存在一样"⑤。马克思从社会关系着手，揭示了个体生命并非孤立的存在，而是一种人与人之间相互依赖的共同存在。

---

① 陈根法：《德性论》，上海人民出版社2004年版，第9页。
② 转引自［美］弗莱德·多尔迈《主体性的黄昏》，万俊人译，上海人民出版社1992年版，第63页。
③ ［德］马丁·海德格尔：《存在与时间》，陈嘉映译，生活·读书·新知三联书店1987年版，第146页。
④ ［美］大卫·M.列文：《倾听着的自我》，程志民译，山西教育出版社1997年版，第134页。
⑤ ［德］《马克思恩格斯全集》（第42卷），人民出版社1979年版，第123页。

上述关于人的共生性、共在性的不同论述，作为一种新的世界观否定了 20 世纪单子式个体的观念，从而支撑着一种共生性的人学观。其基本内涵是：一方面，每个共生性的存在，就其本质来说就是一个具有自主性、独立性和创造性的独特的存在。这是因为，共生性存在以个体生命存在为前提，它不仅承认个体生命存在的重要性，更重视每个共生性存在各自所具有的独特性和独立性。每个个体与他们所处的关系之间相互融合、渗透和影响，从而生成新的关系。另一方面，每个个体作为关系性的存在又是诸多个体生命的凝聚，他内在地整合了自我与他人、个人与社会、利己与利他等人的存在形态，把以往这些对立的存在形态消解在共生性存在之中。

通过上述分析可以看出，无论是马克思主义，还是现代西方哲学都深深认识到，"个体"只有在"共生"中才能获得存在的资格。当代人的生存方式已经从整体性存在、单子式存在转型为共生性的存在，这体现了历史发展的必然。在这一转型中，就要求人的道德人格、人的道德观念和价值取向等发生转变，同时这也是自主选择性道德人格教育的任务。为了适应现代人学理念的转型，为了实现道德人格的转型，为了更好地建立个体之间的共生性关系，学校道德教育应做好以下几点：

第一，尊重、理解他人，建立平等的师生交往关系。真正平等的师生交往关系体现为交往中的"我—你"关系。著名的德国宗教哲学家马丁·布伯（Martin Buber）认为，人际交往的双方是主体间的"我—你"（I and You）关系，而不是把对方看作是某种物品的"我—它"关系。"'我'与'你'相遇，'我'步入与'你'的直接关系里。"① 这种交往关系不仅强调交往双方是平等的主题，而且更强调"我"与"你"都作为完整的生命"融入"交往之中，实现精神的"沟通""相遇"和"共享"。首先，"我—你"关系意味着师生之间的民主、平等、尊重、信任、宽容和爱。尊重、信任、宽容和爱作为师生在交往中所要恪守的基本准则，是"我—你"对话关系在情感领域的具体反映。正如加拿大教育家克利夫·贝克所讲，对话的关键就是要："（1）尊重彼

---

① ［德］马丁·布伯：《我与你》，陈维纲译，生活·读书·新知三联书店 1986 年版，第 26 页。

此的观点；（2）尊重彼此的传统习俗或'经历'；（3）言论、信仰和行动的自由；（4）共同决定对话的形式和内容；（5）关心具体的生活经验；（6）通过具体行动（实践）验证。"① 弗莱雷也指出："只有建立在平等、爱、谦恭、相信他人的基础上，对话才是一种双方平等的关系。如果缺少爱、缺少谦恭、不相信人就不会产生信任。如果没有信任，也就失去了对话的条件。信任会使对话双方更加感到在讨论世界的问题中他们是同伴。"② 其次，"我—你"对话关系还意味着双方在同伴探索中的互动与共享。在这种对话关系中，师生都不是作为依附性和被动性的对象，而是作为与"我"围绕共同话题充分交流意见的"你"。我国学者李镇西曾以师生共同进餐作比喻，形象地称为"共享"关系，即"面对美味食物，师生共同进餐，一道品尝；而且一边吃一边聊各自的感受，共同分享大快朵颐的乐趣。在共享的过程中，教师当然会以自己的行为感染带动学生，但更多的是和学生平等地享用同时又平等地交流；他不强迫学生和自己保持同一口味，允许学生对各种佳肴做出自己的评价。在愉快的共享中，师生都得到满足，都获得营养"。③

第二，要重视学生的个性、独特性，反对统一性和抽象性。当代学校道德教育受传统道德教育观念的影响，由于追求抽象的同一性、强调整体主义的价值取向，就必然会轻视个体，抹杀个性，无视独特性，进而导向道德权威主义和等级秩序，并最终消解个体的创造性，忘却现实生活世界。然而人性是复杂的，人性也是丰富的，同时人性又是不可预测的。作为共生性存在的个体既不是无个体独立性的、完全湮没在整体之中的存在，又不是那种自我完成的、脱离关系的单子式生存状态，而是在与他人、与外部世界发生互动关系中能够做出自主选择、独立建构的，具有本身独特价值，从而获得独立人格尊严，存在于关系之中的存在。"真正的个体生命都是独特的、生成的、发展的，而不是同一的、整体的和静止的。"④ 后现代哲学家利奥塔曾大声疾呼：要向整体性、

---

① ［加拿大］克里夫·贝克：《学会过美好生活——人的价值世界》，詹万生译，中央编译出版社1997年版，第232页。

② 黄志成、王俊：《弗莱雷的对话式教学述评》，《全球教育展望》2001年第6期。

③ 李镇西：《共享：课堂师生关系新境界》，《课程·教材·教法》2002年第11期。

④ 刘济良：《生命教育论》，中国社会科学出版社2004年版，第242页。

同一性开战，要证明人的生命的不可描述性，要关注人的生命的差异性，要激活人的生命的差异性，要拯救差异性。在我们的道德教育中，青少年学生的生命存在恰恰最具有个性，他们都是一个个具体的、独特的、活生生的个体，他们有自己独特的性格、丰富的情感、多彩的理想、美好的追求。因此，只有从青少年的现实生活出发，充分尊重学生的个性、照顾学生的独特性的道德教育才是真正有魅力的、触及学生灵魂的教育，这是因为"教育的意义本身就在于改变人性以形成那些异于朴质的人性的思维、情感、欲望和信仰的新形式"[①]。为此，自主选择性道德人格教育就应该突出个体独立人格的培养，鼓励他们积极地去谋求具有自我独特性的价值选择和价值创造，实现自己生命理想的个性化，活出自己生命卓尔不群的灿烂光彩和意蕴。

第三，使学生超越以自我为中心的单子式存在，确认他人的价值，养成宽容的心态。从上面对青少年道德人格异化的分析中可以看出，当代部分青少年在处理利己与利他、个人与集体、奉献与索取等问题上，表现出了以自我为中心的价值取向：自我是一切的中心，自我是唯我独尊的，把自己置于他人之上，单向地把他人、社会当作实现自己目的的手段。正是基于自我为中心的价值观，才导致了当代青少年人际关系的淡漠，自我超越意识的消解。要使学生超越以自我为中心的单子式存在，走向共生性的存在，青少年自主选择性道德人格教育就应当让学生走出"自我中心"，尊重他人的价值，养成宽容的心态。首先，要理解、尊重他人，确认他人的价值。当代哲学主题的转向和哲学认识论的发展趋势告诉我们，世界不只是"我"的，也是"你"的，是"我们"的，我们"共同"拥有一个世界。因此，我们必须承认、理解和尊重每一个人的价值，用康德的话来说："人并不是物件，不是一个仅仅作为工具使用的东西，在任何时候都必须在他的一切行动中，把它当作自在目的看待，从而我无权处置代表我人身的人，摧残他、毁灭他、戕害他。"[②] 这就是说，在任何时候，都不能把这个或那个人当作随心所欲

[①] [美] 约翰·杜威：《人的问题》，傅统先等译，上海人民出版社1965年版，第155页。

[②] 龚群：《当代西方道义论与功利主义研究》，中国人民大学出版社2002年版，第98页。

的工具和手段，任何人都没有资格蔑视、侵害、压制另一个与自己有同样躯体的个体。其次，使学生树立开放的观念，养成宽容的心态。个体的存在与发展总是在与别人沟通、理解和交往中实现的。在现实生活中，在与他人的交往和沟通过程中，个体只有主动地开放自己，才能形成认识上的主动，才能赢得他人的信任和关怀，也才能在与他人的交往过程中更加主动、自觉而准确地认识自己、把握自己。因此，自主选择性道德人格教育就要"使每个个体善于使自己向他人、向社会、向整个人类的认识网络开放，通过多极、多重主体之间认识上的互动，自主建构起具有时代特征的认知结构，充分发挥每个人的认知能力，并在此基础上形成人类整体的认识系统"。① 使学生树立开放的观念，就必然要有宽容的心态。宽容和自己不同的意见，甚至宽容反对自己的意见。宽容反对自己的意见，需要勇气，但它更能体现宽容的精神。"真正的宽容还包括对错误、对弱点的宽容。正因为存在错误，存在弱点，才需要宽容。"②

4. 超越性原则

从前面的分析中可以看出，青少年自主选择性道德人格最为显著的一个特征就是体现了生命超越性的本质。生命的超越性被当代一些哲学家看作人之为人的本质。例如，德国哲学家马克斯·舍勒指出："人，只有人——倘使他是人本身（Person）的话——能够自己作为生物——超越自己。"③ 因此，舍勒给人的定义是：人是超越的意向和姿态，人是生命超越本身的祈祷，人是一个不断开放、不断生成的X。尼采也指出，"生命自身曾向我吐露了这一秘密：'看'，它说，'我就是那必须永远超越的东西。' 无论我创造了什么，无论我如何爱它，——不久我就将成为我的造物和我的爱的对手：我的意志要我如是"。④ 这就是说，人是宇宙间唯一的能够"是其所不是"和"不是其所是"的存在物，除人之外的一切存在物都是"是其所是"地存在着。而教育作为一种

---

① 鲁洁：《走向世界历史的人——论人的转型与教育》，《教育研究》1999年第11期。
② 冯建军：《生命与教育》，教育科学出版社2004年版，第341页。
③ [德] 马克斯·舍勒：《人在宇宙中的地位》，李伯杰译，贵州人民出版社1989年版，第34页。
④ 熊伟：《存在主义哲学资料选辑》（上卷），商务印书馆1997年版，第79—80页。

有目的的实践活动，它内在地包含了超越性。教育的宗旨并不是把现实的人摹写、复制出来，而是要培养一代又一代的新人，实现对现实人的超越。"教育赋予人以现实的规定性，是为了否定这种规定性，超越这种规定性。一切现实的规定性只能规定人的现在，而不是要去解决他的未来。理想的教育并不是要以各种现实的规定性去束缚人、限制人，而是要使人从现实性中看到各种发展的可能性，并善于将可能性转化为现实性；它要使人树立起发展和超越现实的理想，并善于将理想付之于现实。"① 因此，从促进个体道德人格发展与完善的意义来说，自主选择性道德人格教育不仅仅要回归学生的现实生活世界，"更是在自我道德的不断批判、反思中，在自我的社会生活中对其人格的不断完善、提升和超越以及对生命与幸福生活的敬畏、向往和热爱"②。这就是自主选择性道德人格教育所要遵循的超越性原则。为此，我们应当做到：

第一，要注意激发、唤醒学生的道德自我意识和超越意识。人类超越自然本能生命的被动性，能够以内在的尺度支配自己的生命活动，能够对未来充满向往和追求，最为根本的原因就在于人是具有道德自我意识的存在。道德自我意识使人不断地意识到自身的有限、现存的不足，人对自身的每一次超越都是对自身生命存在状况进行有意识反思的结果，这样，人就为超越现状提出了任务，并首先在人的精神世界中构建了优化的生存意义图景。在道德自我意识中，"人类能够'觉其所觉''知其所知''想其所想''行其所行'，因而又能够超越自己的狭隘的、有限的存在，在自己的'意识世界'中为自己创造无限广阔、无限丰富、无限发展的'世界'，给自己构成理想性的、真善美相统一的'世界'，这就是人的'超越意识'"③。人如果没有道德自我意识，以及包含在其中的超越意识，就不可能有改变环境的行动，就不可能改变自己的命运，更不可能有超越自身的境遇。

个体的道德自我意识作为自主选择性道德人格的重要组成部分，它存在于人的本性和潜在的意识深处，要靠教育者的激发和唤醒才能体现出来。因此，自主选择性道德人格教育就是要使学生"清楚地意识到要

---

① 鲁洁：《论教育之适应与超越》，《教育研究》1996年第2期。
② 刘济良：《学校德育》，北京师范大学出版社2015年版，第51页。
③ 孙正聿：《超越意识》，吉林教育出版社2001年版，第2页。

成为完整的人全在于自身不懈努力和对自身的不断超越,并取决于日常生活的指向、生命的每一瞬间和来自灵魂的每一冲动"。① 正是在这个意义上,德国文化教育学派的主要代表人物斯普朗格指出,教育的目的并非传授或接纳已有的东西,而是从人的生命深处唤起他沉睡的道德自我意识,将人的创造力、生命感、价值感唤醒。自我意识和超越意识没有被激发、唤醒的人在精神上是麻木的、消极的,因而他在现实生活中就必然缺乏行动的能力和动力。"人的自我意识和超越意识一旦被唤醒,它就会在剧烈的震荡中,荡涤尽情感的自然状态,使人在灵魂震撼的瞬间感受到一种从未体味过的内在敞亮,潜在的意识得到复活,而获得一次心灵的解放。"②

  第二,要重视反思批判精神的培养,提高学生的道德选择能力。自主选择性道德人格的养成是要经过个体不断的道德选择活动才能最终形成,而个体道德选择能力的提高则是自主选择性道德人格养成的关键之所在。通过前面对自主选择性道德人格教育的理论基础分析,我们看到,要提高个体的道德选择能力,首先要使个体具有反思批判精神。这是因为,道德选择在一定程度上就意味着否定,意味着反思和批判。否定就要对"对象"进行反思,发现其中的不足进行批判,进而产生克服不足、走向完满的新的理想。因此,反思批判精神是"人类特有的一种具有超越意义和价值的宝贵精神,是人之为人的主要标志,也是人类自我意识的精华"。③ 当一个人失去了反思、批判的精神和能力,当一个人对他所生活于其中的社会、他的处境、他的人生处处感到满足的时候,他就会处于马尔库塞所说的"不幸意识被幸福意识所取代",他就会沉溺于动物式的"幸福"和"满足"之中,这就意味着他丧失了人的否定性、批判性和超越性,就成了"单向度的人"。可以说,没有对现实及其规定性的反思和批判,就没有超越,人类社会发展和文明的进程就会停滞,个体就会走向沉沦和异化,失去生命的创造和活力,最终走向心灵的死亡。反思是前提在于发现问题;批判是反思的延续,在于

---

① [德] 卡尔·雅斯贝尔斯:《什么是教育》,邹进译,生活·读书·新知三联书店 1991 年版,第 1 页。
② 冯建军:《生命与教育》,教育科学出版社 2004 年版,第 303—304 页。
③ 刘济良:《生命教育论》,中国社会科学出版社 2004 年版,第 237 页。

找出解决问题的办法，实现新的超越。因此，我们所说的批判并不是一味地否定，而是在更高程度上的拯救和召唤，从而实现人的生命的不断超越和创新。正如有的学者所说，"人在'批判'中否定着世界，生成为人，升华着人性，寻找着人的意义"①。

反思和批判不仅体现了生命超越性的本质，同时它又是人类所特有的一种超越意识和能力。为此，青少年自主选择性道德人格教育应培养这种反思批判精神，引导青少年不断反思自己、批判人生，并在这种反思批判中使自己的人生不断获得意义和价值，不断提高个体的道德选择能力，最终养成自主选择性道德人格。正是在这个意义上，雅斯贝尔斯强调："大学生要具有自我负责的观念，并带着批判精神从事学习。"②而只有具备了反思批判精神，一个人才能对自己的人生负责、对他人负责。

第三，引导学生发现、提升生命的意义和价值，超越现实功利主义的存在。从前面对人性两重性的分析可以看出，人既是一种现实的存在物，又是一种意义的存在、价值的存在。不可否认，人生活在现实世界之中，生活在"当下"所"给予的"既定的物质世界之中。但是，作为一个应然的人，他却又是一种意义和价值的存在。所谓价值也就是"人对自我发展与自身发展的超越性追求"③，人总是为寻求意义和价值而生活。赫舍尔（A. J. Heschel）指出："人的存在从来就不是纯粹的存在，它总是牵涉到意义。意义的向度是做人所固有的，正如空间的向度对于恒星和石头来说是固有的一样。……人可以创造意义，也可以破坏意义；但他不能脱离意义而存在。"④ 我国著名哲学家高清海教授更是把人的本质看作超生命的生命，强调意义和价值对于人之存在的本体论价值，他说："人是不会满足于生命支配的本能生活，总要利用这种自

---

① 陆杰荣：《哲学境界》，吉林教育出版社 1998 年版，第 146 页。
② ［德］卡尔·雅斯贝尔斯：《什么是教育》，邹进译，生活·读书·新知三联书店 1991 年版，第 139 页。
③ 贺来：《价值化的哲学：价值、哲学、人三位一体的合理理论形态》，《长白学刊》1997 年第 4 期。
④ ［美］A. J. 赫舍尔：《人是谁》，隗仁莲译，贵州人民出版社 1994 年版，第 46—47 页。

然的生命去创造生活的价值和意义。人之为人的本质,应该说就是一种意义性的存在、价值性实体。人的生存和生活如果失去意义的引导,成为无意义的存在,那就与动物的生存没有两样,这是人们不堪忍受的。"① 因此,对于意义和价值的追寻是人的生存方式,人正是在追寻生命的意义和价值中实现了道德人格的自我建构与发展,人也正是在追寻生命的意义和价值中实现了精神生命的自我超越。

人是意义性的存在、价值性实体,青少年自主选择性道德人格教育也应给人以意义和价值,把引导青少年发现、提升生命的意义和价值,超越现实的功利主义和物质性存在作为重要任务。正是在这一意义上,我国青年学者郭元祥博士认为:"教育在本质上就是一种唤醒人的生命意识,启迪人的精神世界,建构人的生活方式,以实现人的价值生命的活动。"② 自主选择性道德人格教育要超越现实功利主义和享乐主义,教会学生思考"为何而生"的意义,找到正确的人生航向。"我们的教育绝不应当被用于制造学识渊博的怪物、多才多艺的变态狂、受过高等教育的屠夫。只有在使我们的孩子具有人性的情况下,读写算的能力才有其价值。"③ 所以,青少年自主选择性道德人格教育应关注个体的生命意义和生命价值,正确引导学生认识、提升生命的意义和价值,使学生度过一个有意义的人生。只有这样,青少年的道德人格才能超越现实的功利主义和享乐主义,使他们从被动的工具化存在状态中解放出来。

(二) 青少年自主选择性道德人格教育的方法途径

青少年自主选择性道德人格作为新时期我国道德人格的实践形态,它不是先天存在的,而是学生进入社会道德生活以后,不断地处理道德冲突、进行道德选择的过程中通过个体自主选择、反思体验、自主建构而形成的。斯迈尔斯认为:"品格的塑造需要经过持续不断地在自我反省、自律和自我控制力等方面的锻炼。这个过程中可能会有许多的犹豫、踌躇及暂时的失败,同时还要与困难及各种各样的诱惑作斗争并克服它们。"④ 从前面理论基础的分析中可以看出,青少年自主选择性道

---

① 高清海:《人就是"人"》,辽宁人民出版社2001年版,第213页。
② 郭元祥:《生活与教育》,华中师范大学出版社2002年版,第90页。
③ 郝德永:《课程与文化:一个后现代的检视》,教育科学出版社2002年版,第321页。
④ [英]塞缪尔·斯迈尔斯:《品格》,聂永革译,中国发展出版社2004年版,第10页。

德人格的基本内涵要求个体要具有道德自我意识、道德选择需要、道德选择能力和道德责任意识,因此,青少年自主选择性道德人格教育可以采取以下策略促进其道德人格的生成与发展。

1. 完善学生的道德自我意识

道德自我意识的形成和发展对青少年自主选择性道德人格的生成与确立具有重要意义。这是因为道德自我意识对道德人格发展具有反馈和调节作用,它促使个体不断反思自己,朝着对自己有益的方向去建构自己的道德人格。道德人格的形成是"通过自我以'自身归化'的方式来完成对自己道德精神世界的完善,任何外在的约束、统一的标准、强制的规则和他者的认同都是与道德的内向度本质相违背的"。[①] 通过前面的分析我们可以看出,部分青少年道德自我意识存在着缺失与不足,由此造成了其自主选择性道德人格独立性的缺失。这说明青少年的道德自我意识有待于进一步的提高和发展。为此,我们可以从以下方面及时加以教育和引导:

第一,培养和提高青少年的自尊心。我们首先要保护他们的自尊心,使其尽可能的不受到伤害,增强他们面对困难和挫折的勇气与毅力。教育者要有计划地让他们经常参加各种道德实践活动,丰富他们的道德生活,使其在各项活动中有所表现、有所收获,从而满足他们的自尊心。教育者可以引导青少年"选择自己能力较强的方面参加活动,定一个切实可行的活动目标,以便容易实现,树立良好的自我形象,获得成就感,产生积极的情感体验,提高自尊心"。[②] 需要注意的是,不要有过强的自尊心,过强的自尊容易导致自满、虚荣、嫉妒,对个体的发展造成消极影响。要培养他们豁达的处事态度,对待自己、对待他人要有宽容的心态。

第二,引导青少年全面认识自我,树立自信心。首先,全面认识自我是形成正确自我意识的基础。它需要教育者尽可能创造条件,让青少年积极地投身于认识世界、改造世界的社会实践活动中去,在现实道德生活中不断培养他们正确的道德判断能力,掌握科学的道德评价方法,

---

[①] 戴岳:《当代大学生道德自我意识问题及对策思考》,《贵州师范学院学报》2011年第8期。

[②] 樊富珉:《大学生心理健康与发展》,清华大学出版社1997年版,第105页。

获得独立生存的能力。其次,教师应鼓励青少年克服自卑心理,树立自信心。自卑是由于不适当的自我评价所引起的自我否定、自我拒绝的消极情感。要使学生克服自卑心理,就必须让他们树立自信心。一方面,青少年要根据自己的实际情况,确立行动的目标,从小事做起,积累愉快的情感体验,增强自我价值感,克服自卑心理,增强自信心。另一方面,青少年要做好"充分的精神和物质准备,抓住时机,让自己体验一次较大的成功,以克服对自己的消极评价,提高自信心和成就感"[①]。

第三,鼓励青少年不断完善自我、超越自我。自我完善是个体在认识自我、悦纳自我的基础上,自觉地规划行为目标,主动地调节自身行为,积极地改造自己的个性,使个性全面发展以适应社会要求的过程。教育者要鼓励青少年加强自我修养,不断进行自我塑造,达到完善自我、健全自我意识的终极目标。完善自我、超越自我是一个"新我"形成的过程,是从"小我"走向"大我",从"昨日之我"迈向"今日之我""明日之我"的过程。因此,青少年应把完善自我、超越自我的意识贯彻到每一个具体的行动中去,从点滴小事开始,从现在做起,将个人理想和社会现实结合起来,充分发挥自我教育、自我创造的能动性,使自己的能力、品性得到最大限度的展示,不断提高自己的自信心与自制力,坚持不懈地在克服困难和实现理想的过程中完善自我、超越自我。

2. 重视学生道德需要的激发

目前,学校道德教育的效果尚不尽如人意,其中一个重要的原因是道德教育尚未激发学生个体的道德需要。"道德教育只是使他们不同程度地感受到掌握与遵循某种道德规范对自身来说是一种约束、一种限制、一种牺牲、一种奉献,在他们的内心尚不能构成道德需要。"[②] 因此,青少年自主选择性道德人格教育应注重激发学生的道德需要,让学生体悟道德不仅仅是约束、限制、牺牲、奉献,而且能从中得到愉快、幸福和满足,得到自我充分发展与自由,从而促使他们以高度自觉和完全自律的方式去建构自己的道德人格。为此,我们可以从以下几个方面

---

① 郑日昌:《大学生心理卫生》,山东教育出版社1999年版,第317页。
② 李玢:《道德教育应注重激发道德需要》,《鞍山师范学院学报》2002年第4期。

进行：

第一，树立受教育者的主体地位。在现实的道德教育实践中，受教育者往往被理解为机械接受道德规范的被动客体，而不是被看作道德活动的积极主体，这是受教育者道德需要不能被有效激发的因素之一。实际上，道德的产生源于协调个人与个人、个人与集体关系的需要，因而从总的方面理解，道德和个体的根本利益有着内在的一致性。社会道德规范对个体而言，并不是异己的外在约束力，而是一种积极的内在需要。正是在这种意义上，树立受教育者的主体地位，不仅不会因此消解道德社会功能的实现，恰恰是道德的社会功能得以真正落实在个体身上的根本路径，因为只有确立了受教育者的主体地位，社会的道德需要内化为个体的道德需要才有可能。要改变这种状况，就应当树立青少年的主体观念，尊重青少年的主体性，发挥青少年的主观能动性。在道德教育实践中，把道德教育和道德修养结合起来，加强思想意识和道德品质的自我锻炼、自我教育、自我陶冶，变"要我遵守"为"我要遵守"，实现由他律向自律的转变，并逐渐达到"从心所欲不逾矩""慎独""自律"的最佳道德教育境界。

第二，建立道德需要激励系统。构建以道德需要为核心的道德教育激励机制，要以青少年能否将正确的道德要求转化为自己的需要、信念和行为品质来衡量道德教育效果好坏的标准，实现道德教育由他律向自律的转变。为此，一方面，教育者要承认青少年的需要、了解他们的需要、研究他们的需要、掌握他们的需要的规律，并深刻理解道德需要和道德判断能力、道德选择能力、道德内化之间的内在一致性和相关性。另一方面，教育者要善于通过环境熏陶、加强教育引导，"遵循道德需要发展不同阶段的不同特点，把握'服从——内化——超越'之间的层次性和递进性，按照揭示需要、满足需要、转化需要、提升需要的逻辑"[①] 激发青少年的道德需要。

第三，制定科学的教育目标，激活青少年的道德需要。在个体心理结构中，需要是个体因某种缺失而力求获得满足的内驱状态，因而是个

[①] 魏传光、曹琨：《道德需要——德育的前提性承诺》，《现代教育科学》2004年第1期。

体行为积极性的源泉。"一个有着强烈道德需要的人,是一个力图在物理世界中确定自己的位置,在意义世界中获得超越的人,是一个能清晰地听到内心诉求并付诸行动的人。"① 当需要与合理的目标结合起来时,就会激发个体产生积极的情感、信念和意志等指向特定目标的行为,并在积极强化中形成信念和价值观。为此,青少年自主选择性道德人格教育要贴近他们的现实生活世界,构建大众化、生活化的道德教育目标体系。道德教育目标的制订必须符合不同年龄阶段、不同青少年的生理心理特点和需要水平,遵循"最近发展区"原理,在一个需要获得满足的基础上,再提出一个新的目标,不断激活青少年新的道德需要,逐步达到道德人格自我建构的目的。

3. 提高青少年的道德选择能力

青少年道德选择能力的提高受以下几方面的影响:正确的道德教育理念、较高的道德认识水平和良好的道德意志力以及道德决断能力。为此,自主选择性道德人格教育可以采取以下措施:

第一,转变道德教育理念,尊重青少年的道德选择。尊重青少年的道德选择就是要求教育者以民主、平等、宽容的态度对待青少年,鼓励青少年自主地对道德冲突进行分析、判断,同时珍视他们的道德思考,允许并宽容他们所犯的某些失误、错误。一个民主、宽松、能够让青少年施展自我个性的空间可以促使他们敢于自主进行并表达自己的道德选择,青少年的道德选择能力也只有在以自主为基础的道德选择活动中才能逐渐形成和提高。尊重青少年的道德选择,目的是培养他们成为真正的道德主体,使他们具备道德发展的主动精神、自觉意识和自主能力。但这并不意味着对青少年放任不管,让他们的道德人格随意发展。道德教育毕竟具有方向性,它要通过价值引导使青少年明确应当获得某种可贵的品质;同时,青少年作为正在发展中的个体,道德认识毕竟还不成熟,道德选择能力也比较低下。所以,在自主选择性道德人格教育过程中,教师要合理地发挥引导作用,加强对青少年道德选择的指导、道德责任意识的培养与价值观的引导。

第二,改革道德教育内容和方法,提高道德认识水平。首先,在道

---

① 柳潇:《道德需要——主体性道德人格建构的基石》,《理论与改革》2004年第6期。

德教育内容上，要打破以教科书和教学大纲为中心的僵化局面。也就是说，要尽量避免将已有的道德思想体系、规范当作固定不变的教条。要把与青少年生活世界紧密相关的道德规范、道德准则纳入教育内容，教育者除了告诉青少年必须遵守这些准则、规范外，还应告诉他们任何道德思想体系、规范都是一定社会历史条件下的产物，不是一成不变的，今天合乎道德的明天很可能就不再合乎道德。其次，在道德教育方法上，我们认为教师应当做到：一方面，要创造一定的道德情境，发挥学生的主动性、独立性，让他们进行独立思考、判断和选择。"教人们如何独立思维，如何尊重他人的观点以及如何寻找传统规则和标准背后的理由而不只是教会他们如何背诵、记忆和接受。只有对一个问题的各个方面都进行阐述，保证公平地考虑各种不同的道德观点，教育者才能达到这些目的。"[1] "教师应创造一种情境，把各种可能的道德选择通过适当的形式向学生全部展现出来，并鼓励他们独立判断，自主选择。"[2] 另一方面，教师要运用对话的教学方式促进青少年道德选择意识与能力的形成和发展。可以说对话教学是一种以学生为主体，师生之间相互交往、相互合作的新的教学方式，它充满了可能性与开放性，体现了对生命的尊重，富有强大的生命力和魅力。

第三，重视道德教育实践活动，提高道德意志力及决断能力。一般来讲，个体道德认识水平越高，道德选择能力就越强。但个体的道德选择能力并不完全取决于其道德认识水平的高低。它还需要个体具有坚定的道德意志力及决断能力。这是因为自主选择性道德人格的稳定发展离不开良好的道德决断能力和意志力。青少年道德决断能力和意志力的提高需要在实践活动中才能得到考验。在道德教育过程中，除了对学生日常的道德实践活动进行指导外，德育工作者还可以通过以下途径促成青少年道德决断能力和意志力的提高：一方面，创设情境、锻炼学生。"教师可将现实生活中的一些两难道德选择提交学生评价或以短剧方式让学生参与扮演，加以讨论，这种模拟实践方式有助于增强学生的道德

---

[1] 戚万学：《现代德育论》，山东教育出版社1997年版，第246页。
[2] 孙晓丽、阎亚军：《让学生学会道德选择》，《苏州科技学院学报》（社会科学版）2003年第2期。

体验、提高其道德决断力。"①另一方面，组织和鼓励学生积极参加各种道德践履活动，如青年志愿者行动、爱心募捐活动、社区服务活动等。在学生道德实践活动中，为了提高道德践履的实效，教育者应做好活动前的设计、活动中的辅导及活动后的总结工作，对个体在道德活动中的表现及时给予评价和鼓励，并突出对个体道德责任意识的培养。实践表明，个体对自身及社会的道德责任感越强，其道德意志力就越坚定。

4. 强化学生的道德责任意识

青少年自主选择性道德人格的核心就是道德责任意识的养成。这是因为自我只有作为责任主体才具有道德人格，有道德人格才能体现出人性的完美和生命的崇高。高度的道德责任感是一切创造性劳动和道德行为的内在动力，"它能催生出智慧和能力，能促使人去做好事情，并因工作成功而感受到一种尽责和胜任的欢愉和满足，也正是在这种负责行事的过程中，提升了人的社会意识"②。为此，培养和增强学生的道德责任意识作为自主选择性道德人格教育的基本目标，可以采取以下措施：

第一，树立学生主体观念，深化责任体验教育。青少年是道德责任的承担者和体现者，青少年自主选择性道德人格教育的出发点和归宿，就是增强青少年的道德责任感，促进他们道德人格和谐发展。为此，对青少年道德责任意识教育要尊重他们的主体地位和主体人格，培养他们面对各种利益冲突能够独立判断、自主选择的能力，激发他们主体参与的自主性和创造性，在道德实践的基础上实现主体之间的合作与交往，增强他们的责任能力，提高他们责任感的发展水平。此外，道德责任意识最终是在道德实践中形成的。为此，教育者要创设一定的责任情境，让青少年在学校、家庭、社会中主动寻找自我责任角色，通过自身的道德实践和情境体验接受责任体验教育，使他们能够比较完整地体验道德责任意识形成的过程，让他们意识到"责任的实现能为他人带来现实利益，责任的实现也就意味着实现了责任者的社会价值，从而责任者在其

---

① 赵后起：《试析市场经济条件下学生道德选择能力的培养》，《无锡职业技术学院学报》2003年第4期。

② 叶澜：《试析当代中国道德教育内容的基础性构成》，《教育研究》2001年第9期。

责任的实现中获得某种精神上的巨大愉悦和满足"①。让青少年主动地参与道德实践活动，在参与和体验中学会负责，从而增强其道德责任意识。

第二，反对单向道德理论灌输，激活青少年道德责任需要。培养和增强学生的道德责任意识，既不是单向责任规范理论的灌输、规范知识的传授，也不是与青少年的心理状态无关的纯粹强制性的他律过程。它应是促进受教育者道德责任意识的生成、发展的实践活动过程。因此，道德责任意识的培养与青少年是否自主自愿地接受外在的规范并内化这种规范密切相关，也就是与是否激活青少年的道德责任需要直接相关。这就要求我们做到，首先，让青少年懂得人是社会化的人，人的本质在其现实性上是一切社会关系的总和，没有孤立地存在于社会关系之外的人。在这个社会关系中，个体随社会角色的变换而被社会赋予不同的社会关系。这种关系继而对人们的利益产生不同程度的影响，当个体被社会赋予某种责任时，个体便产生对其对象负责任的社会要求。其次，引导学生认识人的自我完善是一个实现个人全面发展的渐进过程，而个人发展与时代发展是共进的，二者互为前提与基础，个人全面发展的过程只有在具体的社会生活中才能发展和完成。最后，让青少年了解，不论个体生活在何种时空条件下，他都不是孤立的、自我封闭的，而是与他人相互联系和依赖的，是与他人的一种共生性存在。这种共生性存在使人与人之间互相提出要求或认同某种社会规范，由此便规定了人在社会中得以生存和发展所必须承担的责任。

第三，回归青少年的真实生活，发挥教师的人格影响力。道德责任存在于青少年的现实生活世界中，责任教育活动存在于人类各种活动体系之中。因此，自主选择性道德人格教育不能游离于青少年的现实生活世界之外，道德责任意识的教育随时都可以进行，而不是发生于单独的实体化的责任教育过程中。"从教育的一般属性看，教师是课程体系、教材体系与学生素质体系之间联系和转换的桥梁，而从高校思想政治理论课教学的特殊属性看，教师同时又是党和政府与学生之间联系及其党

---

① 王兆林：《学会负责与学校责任教育再探》，《中国教育学刊》2003年第4期。

的理论、政策与学生素质体系联系转换的桥梁。"① 教育者要以高度负责的精神为青少年做出表率并形成人格魅力，成为青少年积极情感模仿的对象，从而影响和感染他们道德人格的生成。"思政课教师在教学过程中扮演着双重角色，即政治角色和教育职业角色。"② 德国教育家第斯多惠说过：一名教育工作者"不仅应当教育自己，使自己达到理想的境地，而且还应当教育别人。他选择了培养和教育的事业作为自己一生的使命"③。第斯多惠的上述论述十分准确地反映出了教师人格对学生具有榜样的作用。在自主选择性道德人格教育中，"教师的人格是全部教育的基础，只有人格才能影响人格，只有人格才能形成性格"④。人格的力量是无穷的，是富有感染力的教育资源。"高校教师担负着以科学的理论武装人，以崇高的精神塑造人，以高尚的情操影响人的重要任务，其人格魅力在生活中的体现对学生的影响尤为深刻。"⑤ 因此，教师除了要确立人格榜样之外，"特别重要的是要使自己的人格具有感化人的中介特性。否则就没有教师所应有的教育自觉，人格的教育作用也只能是自发的、不确定的和打折扣的"⑥。

---

① 王让新：《高校思想政治理论课教师角色的科学定位和有效实现》，《思想教育研究》2010年第8期。
② 周海燕：《思政理论课教师双重角色定位的冲突与化解》，《高校教育管理》2013年第3期。
③ 张焕庭：《西方资产阶级教育论著选》，人民教育出版社1964年版，第340页。
④ 王兆林：《学会负责与学校责任教育再探》，《中国教育学刊》2003年第4期。
⑤ 林耀佳、林钻挥、尹然平：《新时期大学生人格培养研究》，《大学教育》2012年第1期。
⑥ 檀传宝：《教师的道德人格及其修养》，《江苏高等教育研究》2001年第3期。

第三章　中小学道德教育惩罚实践

惩罚作为古今中外教育研究的一个重要领域，一直受到人们的关注。惩罚是学校教育中不可或缺的要素之一，对于维护学校秩序、促进学生知识的有效获得和健康人格的发展具有重要的意义。但是目前不论是教育研究者的理论批判，还是社会大众的日常经验，抑或是基层教育工作者的工作经验以及中小学生的切身感受，都表明我国中小学道德教育中的惩罚实践没有达到预期的效果。对于德育惩罚，已经出现了许多认识上的混乱和实践上的偏颇，亟须做理论上的研究，以使我们对惩罚这一教育手段有比较理性的、全面的认识，并恰当地运用到教育实践之中。

研究我国中小学道德教育中的惩罚实践具有重要的意义。从理论意义上说，目前由于教育民主化进程的加快、人文主义理论的影响以及赏识教育的提倡，造成对教育惩罚的一些错误的、混乱的认识和过激的反应，以至于在理论研究方面不被重视，显现出薄弱之处。针对这些情况，本章力求从中小学惩罚实践的实质和独特性入手，认识学校惩罚的价值，揭示出惩罚实践所存在的现实问题并对其做归因分析，指出惩罚实践目前存在的弊端和困境的可行对策以及改进的方向。

从实践意义上说，通过惩罚实践能够培养学生良好的道德品质，养成健全的人格，学会在错误和教训中得到锻炼，学会反思、增强责任心；有助于缓解教师工作中的心理压力，改善在开展工作时面临的两难选择和尴尬处境，使学校教育更加完善、有效。

惩罚是完整教育的重要组成部分，有助于未成年人的人格健康和谐发展。

第一节　中小学道德教育惩罚实践的解读

一　中小学道德教育惩罚实践的概念界定

（一）惩罚

不同学者和学派从不同视角出发都对"惩罚是什么"进行了探讨。在不同的词典和文献中，对"惩罚"也有不同的解释。

惩罚在古汉语中是分开使用的，《诗经·周颂·小毖》中有"予其惩，而毖后患"。"惩"的意义与现代语中的"惩罚"相似，指因受打击而引起警戒或不再干；"罚"也同样有处分责罚之意。①

《辞源》（修订本）中进行了一般意义上的界定：认为惩罚是指"惩戒、责罚"。②《现代汉语大词典》中认为惩罚有两种含义：一指惩戒、责罚、处罚坏人；二指施加鞭打或体罚以使之服从、受辱或以苦行赎罪。③ 前一种对惩罚的理解属于一般意义上的界定，因为"坏人"一词是个动态性的价值判断，在不同历史阶段、不同国家、不同民族甚至不同的风俗习惯地区的人会有不同的解释；第二种解释属于狭义的判断，专指体罚，从一个侧面承认了惩罚是一种手段，目的是以身体上的痛楚、赎罪来服从一定的法律、规章制度。

《不列颠百科全书·国际中文版》中对"Punishment"的解释是从法律的角度定义惩罚："对一个有触犯法律或者命令的犯罪行为的人所施加的某种痛苦或者损失。刑罚有多种形式，包括从死刑、鞭笞、断肢、监禁、罚金，一直到罪犯在特定时间内有重新犯罪时才判决执行的缓期判决。"④这个概念指出了实施惩罚所要具备的两个条件：一是有触犯法律或者命令的犯罪行为；二是针对犯罪行为对犯罪行为人施加的某种痛苦或者损失。在社会领域中，惩罚是一种对违反社会规范、侵害他

---

① 《古汉语常用字典》，商务印书馆1998年版，第37—79页。
② 《辞源》（修订本），商务印书馆1992年版，第635页。
③ 《现代汉语大词典》，海南出版社1992年版，第349页。
④ 徐惟诚：《不列颠百科全书·国际中文版》（第14卷），中国大百科全书出版社1999年版，第24页。

人利益的个体或组织的控制手段，通过使其感受到痛苦或造成某种利益的损失，使他们的同类行为减少或消失，以此警戒潜在的犯罪者。

从以上对惩罚定义的分析可以看出，惩罚的含义包含以下几点：惩罚是团体或个人有意识决策的产物；惩罚与剥夺被惩罚者的某种权益有关；惩罚必须是针对健全的个体的一定的犯错行为。

（二）道德教育惩罚

惩罚应用于道德教育中，意义更加具体化。要弄清道德教育惩罚的具体意义，首先应该明确的是，道德教育惩罚属于教育惩罚，符合一般教育惩罚的基本内涵。在此基础上，又具有自身的道德教育内涵。

在教育领域中界定惩罚既要符合惩罚的原意又要与学校教育本身的特点吻合，使惩罚的一般性和教育惩罚的特殊性相结合。《教育大辞典》将教育惩罚的内涵做出了界定："对个体或集体的不良行为给予否定或批评处分，旨在制止某种行为的发生，与奖励相对，为学校德育采取的一种教育方法，有利于学生分辨是非善恶、削弱受罚行为动机、达到改正的目的，也利于维护校纪校规。"[①] 这是到目前为止比较权威的一种对于教育惩罚的界定。教育惩罚是在教育学意义上对个人或集体的不良行为给予否定或批评处分，旨在制止某种行为发生。

教育惩罚有广义和狭义之分：包括体罚（含变相体罚）在内的惩罚是广义上的教育惩罚；狭义的教育惩罚指在学校中，针对个体或集体的不良行为给予否定或批评处分（不包括体罚），目的在于制止某种行为的发生。狭义的惩罚与奖励相对，是学校教育中经常采用的一种教育方法，目的是使学生分清是非善恶，改正缺点和错误。

《中国教育百科全书》中认为惩罚是"教育者对受教育者品行进行否定的一种较高的方式，一般有警告、严重警告、记过、留校察看、勒令退学及开除学籍等形式"。[②] 它是从教育角度出发，指出了惩罚的主体——教育者；惩罚的对象——受教育者；惩罚的客体——受教育者的品行；惩罚的几种常见形式等，并明确指出惩罚是一种教育方式。

综上所述，可以将教育惩罚定义为：为了达到教育目的，教育者对

---

① 顾明远：《教育大辞典》，上海教育出版社1998年版，第177页。
② 《中国教育百科全书》，海洋出版社1991年版，第69页。

受教育者的不良或不恰当的行为方式,在一定法规的授权范围内施加给学生的一种适当的强制性纠正手段和采取的一系列否定性的措施。教育惩罚的特点可以概括为:首先,教育惩罚对象是未成年人,他们是不断发展的个体,具有很强的可塑性,教育惩罚的首要目的是促进学生改过迁善,保障学生身心健康。其次,学生所犯的错误不同于社会惩罚,学生的错误较轻,惩罚的痛苦强度也较轻,惩罚的实施侧重借助师生之间情感的相互交流、教师人格魅力的感染。最后,教育所必需的惩罚来自学校的规章制度、社会的法律法规,根本目的是帮助学生认识错误和改正错误,提高道德认识水平,形成正确的品行;手段上是以对活动的否定、限制、剥夺等可接受的方式和方法,来达到受罚者行为的变化。

在教育惩罚范围内对道德教育惩罚的研究由来已久,虽然目前还没有对"道德教育惩罚"做出一个明确的概念界定,但洛克、斯宾塞、涂尔干等学者都在研究中专门提出过道德教育的惩罚思想,其中以法国学者涂尔干对德育中惩罚的论述最具代表性。我国也有许多学者对"道德教育惩罚"这一问题进行了深入的研究。结合国内外各位学者对道德中惩罚的研究论述、教育惩罚的内涵以及道德教育的自身特性,我们可以把道德教育惩罚理解为以下两方面的内涵:"首先,德育惩罚是一种德育教育的行为和手段,在形式上包括德育的各种惩罚规则和惩罚方式;在功能上体现为既威慑违背道德准则的错误行为主体,同时又威慑他人,预防这种错误行为的再次发生。其次,德育惩罚又用来表示一种德育过程,在教育者与受教育者道德互动的过程中,应该有道德认知和道德情感方面的交流。交流的双方都能够在交流的过程中不断进行自身反思,完善自我认同。"[①] 综上所述,中小学的道德教育惩罚要满足以下几个条件:第一,由学生违反道德规则而起;第二,由教师针对错误行为而实施;第三,使学生感受到责备;第四,具有教育性。

(三) 惩罚实践

探讨对中小学生道德教育中的惩罚,运用"惩罚实践"这个概念是基于两个方面的考虑:一方面,叶澜教授将教育实践定义为"人类所进行的教育活动的总称"。她指出,教育实践内含很多种类和层级,并构

---

① 董文强:《试论中小学生的德育惩罚》,西南政法大学,硕士学位论文,2012年。

成相应的系统。教育实践的存在形态是人的活动和行为，也有个体和群体之分，且总是以一定的时空、环境和资源作为必要条件的。因此，教育实践具有鲜明的历史性、地域性、生成性和综合特殊性。[①] 在本章中，重点不是从理论上进行阐释惩罚的必要与否，主要关注的是中小学道德教育实践过程中的惩罚问题，在这个范围内探讨惩罚的价值以及相关的一系列内容。

另一方面，为了区别于人们习惯上使用的"惩罚教育"。惩罚教育是一个正向的概念，因为"教育"含有道德评价的意味，而惩罚实践是一个需要具体分析的中性概念。根据目前的研究成果，"惩罚教育"是指对教育者运用惩罚手段，有目的、有意识地纠正受教育者的错误行为，形成其良好思想品质的一种教育方式。惩罚教育强调教育性，包含了教育者的教育动机以及教育者对受教育者的爱和尊重，根本目的不是为了简单地制止某种行为，而是为了帮助学生深刻认识错误并提升自己的道德认识水平。惩罚教育在行为处罚的同时关注的是道德内部的交流，使违规者真正认识到自己的错误，并为这些错误付出代价。总的来说，惩罚教育是以尊重为前提，以教育为目的。当然，这并不是否认惩罚实践应该成为真正的"惩罚教育"，但目前的实践活动并不能完全满足教育的本质要求。为了能对惩罚实践的问题进行分析，就选用了一个中性的词语进行表述。理想中的惩罚实践应该成为一种真正的足以接受道德评价的教育活动。

因此，惩罚实践是中小学生惩罚活动的综合，包括与中小学生惩罚有关的一切活动：惩罚的范围、手段、执行、法律或明令条文规定等。简单地说，文中涉及的惩罚实践就是指我国中小学生学校道德教育实践中有关惩罚的一切活动。

二　中小学道德教育惩罚实践的价值

马克思指出，人的需要即人的本性；正是人的需要，才保证人及整个社会得以维持和得到合乎希望的改变和发展，"任何人如果不同时为

[①] 叶澜：《思维在断裂处穿行——教育理论与实践的关系再找寻》，《中国教育学刊》2001年第4期。

了自己的某种需要和为了这种需要的器官而做事，他就什么也不能做"①。教育活动也是如此。教育主体是对教育或者对人的发展有某种需要和期望的现实的人，他们总会把自己这样或那样的需要通过价值取向赋予教育活动，以使教育活动按照他们的愿望和目的去进行。

教育活动不仅体现教育主体的需要，还遵循着一定的教育规律，而且追求某种教育价值。所谓教育价值，指的就是教育活动的属性、特点、功能、效果等与教育活动主体的需要之间的关系，也可以说是教育活动的属性、特点、功能、效果等对教育活动主体需要的适合和满足。教育之所以是一种价值性活动，就在于任何教育活动都是为了满足教育主体的某种需要，因而凡是教育，凡是促进人的发展的活动，都不可能不具有某种价值指向。② 因此，没有任何一种教育活动不包含教育主体对教育价值的追求。由教育需要而转化成的教育价值，本身就是教育活动得以发生和发展最基本的内驱力。

中小学道德教育中的惩罚实践作为一种不可或缺的教育手段，满足了教育活动主体的一系列需要，因此是一种价值性的活动，也在追求着它的教育价值。根据惩罚实践的属性、特点、功能以及效果等与教育活动主体的需要之间的关系来考虑，惩罚实践具有教育的价值和管理的价值。

（一）惩罚实践的教育价值

惩罚实践的教育价值是指，惩罚实践对学生个体社会化、道德素养方面素质的养成价值，其指向首先是学生发展，在学校教育中发挥促进学生成长的价值。在目前的学校教育中，人们大多关注的还是教学、课程、成绩等，把扩展学生经验、促进道德养成、实现个体的社会化都寄希望于对学生知识传授的过程中。虽然在教学过程中会涉及这些方面的内容，但还远远不够。在学生接受教育的过程中，需要多方面、多种类的教育活动配合，惩罚实践作为其中的一项，它体现出的教育价值也应该受到重视。惩罚实践可以促进学生个体的社会化、促进学生道德的养成、促进学生的可持续发展等。

---

① 《马克思恩格斯全集》（第3卷），人民出版社1995年版，第514页。
② 扈中平：《教育目的论》，湖北教育出版社2004年版，第177页。

1. 惩罚实践促进学生个体社会化

社会性是人的一个基本特性，内涵极为丰富。一方面，人由社会化动物进化而来，有着根深蒂固的合群本能。这种与生俱来的本性使人即便生理上成熟，但如自保本能较弱，仍然不能孤立生存。因此，人身上人群联结的欲望在顽强地发挥作用，促进社会的形成，并在这个过程中促进人自身的形成。人一旦形成就必须以社会作为自己存在的基本前提，因而人的社会性也就意味着任何个人都要以某种形式与他人、与社会中各种关系和力量相联系，才能作为人而真实地存在。另一方面，人的社会性还指人的大部分需要都是在社会中产生的，一切需要也只有在社会中才能得到满足和实现，尤其是人特有的交往、表达的需要，认识自己、实现自己的需要以及超越于自我存在而关注更广泛事务的冲动等，更是以社会生活为中介并受社会生活所制约。

人的社会性决定了任何个人必须认同一定社会群体才能作为人生存下来。人一旦脱离社会，不仅丧失了自我发展的前提和影响社会的能力，而且会丧失掉人的生存特征。这个由自然人逐步提升为社会人的过程即是个体社会化的过程。在个体社会化过程中，社会规范起着重要作用，它规约、调解人与人之间的关系，维系和保障个体和社会利益的共同实现。如果个体违背社会规范、触及社会利益，那就应该受到一定的规约与惩罚，否则整个社会秩序就会崩溃，人的一切自我实现、人生意义也将无从谈起。

一方面，学校教育，特别是中小学教育，是根据一定社会的要求，由专业人员承担，在专门的机构，依据受教育者的身心发展规律，有目的、有计划、有组织地对受教育者施加影响，以把受教育者培养成为适应一定社会需要和促进社会发展的人为直接目的的社会实践活动。简言之，学校教育是促成学生转变的特定情境。作为社会的一个构成系统，学校与其他社会组织一样，必然会使用惩罚来维护规范的严肃性，以有效地保证教育工作的有序进行。社会规范在学校中主要体现为各种纪律规范、规章制度等，它们用于调节、规约学生行为。通过惩罚可以清晰地向学生传递对/错的信息，当学生违犯学校规范并受到惩罚后，他就会知道哪些行为是被认可的，哪些是被禁止的，从而明确自己行为的方向，慢慢养成遵从社会规范的行为习惯，并且可以有效地维系纪律和秩序的权威。涂尔干在《道德教育》中指出："为纪律赋予权威的，并不是惩罚；而防止纪律丧失权威的，却是惩罚，如果允许违规行为不受惩罚，那么纪律的权威就会为违规行为所侵蚀。"[①] 另外，为了让学生在未来能更好地适应和管理社会，我们就必须帮助学生学会如何面对失败和惩罚，在未来以积极、健康的心态面对挫折，学校有责任帮助学生学习如何面对社会基本规范和执行原则。

另一方面，每个人在社会中生存发展，一生都要处理的一个重要的问题就是与他人的交往，即人际关系问题。交往是人们之间相互作用、相互影响的普遍的社会生活现象，是人的存在方式。人们互相需要，互相参与彼此的生活，甚至还互相参与彼此的自我塑造。现实社会中的组织活动，最后都具体体现为个体的活动，每个人都生活在错综复杂的矛盾之中，每一个行为都有可能对他人和组织产生影响，就必须有调节人际关系的规则来形成组织内必要的秩序。

在学校教育范围内，交往关系就反映为教育活动中人与人之间的关系，具体说就是教师与学生、学生与学生之间的关系。惩罚作为一种社会性的实践方式，体现了人们之间的社会关系，可以是调节人际关系的规则。从师生关系的角度看待惩罚实践，民主、平等、合作的师生关系要求有相应的规则、制度来保障，也必然会具体化在秩序、规范当中。惩罚实践可以保障学校各种规则、规章的顺利执行，创建一个井然有序的教学环境。从学生之间的关系角度看待惩罚实践，可以通过惩罚的存在和发生影响学生的意识，调整学生的行为。如果惩罚实践能影响多数学生的意识和行为，一旦一个学生违背了大多数人的观点和行为，就将会受到众人的责怪甚至组织的惩罚。如果学生不想把自己孤立于大众之外或不想受到惩罚，就会在存在惩罚的学校环境中，学会服从，逐渐内化各种规章、制度，这也就为以后走入社会奠定了基础，促进了个体的社会化。

2. 惩罚实践促进学生道德养成

惩罚实践具有促进学生道德养成的价值，可以从两个方面加以论

---

① [法]爱弥尔·涂尔干：《道德教育》，陈光金译，上海人民出版社2000年版，第162页。

证：一方面从人的道德的形成与发展都会遵循一定的规律来说；另一方面从人的趋乐避苦的自然本能以及奖励和惩罚对其的效用、功能这个角度来说。

其一，道德教育与学校其他教育类型相比，是一个非常复杂的过程。道德教育的本质在于使个人完成道德上的社会化。因此，道德教育的目的或意义就在于帮助人获得一种立身处世的根本。但是，道德教育具有最低限度的要求，有强制性，因为个人道德的养成不是一蹴而就的，它是一个由低到高、循序渐进的发展过程。

许多道德哲学家和道德心理学家对人们的道德发展水平进行了研究。在这方面最受人关注的理论是科尔伯格的道德发展阶段理论，他把人的道德发展大致分为三个水平即前习俗道德、习俗道德、后习俗道德；六个阶段即避免惩罚与服从阶段、个人的工具主义目的与交换阶段、"好孩子"定向阶段、社会制度和良心维持阶段、社会契约和个人权利定向阶段、普遍的伦理原则阶段。他认为，处于前习俗道德阶段的人，在很大程度上是根据自我利益和物质上的考虑来做出选择的；前习俗阶段和习俗阶段的共同特征是都处于道德的形成和发展的较低级阶段，这两个阶段的道德发展与外部强制和权威密不可分。

其他的理论如皮亚杰把儿童道德发展分为无律阶段、他律阶段、自律阶段三个阶段；我国学者也把品德建构心理水平分为依从性道德、认同性道德、信奉性道德三个层次等。以上理论虽然是从不同的角度对道德水平进行划分，但其共同特点是表明人们的道德发展都存在一个由低级到高级的发展过程，都要经历一个道德的他律到自律的阶段，这就是道德发展的一般规律。惩罚作为道德教育的一个辅助手段，有助于促使个体道德从他律向自律的转化。

道德的基础是人类精神的自律，但道德自律不是天赋的，而是在后天的社会化过程中形成的，它不仅需要个体具备相应的道德知识、能力，还需要以一定的道德经历和体验为基础。未成年学生的道德发展水平还处在一个相对较低的阶段，即使是成年人，道德发展水平也不可能是整齐划一的，有许多人也仍处于较低的他律阶段。可见，完全的道德自律的实现是一种道德教育的理想，这个理想的实现需要经过不断的由他律向自律的转化过程。在这个过程中，惩罚实践作为他律的一种表现形式,是个体道德生长的外部动力,体现出了它促进个体道德养成的价值。

其二,目前道德教育状况不容乐观,出现了许多回避不了的道德尴尬,使人们陷入了个人素质与社会道德状况逐渐形成副作用的恶性循环之中。适当的惩罚有利于促进和调控学生的道德发展。

边沁在《道德教育立法原理导论》中写道:"自然把人类置于两位公主——快乐和痛苦之下。只有它们才指示我们应当干什么,决定我们将要干什么。是非标准,因果联系,俱由其定夺。"[①] 边沁用快乐和痛苦给奖励和惩罚的功效做出了统一的解释,即奖励的功效来自于它可以给人带来快乐,而惩罚的功效来自于它可以给人带来痛苦。

奖励和惩罚意味着调动多种现实手段以利害为中介来引导行为主体选择、遵循社会主流文化所确定的社会规范,所期望或接受的行为。它们最为现实、最为有力地影响着学生的具体价值取向和行为取向,因此也有力地影响着个人的道德面貌和社会的道德状况。尽管奖惩本身外在于道德,但它主要是诉诸人的好赏畏罚的心理、趋乐避苦的本能,能够造就表面的道德秩序,虽然不能直接培养出有自律精神的道德人格,但道德的发展是一个循序渐进的过程,通过惩罚实践,遏制错误的行为,使学生认同道德价值,按照一定的行为规范来约束自己的行为和品性,久而久之,如果行为经常合乎道德规范,就会自然养成习惯,以至在相似的环境中,能够以相似的举止应对。

(二) 惩罚实践的管理价值

《现代汉语辞典》对管理的限定包括三个方面:负责某项工作,使其顺利进行、保管和料理、照管并约束(人或动物)。管理就是通过各种控制活动以提高组织的效率。从管理的定义看,管理价值的首要指向是效率、秩序等事关组织根本利益的内容。虽然现代人们越来越关注人的价值和尊严,越来越多的人开始追求使用"人本管理"这样的理论和思路。但是,无论关于管理的理论如何变化,管理行为的根本价值仍然是维护组织的利益。

---

① [英]杰里米·边沁:《道德教育立法原理导论》,时殷弘译,商务印书馆 2000 年版,第 57 页。

回到中小学教育中，惩罚实践的管理价值就是指惩罚实践所具有的监督、约束、调节等方面的价值，其指向首先是组织的正常秩序。管理价值主要表现在对于学校正常工作和教学秩序的维持、有助于学校教学效率的提升以及保证个体利益不受侵害等方面。

学校存在的价值是因为或者至少是因为学校能够为学生提供一种不同于日常生活的成长环境。学校的重要职责之一是传递人类的既有知识，学校教育的优势在很大程度上就源于学校教育环境对知识传递的保障。为了体现学校的价值，维持正常的工作和教学秩序，有效地对学生进行知识传递，在学校教育的过程中，就会制定一系列的规章、制度、纪律、规范等来进行保障，惩罚实践因为具有协调、控制、监督等管理方面的功能，就可以用来维系组织存在、调节学校秩序，从而促使学校活动的有效开展。在某种意义上，惩罚实践是改善学生行为的有意识、有目的的行动。

同时，学生学习的环境是一种集体的氛围，其中每一个人的行为、举止都可能对周围的其他人的利益或集体利益造成影响。如果不对违背学校规章、制度的行为进行遏制、惩罚，那就有可能损害其他人的利益、集体的利益，影响学校正常工作的开展，使其他人的学习、生活不能得到有效的保障。惩罚实践可以通过规定、约束学生的行为，使学生的行动具有一致性，来解决学生的合作和交流等问题，并维护集体和个人的利益。因此，它是达到集体目的的最好方式，也是良好的教育集体的外部表现形式，还是每个人充分发展的保障。

惩罚实践具有的管理价值，是与其自身的某些特点密不可分的，具体说就是它的强制约束性。为了保证学校各项工作的正常进行，除了价值引导和自我建构外，组织一般都会借助于外在的强制力来约束个体的行为。因此，尽管惩罚实践的教育价值能够在一定程度上体现道德教育的本质，可以说它是惩罚实践表现出的主流价值，然而我们在重视惩罚实践的教育价值的同时，也不能忽视其管理价值。

第二节　中小学道德教育惩罚实践的理论依据

一　哲学依据

（一）人性论

人性的问题以及人性的善恶一直是哲学中也是教育学中的基本问题。如何理解人性是教育的前提和基础，也是论证惩罚存在正当性的理论依据。"性"即人的哲学生成，作为人的本质属性，它是超越感性现实而探究人之为人以后的结论。

我国最早提出人性问题的是孔子，但他只从教育与人身心发展的关系角度提出了"性相近，习相远也"，但是并未做深层次的研究。虽然他没有揭示人性的深层内容，却为孟子、荀子的人性论学说奠定了坚实的基础。古代人性论之争一直延续到现代人性论之辩。总体来看，在中国，性善论一直占据着人性论的统治地位，但性恶论等其他人性论观点也见解精辟，分析独到。

孟子是性善论的代表，他认为人性中有四种善端，即"恻隐之心""羞恶之心""辞让之心""是非之心"，它们是"仁、义、礼、智"的根源。他的理论包括两层含义：一是指恻隐之心、羞恶之心、恭敬之心、是非之心等道德品质；二是指人的善性是天生的"良知""良能"，是人性所固有，而不是外在影响或教育的结果。[①] 教育的作用在于引导人保存、找回和扩充固有的善端。

与其相对立的性恶论，萌芽于商鞅的思想，由荀况明确提出，经韩非继承、发展，达到较为完善的境界，并在历代管理中所提倡，变成了一套行之有效的管理理论。荀子主张人性恶，他认为"凡性者，天之就也，不可学，不可事"[②]。意思是说"性"就是自然的、与生俱来的，是不能学习也不能效仿的那些东西。在《性恶论》的开头，荀子便提

---

① 《孟子·公孙丑上》。
② 《荀子·性恶》。

出了他的论点,"人之性恶,其善伪也"①。荀子认为善是正理平治,而恶则是偏险悖乱。他所谓善、恶是根据行为的结果或目的来说,并非从动机上来说,并以此来衡量人性的善恶。荀子认为,如果放任人的性情而不去节制,行为一定会变恶,违反正理平治的要求,由此证明人之性为恶;如果单纯依照人的本性必然无法达成善的要求,所以需要靠外力,并且恶是善里面的缺乏,如果人有想要求善的这个想法,这就证明了人性本恶。荀子之后,我国法家代表人物韩非也是主张性恶的,他说:"凡治天下必因人情。人情者有好恶,故赏罚可用。赏罚可用则禁令可立,而治道具矣。"②

西方的思想家虽未断言人性究竟是善还是恶,但从他们对知识、真理和正义的探讨中,我们可以推测出他们人性观的倾向。西方性善论的代表是卢梭,他说:"我在所有著作中,并以我所能达到的最清晰的方式所说明的道德的基本原则是,人是本性为善的存在者,他热爱正义和秩序;人心中没有原初的堕落;自然的原初运动总是正确的……一切加诸人心的邪恶都不出于人的本性。"③卢梭主张教育要顺应自然,教育的任务就是使儿童归于自然,弃恶扬善,恢复天性。教育者要尊重并且保护儿童的天性,不压抑其个性,也不灌输传统的偏见,更不用严酷的纪律和体罚,保证儿童有充分自由活动的可能和条件,使儿童的身心得到自由的发展。

西方性恶论的典型代表是基督教的"原罪"说。苏格拉底和柏拉图主张将善定义为知识、理性,以及对后人的教导,他们认为人生下来显然无知,只有在经过受教育和学习之后,才能获得"微乎其微"的知识,从而获得善,可见人生来就具有恶的根性。其后的基督教哲学更是通过原罪说把人性恶的观点发挥到了极致。圣·奥古斯丁提出"原罪"说,他认为人天生就犯有原罪,所以,人们只有不断地惩罚自己来向上帝赎罪,才能到达天国以享幸福。这使得中世纪的人们相互鞭笞,甚至自我鞭笞,也使学校教育盛行体罚。尽管这一理论存在局限性,但作为

---

① 《荀子·性恶》。
② 《韩非子》。
③ 赵敦华:《人性和伦理的跨文化研究》,黑龙江人民出版社 2004 年版,第 50 页。

基督教文明留给后世的遗产，性恶论的思想渗透到了西方文化中，已经成为了一个不争的事实。

随着社会的发展和人类对于自身了解的逐步深化，人们最终认识到人性是复杂且具有可塑性的。人性中确实存在着介于善与恶之间的部分，或者说人性从恶到善有一个发展的过程。善是一个理想，一个目标；恶则是人性中需要极力规范和约束的另一个极点，可以说，避恶从善是人格不断提高的过程。要实现"善"，一种直接而又有效的方法就是对人的恶行施加约束和管教，通过及时的控制与规范，将恶行遏制在萌芽状态，既是一种防患于未然的做法，也是一种积极的应对。

在任何社会，人们所具有的伦理观、人性观都会决定人们对教育的价值取向。以上的分析表明，人性中没有绝对的"善"或绝对的"恶"，重要的是环境、后天的努力以及教育等诸多外部因素。性善论通过人的自我省察和人的自主性，使自己的行为符合伦理道德规范，形成一种道德的自我限制和约束，教育的作用就是形成学生自我教育的精神力量；性恶论注重外部因素对人的约束力量，主张建立完整的社会制度和行为规范，以此来改变人生而具有的恶的本能，使人形成群体意识，重视后天教育的作用，认为教育对人类和社会的发展具有根本意义。惩罚属于外在的强化手段，在教育中要利用强化的手段来对学生进行控制，塑造他们的外在行为。这为教育中的惩罚确立了理论的逻辑前提和存在的合理性。

（二）人的社会性

马克思认为，"人的本质不是单个人所固有的抽象物，在其现实性上，它是一切社会关系的总和"。[①] 人们有目的地改造自然界的物质活动，展现了人的自然属性和社会属性，其中最根本的是社会属性。人的社会属性的基本内容是人在生产劳动中所产生、发展起来的社会联系和与一定生产力发展水平相适应的生产关系。在此基础上，人们进一步形成了政治的、法律的、道德的、宗教的以及行业间的等复杂的社会交往，它们从不同侧面和不同层次上反映人的本质，它可以更明显地体现出人的社会环境、社会关系的特征。

---

① 《马克思恩格斯选集》（第1卷），人民出版社1995年版，第56页。

有人必有"交往","交往"必有规则,交往的规则也成为人们无从回避的重要社会现象之一。作为在现实社会中生活的个人,也必然在各种规则的框架内活动。个体无法脱离集体而存在,集体具有强大的社会化功能,可以促进个体从自然人到社会人的过渡。个体在集体中接受了教育,达到了作为一个社会人所具备的基本要求,他才是真正的社会性动物。个体作为集体的一分子,不仅在集体中满足自己的各种需要,也必须要服从社会整体利益、维护集体荣誉,每个学生个体就必然会接受集体中各种纪律、规则等的约束和规范。这就不可避免地会在教育实践中运用一系列的惩罚手段,来维护规则的权威性,发挥集体的社会化功能,达到更好的教育效果。

二 心理学依据

惩罚的含义在心理学界的解释是指当个体行为不合于规定时所肇致的身体和精神的痛苦,或者说惩罚就是令人厌恶的刺激本身。对这一问题的研究,心理学家们区别于思辨的方法,通过实验以及研究人的心理发展规律等不同的角度来得出一些有价值的结论,研究惩罚存在的意义和在的教育实践中运用的可能性及合理性。

(一) 行为主义理论

关于惩罚的实验研究是以行为主义为代表从 20 世纪初开始并深化的。行为主义心理学家的惩罚观都是建立在动物实验基础上的,渗透在学习理论之中,研究的是学习过程中惩罚的现象,强调外在奖惩对行为的影响。以下主要来分析桑代克、斯金纳的惩罚实验及理论。

桑代克是行为主义早期的心理学家代表,他关于惩罚的研究主要体现在他所提出的"效果律"中。效果律是奖罚对学习行为影响的规律,又称为愉快—痛苦原则。他的实验表明:"在对同一个情景作出的若干反应中,那些伴随着或紧接着有使动物满意的事态发生的反应,在其他条件相等的情况下,将与这个情况更牢固地联系起来……那些伴随有或紧接着有使动物不适的事态的反应,在其他条件相等的情况下,与这个情境的联结则削弱下去。"[1] "满意的事态"就是奖励,它使联结得到巩

---

[1] 叶浩生:《西方心理学历史与体系》,人民教育出版社 1998 年版,第 118 页。

固;"使动物不适的事态"即惩罚,可以削弱联结。惩罚是"令人不安的或令人烦恼的状态,指的是动物一般来说要躲避和放弃的状态"①。

新行为主义心理学家斯金纳强调心理学的研究中心是行为。"他通过实验认为:运用惩罚能够抑制反应发生的概率。一方面斯金纳不否认惩罚在矫正行为方面的作用;另一方面,他对惩罚的合理性提出了质疑。惩罚能够抑制行为,但是不会降低反应发生的可能性。斯金纳强调两个关键点:第一,要注意利用惩罚后的反应抑制期,也就是要尽可能通过强化加强其他的行为反应;第二,惩罚要在不良反应发生后立即给予,延迟的惩罚可能是无效的。"② 虽然惩罚一直受到质疑和抨击,但是仍被广泛使用,斯金纳认为这是因为惩罚对于惩罚者有强化作用,严厉的惩罚在减弱以某一特定的方式行动的倾向方面具有直接的结果。行为主义心理学家经过科学实验对惩罚都持谨慎的态度,但都证明了惩罚的教育意义。因此,在教育中不能简单、武断地认为惩罚等于摧残学生。

(二) 道德认知发展理论

道德认知发展理论形成于20世纪70年代,其代表人物是道德学家皮亚杰和科尔伯格。对于个人思想道德的发展,皮亚杰提出了个体道德认知发展理论,科尔伯格追随其观点并更加深入地研究了这一理论。

作为认知学派的代表人物,皮亚杰重视主体对客体的作用。皮亚杰的惩罚观主要是通过对儿童道德发展的研究得出的。皮亚杰认为儿童的道德发展包括儿童规则意识的形成、儿童对行为责任的道德判断和公正、惩罚观念的发展。而这其中的规则、行为责任、惩罚的发展都与公正有关。皮亚杰让儿童对惩罚做评价,并依此考查公正观念的发展水平。他设计了一些关于惩罚的故事,在故事中提出几种惩罚措施,让儿童判断应该选择哪种,并说明理由或让儿童提出一种最有效的惩罚措施。研究发现,儿童从他律道德向自律道德的过渡中,惩罚发挥一定的作用。

另外一位著名的心理学家科尔伯格也研究了儿童的道德发展,他通

---

① 叶浩生:《西方心理学历史与体系》,人民教育出版社1998年版,第217页。
② 刘丽君:《教育惩罚研究》,东北师范大学,博士学位论文,2015年。

过询问儿童一些假设的故事中的问题来收集资料，提出了儿童道德发展阶段模式，把儿童的道德判断概括为三个水平六个阶段：

"1. 前习俗水平

在这一水平上的儿童能够区别文化中的规则与好坏，懂得是非的名称，但是他是根据行为对身体上的或快感上的后果来解释好坏的（受罚、得奖和交换喜爱的东西），或是根据宣布这些规则和好坏的人们的体力来分别好坏的。这一水平包括惩罚和服从的定向阶段和工具性的相对主义的定向阶段。

2. 习俗水平

这一水平上的儿童，按照家庭、集体或国家所期望的去行事被认为是有价值的，而不管它所产生的直接和明显的后果如何。这种态度不仅服从于个人的期望和社会的秩序，而且是忠心耿耿，主动去维护、支持和辩护这种秩序，并且以与这种秩序有关的个人或团体自居。这一水平包括好孩子的定向阶段和法律与秩序的定向阶段。

3. 后习俗水平

在这个水平上，儿童显然努力地脱离掌握原则的集团或个人的权威，并不把自己与这种集团视为一体从而去确定有效的和可用的道德价值和原则。这一水平分为社会契约的定向阶段和普遍的伦理原则的定向阶段。"[1]

对于道德认知发展阶段的研究揭示了道德认知与人的成熟过程相关，思想品德是一个由低级向高级、由他律向自律发展的过程。因此，在中小学的教育实践中，教育对象是道德认知还未发展成熟、处于需要他律阶段的青少年，在教育过程中适当运用惩罚手段会帮助他们完善道德认知发展水平。

三　教育学依据

纵览古今教育史，无论东方还是西方，许多教育家的理论都不约而同地渗透着纪律、管束、惩罚等内容。

---

[1] ［美］劳伦斯·科尔伯格：《道德教育的哲学》，魏贤超等译，浙江教育出版社2000年版，第20—22页。

(一) 中国教育家的惩罚观

1. 从严施教的思想

中国思想史和哲学史的起点——《周易》中的从严施教的思想就有很高的价值,对后世的教育思想和实践产生了深远的影响。《蒙·初元》:"发蒙,利用刑人。用说桎梏,以往,吝。"[1] 在教育之初,应先用启发式的教育方法,去启发童蒙,若不听则利用刑罚加之于其身。如果脱去了刑罚的工具,不用刑罚施教,是会有悔恨错误的。强调的是利用刑罚施之于人,用以端正法律的规范。表明教者在教育过程中立法要严,纠正学生过失执法不苟。为了消除蒙昧无知,要启发、启蒙,上智者,一教而不二过,启发教育即可达成。中下者每过每患,或常改常患,或顽劣不改、冥顽不化必须加以体罚,否则不能收敛其恶劣的行径。《学记》:"夏楚二物,收其威也。"[2]《书经》曰:"鞭作官刑扑作教刑。"都是采取利用刑人的体罚教育方法。[3]

《周易》的《蒙》卦从爻辞与爻象两方面说明了教育中师道要严,但要讲分寸,要严而有变。还指出对教育不能采取放任自流的态度,对那些中下等者、顽劣不堪者需严加管教。这种教育观念对后来一些教育思想家起到了一定的影响作用。

2. 以"性恶论"为基础的惩罚教育思想

先秦法家代表韩非的教育思想是建立在"性恶论"基础之上的。韩非对教育的作用有一个根本性的看法:你不能指望人们自觉为善,而只能设法令人不得不为。这个尺度就定下了教育的取向,在此基础上提出了最具法家教育特色的思想理论即"以法为教,以吏为师"的思想。一方面反对以儒家为主推行的德教、礼治教育;另一方面强调法制教育的优越和重要,并以之作为治国的根本。他主张教育应是类似于刑法统制的"严"教育观。

(二) 西方教育家的惩罚观

1. 赫尔巴特的"管理论"

赫尔巴特是传统教育的代表,他主张教育的目的是要培养具有"完

---

[1] 《周易》。

[2] 《礼记·学记》。

[3] 王越:《中国古代教育史》,吉林教育出版社 2000 年版,第 38 页。

美德性的人"。他提出:"管理先行的思想,主张对学生施行严格管理,防止儿童现在和未来反社会倾向,从而达到维持学校和社会秩序的目的。"①

赫尔巴特的"管理论"侧重于教学管理,论述了有关对儿童监督、规约的思想,反映了德国传统教育学对儿童管束的基本思想。这缘于他的学生观:"在儿童表现出具有真正意志的迹象之前,其烈性的克服是可以通过强制来实现的,而且为了完全获得成功,这种强制的克服必须是强有力的,并必须经常反复使用。……所以为了要使那种在烈性与欲望中成长起来的意志不被它们造成具有反社会的倾向,就有必要经常不断地对它们保持明显的压制。"②

为了维持教学秩序,赫尔巴特提出,在迫不得已的情况下要使用作业、威胁、监督、惩罚等管理手段。当作业、监视、威胁等手段都不能收到训育的效果时,赫尔巴特提出"不得不采用惩罚的手段",体罚是惩罚的手段之一。他认为,当前面几种管理方法都无济于事时,试图完全排除体罚是徒劳的,剥夺自由如果确实适合过错,那就完全是正当的。但是对于体罚必须极少采用,体罚时也一定要考虑到受罚者的难堪心理,惩罚的时间要尽量得短。他指出:"少年回忆他在儿童的时代被打过,这是无伤大雅的;再者,假如现在以相同的标准去衡量,觉得应得惩罚,这也是无伤大雅的。但是,假如严重到伤害他的自尊心,这便是真正地伤害他,或者他受到严酷的毒打、接受更多的鞭笞,这也是伤害他。其结果是造成很大的冷漠,现在所需要的是,期望于长期的照顾,带回他自然的感情。"③ 很明显,赫尔巴特不反对体罚,但绝不赞成体罚的经常使用,尤其不能使用那些具有伤害性的体罚。

2. 马卡连柯的"惩罚是义务论"

苏联的教育理论和实践家马卡连柯根据自己多年的教育实践经验,总结出了"尊重与严格要求相结合原则"以及纪律教育和集体教育的

---

① 王天一、夏之莲:《外国教育史》,北京师范大学出版社 2005 年版,第 322—323 页。
② [德] 约翰·弗里德里希·赫尔巴特:《普通教育学·教育学讲授纲要》,李其龙译,人民教育出版社 1991 年版,第 22—23 页。
③ 詹栋樑:《赫尔巴特教育思想之研究》,水牛图书出版事业有限公司 1989 年版,第 187 页。

思想，充分体现了马卡连柯对于在教育中运用规训、约束等方法的理论研究。

惩罚在马卡连柯的纪律教育中占有一定的地位。他表示，正确合理的教育不能不用惩罚。但新的纪律教育采用惩罚决不能给被惩罚者造成任何肉体痛苦，决不能使被惩罚者受到压制。他指出："合理的惩罚制度不仅是合法的，而且是必要的。这种合理的惩罚制度有助于形成学生的坚强性格，能培养学生的责任感，能锻炼学生的意志和人的尊严感，能培养学生抵制引诱和战胜引诱的能力。"[1]马卡连柯把惩罚看成要求，惩罚就是要求，是更严格的要求，它和尊重是密切联系的。因为没有要求和尊重也就不会有惩罚。对教师来说，"凡是需要惩罚的地方，教师就没有权利不惩罚，在必须惩罚的情况下，惩罚不仅是一种权利，而且是一种义务。"[2] 另外，他还说："正确地和有目的地应用惩罚是非常重要的。优秀教师利用惩罚的制度可以做很多的事情，但是笨拙地、不合理地、机械地运用惩罚会使我们的一切工作受到损失。"[3]

马卡连柯理论中惩罚的思想是建立在对学生高度负责和爱护的基础上的，他认为适度的教育惩罚有利于培养学生良好的道德品质，其原因有三个方面："首先，教育惩罚在培养学生的责任感方面能够起到重要的作用。责任包含两个层次的含义：一层是要做好自己该干的事情；二层是如果没有做好自己该做的事，就应该承担由此产生的不利后果。其次，要使学生养成遵纪守法的良好习惯，也离不开教育惩罚。社会要依靠对一定社会规范的维护来正常运转。一个人违反了社会规范，就要受到惩罚，否则整个社会秩序就会崩溃。如果在学校里，学生先学会遵守校纪校规，进入社会后，就能更好地遵纪守法，适应各种工作制度。因此，对违反纪律的学生实施教育惩罚，是培养学生养成遵纪守法良好习惯的需要。最后，塑造学生健全的人格也需要教育惩罚。健全的人格有一些共同的特征，比如承受挫折的能力、正确认识自己和自我调控能力等，在学生出现错误的时候，通过教育惩罚可以使他们认识自己的不

---

[1] ［苏联］安·谢·马卡连柯：《论共产主义教育》，刘长松等译，人民教育出版社1985年版，第280页。

[2] 同上。

[3] 王天一、夏之莲：《外国教育史》，北京师范大学出版社2005年版，第378页。

足；通过惩罚的痛苦体验，也能强化他们承受各种挫折，适应不同的环境的能力，勇敢地面对挫折，超越自我。"① 以上理论从哲学角度、心理学的范畴、教育学领域，阐述了教育中对学生完整人格的培养侧重的是对人性中"恶"的消解，而非"善"的积累。因此，道德教育惩罚作为一种辅助教育手段是有理论依据和存在的合理必要性的。

第三节 中小学道德教育惩罚实践的现状及归因分析

一 中小学道德教育惩罚实践的现状

（一）惩罚实践适用范围泛化

中小学道德教育中的惩罚实践，是只有当学生在道德方面出错时才可以采用，而不应因为认知等其他方面出现问题来惩罚学生。但在目前的教育实践中，由于受到种种因素的制约，特别是对学校、学生的评价以成绩的好坏以及升学人数，尤其是升入重点学校的人数作为重要甚至唯一的评价标准。因此，惩罚实践更多地表现出是否促进了学生学习的价值偏好。学生受罚的原因也已经不再单单出现在道德领域，相反经常地集中在认知领域，以学生的学习为标准，这就使惩罚蔓延到了道德以外，造成了惩罚实践适用范围的泛化。

惩罚主要是针对学生的品德而言的，通过适当的、合理的惩罚使学生改正不良的习性，使学生学会负责、学会为人处世，从而使其得以完善，而达到育人的目的。而如果把惩罚用在智育方面，必然会使惩罚失去其本应该具有的教育效果，而走向功利化、片面化，这是不符合惩罚的教育性原则的。然而，在当今的教育实践中，很多教师却反其道而行之，在智育方面大量地使用惩罚：学生写错了字，每个字罚抄几十遍，甚至上百遍；学生做不出作业来就被罚跪；学生在考试中考得不好，或恶语相向，或罚款，或体罚。"有教师坦言，这些惩罚有时候确实能取得立竿见影的效果。而在一项对中学生的调查中显示，69%的学生认为教师惩罚以'成绩或作业不佳'为指向，排在第一位，其次是'上课

---

① 刘军：《中小学教育惩罚问题研究》，华中师范大学，硕士学位论文，2011年。

调皮'（占学生总数的62%）。在学生看来，惩罚的重要目标之一显然是为分数服务。"[1]

中小学的惩罚实践中还存在另一种普遍的现象，教师对学生的惩罚处理即使发生在除学习情况外的别的方面，其实还是与学习成绩挂钩的，主要表现在对学习成绩好的学生和学习成绩差的学生的不同态度上。教师容易在思想中按照学习成绩来给学生定位，认为只要成绩差，别的方面也会差。因此，在实施一些惩罚措施时，往往采取"针对性"策略而非公平对待。在教育实践中，教师对优等生会一味地包容、迁就、呵护、关爱，而对差生就一味地挑剔、指责，认为如果出现什么事情，就一定是差生的错，是他们影响了学习好的学生。在对很多教师的访谈中，他们都流露出好学生就是成绩好的学生的观念。学生优良品行的养成并不如提高分数来得实际、重要。目前，通过调查发现，大多数教师"根本不了解教育惩罚的本质是为了促进学生良好道德品质的发展，而不是分数政策的帮凶。基础教育中教师惩罚指向的短视性与功利性，已渐渐偏离了育人为善、育人成才的教育本质"[2]。

（二）惩罚实践过于追求管理价值

在目前的中小学道德教育惩罚实践中，学校、教师侧重的是惩罚实践的管理价值，而忽略了惩罚实践的教育价值。惩罚实践被定位为一种管理活动甚至是管理工具而非教育活动。在具体的实施中，多数适用于学生发生违规行为的情况下。

目前学校里规范学生行为的规章制度一般有《中学生守则》《中学生行为规范》，各学校自己制定的《考勤规程》《卫生清洁规程》《仪容仪表规程》等，还有班级的《班规》等。不论哪一种规章、制度，都是倡导学生能自觉执行、认真遵守。但现实中，由于各种原因，很多学生没有按要求去遵守，并且经常出现违规的现象。针对这些实际情况，为了维持学校的正常秩序，大多数学校都在《守则》和《规范》的基础上，加了一些更具体的对违规行为处罚的规定内容，目的是在学校确立纪律的权威，更多地表现为行政权力的干预。在这样的惩罚实践作用

---

[1] 裴培：《伦理学视域下的中小学教育惩罚问题探究》，杭州师范大学，硕士学位论文，2012年。

[2] 同上。

和影响下，学生遵守纪律就不是发自内心地出于对学校规章制度本身的尊重，而是为了避免受到惩罚。

开封市某私立寄宿中学一个班的班规，就是这种情况的典型表现：

学习方面：

1. 早读提前5分钟、晚自习提前15分钟到教室学习，迟到一次打扫走廊一次，一星期迟到3次，罚做教室值日生一次。

2. 提前到教室后，不能大声喧哗，不能站在走廊，不能在教室和走廊追逐打闹，影响他人学习，违反者写300字检查。

3. 上课过程中不专心听课，如有喧哗、睡觉、看课外读物、乱走动等扰乱课堂纪律的，每人每次写500字的犯错误检查。

4. 课堂上必须尊重老师，如有故意顶撞老师、打断老师讲课、不接受老师的批评等不尊重老师行为者，写800—1000字的犯错误检查。

5. 每节自习课要保持安静，讨论问题要小声，不能喧哗，不能乱走动位置，不能睡觉，要听从班干部的劝诫，违反规定者写500—1000字的犯错误检查。

6. 每天必须按时完成老师布置的作业，作业不交除了要补交外还要写300字的检查。

7. 不迟到、不早退、不旷课，迟到或早退一次罚跑足球场两圈，旷课一节写300字检查，旷课四节以上写1000字检查，并通知家长。

8. 课间时间不能在教室、宿舍、走廊、楼梯等地方追逐打闹，违者罚跑足球场两圈。

卫生方面：

1. 教室值日生当天必须保持教室内、教室的走廊清洁，无垃圾，桌椅保持横竖一条线，水盆里的水、黑板、讲台干净清洁，如检查不干净重做一天。

2. 每一位同学都有责任保持教室的整洁，如有乱扔纸屑或其他垃圾、乱挪动桌椅者，罚做一天值日生。

3. 宿舍值日生当天要保持宿舍的清洁卫生，每天早读前、练字课前、晚自习前要打扫好宿舍,而且垃圾要及时倒掉,并搞好宿舍的内务,如不认真负责或不按时完成,重做一次。

4. 清洁区的打扫必须在早操后进行,如不按时打扫或打扫不干净的该组重扫一天,无故不去打扫的(宿舍值日生除外)做一天教室值日。

休息纪律方面:

1. 按时休息,第二次休息钟响后 2 分钟内自觉休息,不能喧哗、打闹、扫地、晒衣服等或做其他无关事情,违者罚跑足球场两圈。

2. 在休息过程中喧哗、看课外读物、做无关的事、走出宿舍到外大小便、去其他宿舍睡觉,或与别人合铺者罚跑 5 圈,并写 500 字检查。

3. 在休息过程中喧哗,宿舍长劝说不听者,写 600 字犯错误检查。

4. 在休息过程中违纪被值周生、值周老师、值周领导发现并记录的写 600 字犯错误检查。

其他方面:

1. 男生不留长发、中分发,如长发超过学校要求的标准,要及时修剪,否则将强行帮其修剪。

2. 衣服穿戴整齐,不戴饰物,不穿拖鞋(除洗澡外),衣服必须拉拉链,凉鞋不能拿来当拖鞋穿,否则一经发现一律没收。

3. 男生、女生不能染发,如有发现必须马上染黑,并写 1000 字检查。

4. 见到老师、领导要有礼貌并问好,不讲礼貌被老师领导抓一次写 500 字检查。

5. 在教室内语言要文明,不能讲粗口话,否则讲一句粗口话写 50 字检查。

6. 有打架斗殴、赌博、爬墙外出、抽烟等严重性违纪行为的一次写 1000 字犯错误检查,并通知家长到学校处理。

7. 尊重他人、团结同学、和睦相处、热心帮助他人,凡出现打骂侮辱同学的行为一次写 1000 字检查,严重的通知家长到学校处理。

8. 凡破坏公物者（包括桌椅板凳、门窗、电视、电条、电扇、水龙头等）一律照价赔偿损失，爬围墙外出者，赔偿损失30元。

注：以上各项都由班干部负责监督完成。

这个班规事无巨细地规定了学生在学校学习、生活的方方面面的内容，从中不难看出，绝大多数的规定都是在维持学校的教学秩序、生活秩序，并且每条班规后面都伴随有惩罚措施，无论是写检查、罚跑步、罚款、罚值日还是严重到通知家长，体现的都是对学生生硬的管理。而涉及的寥寥无几的关于道德养成方面的规定，也只限于表面上的一些最基本的要求，且后面的惩罚措施还是强调的纪律、规定，没有体现出任何教育性的策略。学生是为了免受惩罚而去执行各种规定，而不是发自内心认同规定，自觉地去按照这些规定来要求自己。

（三）惩罚实践中教师权力的异化

在教育实践的过程中，对学生实施的惩罚一般是由教师来执行的，但是对教师的惩罚权力没有明确的解释。这就造成目前我国中小学道德教育惩罚实践中出现两种极端的倾向。

一种是惩罚实践强调教师权威。教师权威是指教师在教育教学中使学生信从的力量或影响力。"涂尔干认为，学生敬畏教师，是因为教师站在成人的地位，而且代替国家和社会对学生实施教育影响。马克斯·韦伯认为，教师的权力来自教师的传统权威、感召权威和法理权威。这些观点都把教师的权力归因于教师的权威，从而隐含着惩罚的权力也来自教师的权威，不管它是传统权威、感召权威还是法理权威。"[1] 教师的权威更多地应该体现在知识上，其他方面的权威是从知识权威中派生出来的，存在一定的限制。

但是在我们的教育实践中，教师的权威不仅仅体现在知识领域，它已经延伸到其他领域，尤其是对惩罚实践的介入。在惩罚实践中，教师无疑拥有至高无上的权威，从对惩罚对象的确定，惩罚条例的制定，到受惩罚的程度、范围、手段、形式等，几乎都是由教师一手包办的，学

---

[1] 吴康宁：《课堂教学社会学》，南京师范大学出版社1999年版，第164—165页。

生没有参与权，只有执行权。长期下去，就容易对忽略学生的参与能力、权利意识的培养，并且在有些教师过分独断专行的情况下，还会出现令我们意想不到的恶劣后果。"教师良好的为学生的动机并没有带来学生心理健康发展，心智丰满成熟的预期结果，相反，常常被扭曲，甚至演变成一种教育暴力。"① "乾县城关镇西街完小四年级二班语文老师王某，于 2016 年 5 月 27 日早晨因学生小涵打扫卫生缓慢，扇该生左右脸蛋共十几个巴掌，致使该生一直情绪消极，不吃饭不说话，睡觉时数次哭醒，给其造成了严重的心理阴影。"②

教师权威虽然具有强制性，但它更具有道德示范性，这样体现在惩罚实践中的教师权威很显然已经异化。教师滥用自己手中掌握的表扬、批评、奖励、惩罚的权力，漠视了学生的权利，使其变成了压制学生、无视学生尊严的工具。所以，"极容易引起学生的反感，甚至使其产生逆反心理和对立情绪"③，造成学生心理上、行为上无奈、消沉、痛苦、敌意、反抗、报复等消极后果，恶化师生关系，使惩罚这样一种教育手段变成师生心灵之间不可逾越的鸿沟。

另一种是合理的道德教育惩罚不敢用。与以上强调教师权威的情况相反的是，许多教师在对学生进行道德教育时，迫于社会的质疑和舆论的压力，在面对中小学生违反道德和严重违纪行为时往往慎之又慎，惩罚手段能不用就不用。教师虽然清楚要塑造学生的完善人格需要对其进行惩罚和挫折教育，但又会顾忌现在学生脆弱的心理素质和家长的不理解、不允许，而不敢运用合理的惩罚手段。这就可能会造成中小学生的道德素质下降、自制能力变差、越来越难管教的严重后果。"全州博雅双语学校 24 岁的谢老师因怕影响幼儿午睡，制止了七八个小学五年级的男孩儿在中午途经教学楼 4 楼时的大吵大闹，就被其中一个男孩儿诬赖说在学校被老师打了，之后这名男生的母亲周女士带着 1 女 3 男共 4

---

① 翟楠：《教师权利的基本形式及其合理性限度》，《安徽师范大学学报》（人文社会科学版）2014 年第 6 期。

② 王玮玮：《乾县一小学老师掌掴四年级女孩 遭其家长围殴》，《华商报》2016 年 5 月 31 日。

③ 张良才、李润洲：《论教师权威的现代转型》，《教育研究》2003 年第 11 期。

名社会人员来到学校，不问青红皂白就将谢老师殴打至差点流产。"①这样的事件使我们感到痛心的同时更加感到悲哀，同时许多教师不免发出疑问：对于学生道德方面出现的错误行为我们到底还敢不敢管？"当今我国中小学生故意损坏公物、争风吃醋打群架、敲诈勒索小同学、当面谩骂甚至殴打老师的报道屡见不鲜，完全无视社会公德和基本道德。这种现象的存在固然有多方面的原因，但是，如果给予严重违纪和违反道德的中小学生一定的惩罚，这种情况就会受到一定的遏制。"② 我国目前中小学道德教育的现实困境，使教师在运用惩罚手段时感到了巨大的压力，"一些教师谈惩色变，在处理学生的问题时无所适从；有的对一些问题学生睁一只眼闭一只眼，'多一事不如少一事'，甘当'好好先生'。"③

（四）惩罚实践中手段的滥用

1. 体罚和变相体罚现象普遍

涂尔干说，纪律精神是道德的首要精神，惩罚应该主要用于道德教育领域，针对中小学生违反道德行为和严重违纪行为。而当前的中小学道德教育中，惩罚手段被泛用到各种教育中，特别是用在中小学生一般的违纪行为和学习方面。目前在我国的中小学道德教育的惩罚实践中，普遍存在着不同程度的教师漠视学生权利、侵害学生利益的体罚现象。

一些研究者以中小学教师为调查对象，编制了关于中小学教师惩罚权的问卷，对河南省 17 个行政区的中小学教师进行问卷调查。从调查结果分析，目前中小学教师对学生的惩罚权存在的首要问题是教师对自身拥有的正确惩罚权存有模糊认识，有的甚至将惩罚等同于体罚。"从调查的情况来看，当问及'您认为教师有惩戒权吗？'认为教师拥有惩戒权的人只占 56.1%，而认为'没有'者竟达 29.2%，'说不清'者占 14.7%。但现实实践中又是什么情况呢？调查中发现，针对学生的违规行为，教师一般采取的方式中，有 15.4% 和 29.5% 的人选择罚跑步和罚站。此外，变相体罚学生行为也相当严重。罚学生值日的占 32.9%，

---

① 申艳：《广西全州一家长带 4 人闯学校　怀孕女老师遭殴打住院》，《桂林晚报》2016 年 11 月 26 日。
② 董文强：《试论中小学生的德育惩罚》，西南政法大学，硕士学位论文，2012 年。
③ 刘军：《中小学生教育惩罚问题研究》，华中师范大学，硕士学位论文，2011 年。

罚抄写的占 23.8%，给家长打电话的占 45.1%。"①

其次，教师体罚或变相体罚学生的形式多种多样，且教师在选择惩罚手段时存在一定的随意性，"所运用的教育惩罚的手段可以划分为以下五种类型：一般性惩罚、代偿式惩罚、剥夺式惩罚、施加性惩罚及心理惩罚"②。

从实际调查和现实观察中可看出，被教师使用过的形式有：打耳光、打嘴巴和屁股、打腿部；揪住学生的红领巾摇晃身体、扯耳朵、捏鼻子、揪脸、用鼻子碰墙、关禁闭、教鞭抽、罚站、罚跪、罚跑、罚爬、罚晒、罚冻、罚抄作业、罚劳动、课后留校等。即使是一种体罚形式，也有多种罚法，比如罚站，有面壁站、四角站、定时站、站太阳、站风雨，更有甚者罚学生裸体站等。有的还实行"连带责任制"，即一人犯错，全班挨罚，让其他同学责怪憎恨犯错同学，恶化同学关系，将犯错误的同学置于孤立的地位。教师在惩罚的过程中除了使用肢体以外，还可以使用辅助性器具，例如教鞭、特制的"戒尺"、木棍、粉笔、书本、球类、板凳等。

2. 心理惩罚现象盛行

在社会不断呼吁人性化教育、"以人为本"的大环境下，由于媒体的关注和社会舆论压力的增加，不得不承认，在中小学教育实践中，体罚学生的现象正在逐渐减少，学校、教师体罚学生时会有所顾忌。但是有些教师为了避免被追究责任，避免给自己留下不利的证据，避免家长和学校的纠纷，开始选择一些新形式的惩罚方式——心理惩罚。心理惩罚是一种并不以明显的身体伤害为目的的惩罚方式，意在对学生的心灵造成威慑，使他们不敢违背老师的任何规定。

根据调查、访谈，常见的心理惩罚的形式可总结为以下几种：

（1）把迟到的同学名字写在黑板上；（2）责骂或说有损学生自尊的讽刺、挖苦的话；（3）将学生的书本、作业撕掉；（4）将学生的书本、书包、文具等物品扔掉；（5）通过不允许学生与其他人交流孤立学生；（6）通过与家长谈话给学生施加压力；（7）通过调换座位使学

---

① 刘冬梅：《中小学教师惩戒权的调查与思考》，《教师教育研究》2016 年第 3 期。
② 刘丽君：《教育惩罚研究》，东北师范大学，博士学位论文，2015 年。

生处于一个不理想的听课位置；（8）请家长到校或到校陪读；（9）班内公开批评或责令检讨；（10）通报批评等。[①]

有些教师为了让学生感到自己的威慑力，对学生的教育经常用威胁、恐吓的方法来束缚学生。比如，"以后再做错题就别来上学了！""把你的家长叫来""你再说话就缝上你的嘴巴""不……，就会不及格、不能毕业、不能评优……"这样的话经常挂在嘴边。[②]

有些教师在工作中缺乏耐心，对学生失去信心，不抱任何希望，以致对他们的喜怒哀乐无动于衷，对他们的所作所为不闻不问，甚至对他们的正当要求也置之不理，采取放弃的态度。将学生放在被轻视甚至是被歧视的位置上。

有些教师为了教育个别学生，让他们改正自己的错误，还会要求班级中其他的学生都不与之交往，排斥、孤立犯错误的学生。有的教师会采用"座位隔离法"，将班干部、"听话"学生的座位安排在该学生的四周，形成包围之势，使该学生始终处于被监视之中。对那些"不可救药"的突出分子，则实行"隔离法"，即不允许班上其他学生与该学生交谈、接触，强迫其遵守纪律。

还有些教师常出于所谓的"好意"，偷看学生的日记、信件并擅自公布学生隐私，对学生的个人隐私加以宣传、肆意评说，甚至拿激励学生努力当借口，评论、嘲笑学生的家庭背景、父母职业、个人缺陷、日常行为等。

心理惩罚的破坏性很大，它会使学生因为害怕受到各种各样的惩罚而惧怕教师；使学生的自尊心受到伤害，变得灰心丧气，有的甚至会自暴自弃；使学生形成一种灰暗的心境，造成沉重的心理压力，感到内心紧张，无所适从，对学校、学习和生活失去热情，严重的还会造成学生人格和心灵的扭曲，不利于其健康成长；使学生对老师、对班集体甚至对社会产生仇视心理，激化师生矛盾，产生极其恶劣的后果。

[①] 刘丽君：《教育惩罚研究》，东北师范大学，博士学位论文，2015年。
[②] 刘丽君、孙鹤娟：《教育惩罚问题及实践合理性探讨》，《东北师大学报》（哲学社会科学版）2014年第2期。

二 中小学道德教育惩罚实践存在问题的归因分析

惩罚实践的现状中存在的问题，原因是多方面的，可以从多个角度去进行归因。

（一）社会因素

1. 应试教育影响

在目前的中小学教育中，惩罚实践的适用范围蔓延到道德领域之外，主要被用于智育过程中，学生受到惩罚多是因为在知识学习中出现问题或学习成绩不理想等情况，体现出学校、教师运用惩罚实践手段的功利性，这些情况与现在仍然存在的应试教育制度有很大的关系。应试教育是一种以考试为手段的选拔性制度，现实中表现为片面追求升学率，以分数衡量一切、决定一切的不正常现象。

在我国，考试的传统由来已久。"应试教育"可以溯源于封建时代的帝王举荐方式。后来，考试成为当时统治者选拔、评价官吏的一种手段，并渐渐渗透到学校教育之中，成为确定学校教育目的的依据。随着社会进步和科技发展，考试内容及目标扩展到更广泛的范围，考试的形式也变得多种多样，并发展了考试的其他功能。但是人们思想观念中还残存着浓厚的"应试教育"思想观念，读书、考试、升学等观念在许多人心目中仍然占据着重要的地位，正所谓"万般皆下品，唯有读书高"。

现代教育中存在"应试教育"还有一些现实的原因。如"我们现在的考试内容都是对已有知识掌握程度的考查，而最常见的笔试由于试题篇幅的限制，其内容只是对知识掌握程度考查的一个抽样，不可能考查全部知识。这就好像给考试设置了一个既定的隐形范围，考试的内容不是所有知识而是范围内的知识，并且这个范围考试结束时才能自然出现。这个既定的范围给予人们猜测的空间，给猜题押题提供可能，加剧了应试教育"[①]。另外，还有基础教育与高等教育之间存在供求矛盾、基础教育的一元化与高等教育模糊的多元化之间的矛盾以及教育资源的稀缺和教育信息不及时、不对照等一系列的原因。

---

① 贾锦钰：《应试教育长期存在的原因及对策分析》，《当代教育论坛》2007年第5期。

多年来，由于教育中一切以分数为指挥棒，使学校、教师、家长都形成了一种"分数第一""一切为学习让路"的惯性思维；学校以升学率为直接目标，学生的成绩成为评价学校、教师工作的唯一标准；不管是课程的设置还是教学内容的选择，都以应试为导向，明显表现出"知识本位"的教育方式。中小学生的学习负担和精神压力不但没有减轻，而且有越来越严重的趋势。目前的教育正在与培养学生德、智、体、美全面发展，促进学生人格完善的初衷背道而驰。

应试教育存在的这些弊端，严重影响着中小学教育中惩罚实践的实施。惩罚实践被学校、教师当作了维持正常教学秩序、处罚违纪学生、片面追求学生成绩的管理工具，有些时候为了达到这些目的，不惜使用惩罚等一些不道德的手段来伤害学生的身心健康，没有体现出惩罚实践的教育价值。

2. 社会评价标准唯学历化

无论什么样的评价，都包括评价目的、评价主体、评价客体或对象、评价内容和标准、评价方法等几个基本要素。社会对于教育的评价，《教育评价辞典》中的界定是"社会评价是由具有一定权威的社会团体不受任何教育主管部门委托，独立地对教育活动进行的评价，是社会用人单位对学校培养学生适应社会需要程度进行的评价"。[1] 社会评价是从社会发展需要、人才市场供求以及使用状况出发对教育产出进行评价的。

按照社会对教育的评价标准，现在大家是以社会的需要和市场供求为标准制定对人才的评价机制。由于教育资源的缺乏引起了教育供给和教育需求的竞争，也就是学校教育培养的人才的"质"与"量"的差别和竞争。目前在劳动力市场上，受教育程度越低的劳动力供给数量越大，但这部分劳动力获得的收入却很低；而越是高学历的人才数量越少，获得的收入却很高。这也就是为什么在今天，受教育程度会成为是否被优先雇用以及工资高低的标志。

因此，现在社会评价人才的标准更加注重受教育程度的高低，甚至开始出现了唯"学历主义"的异化现象，逐渐演变成社会上人才的竞

---

[1] 陶西平：《教育评价辞典》，北京师范大学出版社1998年版，第95页。

争不是人的素质和能力的竞争,而是文凭和学历证书的竞争。例如,在现实生活中,文凭就是升官、涨工资、评职称、职业录用的硬性条件,社会的现实经常是:在文凭这个硬条件面前,真正的能力并不比文凭有用,从而就有可能会形成社会上只重学历不重能力、素质的情况,也会出现混文凭、假学历的不道德现象。

无论是社会对教育机构的评价,还是社会选用人才的标准,都会反映在学校的教育目的和教育手段上,学校会根据社会对自身和学生的评价标准来调整对学生的教育理念和方式、方法。因为考试分数、升学率会直接影响学校的声誉、利益,教育行政部门以及整个社会都把它作为衡量学校和教师的标准,部分家长也将其作为择校的标准,导致了学校教育开始贯彻前面提到的应试教育的思路,造成我国的教育价值取向存在偏差,即着重培养社会需要的"人才"而不是"完整的人"。在中小学的教育实践中,学校只制定一定的措施侧重提高学生的学习成绩,而忽略培养学生健全的人格、高尚的道德品质、创新精神和参与意识等,并把这一重担压在教师的身上,并且将其与教师的切身利益相连。这样巨大的精神和物质的双重压力迫使教师为了完成学校下达的任务而采取各种非正常的手段来对付学生。对学校、教师的这种单一性的评价,不可避免地会使体罚、变相体罚普遍存在,变成了教师培养"一心只读圣贤书"的高分、听话学生的保障措施。惩罚实践所体现出的仅仅是辅助教学、维持纪律、提高分数的管理工具的功能,而没有体现出作为道德教育手段的功能。

(二) 学校因素

1. 对学校功能的片面理解

目前,学校对自身的教育功能的认识存在着偏差。杜威就学校功能曾说过,"随着历史的发展,文化积累丰富了,未成年者的教育已非日常活动所能完成,学校随之诞生。从这时起,文化的表达和传递愈来愈依赖于文字,人们慢慢地就误认为学校的任务就是教导青少年识字读书"[①]。现在的学校教育,逐渐演变成知识的加工厂,主要承担学生知

---

① [美] 约翰·杜威:《民主主义与教育》,王承绪译,人民教育出版社2001年版,第25页。

识技能的学习任务，而较少关注学生道德的养成和良好行为习惯的培养。

学校教育受这样的教育理念的影响，致力于塑造一种知识人。学生是用知识一片一片搭建起来的，唯一充塞学生心灵的就是知识。在这种情况下，学生的价值也只能以所拥有的知识来做出判断，在学校、班级中的地位与身份全在于其学习成绩的优劣，而其他道德品质的表现几乎被忽略掉了。在学校的教育观念中，学习被狭隘地理解为仅仅是知识的掌握，教育的任务就是促进学生的学习，提高其学习成绩。为了保障这一教育任务，所采取的惩罚实践被理解为维持教学秩序的手段。其实，学生在学校中的学习更主要的是伦理道德、审美情操、良好习惯、健全人格等多方面综合素质的养成，对知识的掌握是最终实现以上各方面素质的基础和准备。当学校仅把知识传授当作自己的责任时，所采取的一切措施、制定的一切规章制度都会是为这个目的服务的，这必然会和个人意识、思想日益成熟，有多方面需求的学生的要求产生矛盾，学校就会利用惩罚实践来压制学生，保证知识学习的顺利进行，使学生被动、消极地接受学校的安排。

2. 学校教育中的"过度社会化"

学校是学生社会化的第一步，学校教育为学生将来适应社会、参与社会做准备。在学校教育过程中，学校、教师常常自觉或不自觉地从学校秩序的稳定和便于管理等角度出发，采取一些不良的教育策略，从而产生一些不应有的后果，这种现象就是学生的"过度社会化"。它使学生缺乏自信和自尊，充满无力感、挫败感和负罪感，使他们为自己有悖于社会期待的行为或言行，甚至想法而感到羞耻和不安。

学校教育中的"过度社会化"主要表现为："第一，过于追求尽善尽美，苛求于学生在受教育过程中所犯的一些小过失，使学生总是无法得到成就感和自我满足感，总是处于自我苛责之中。这种千叮咛万嘱咐、生怕学生出一点小差错的教育策略，反而容易使学生养成谨小慎微的性格，还会使他们惧怕错误，不敢也不能容忍自己的小小失误，偶有小错就惴惴不安、心神不宁，严重的甚至还有为此产生轻生的念头。第二，过于强调规矩，对学生竭尽限制，我们的教育中总是充满了各种各样的禁令与约束，从一入校，学生就被迫遵守那些严格的近乎苛刻的课堂纪律。我们的教育很少去考虑学生身心发展的自然规律和要求，只是一味地严格要求，限制了他们进一步发展的空间，使他们成长为墨守成规、人云亦云的人。"① 这些或多或少都会成为学校体罚或心理惩罚学生的影响因素。

(三) 教师因素

1. "师道尊严"思想影响

在中国历史上人们一直十分推崇"师道尊严"，一定意义上说，"师道尊严"已经成为我们拥有悠久文明历史的体现。"师道尊严"不仅对我国古代教育思想产生了巨大的影响，就是在现代的教育中，它依然具有不可替代的地位，影响着人们对教育观念、教育活动的理解。

据我国古代典籍所记载，最早提出尊师思想的是荀子。他说："天地者，生之本也；先祖者，类之本也；君师者，治之本也。"② 他把师与天、地、君、亲提到同一高度而尊崇。最早明确"师道尊严"这一理念的著述是《礼记·学记》："凡学之道，严师为难，师严然后道尊，道尊然后民知敬学。"③韩愈在《师说》中继承和发展了《礼记·学记》中"师道尊严"的思想。这样，"师道尊严"在我国古代教育理论中便成为一种正统思想。"师道尊严"蕴含着人类对教育活动普遍规律的领悟和把握，同时还外化为人类对师法、师德、师爱、师艺和师表的追求。

传统文化中"师道尊严"的本意里着重强调的是"师"对"生"的至高无上的权威，要求学生绝对服从并且无视学生的人格、尊严、需要等的思想和观念现在仍然存在于大部分人的思想意识中，人们崇尚尊师重教，习惯于无条件地服从教师。但是这样的思想观念延续到当代的教育中，就有了一定的局限性，产生极大的负面影响。在教育实践中，无论是社会、学校、教师都在强调教师的绝对权威，不容许学生对教师有任何怀疑，甚至是学生自己也从主观上认为应该对教师绝对地服从，无条件地配合，否则就是错误的行为，要受到惩罚。长此以往，会造成学生没有权利意识，不会分辨是非，一味逆来顺受，而教师妄自尊大，

---

① 王辉：《校园情境中隐性伤害的成因》，《教育评论》2001年第6期。
② 《荀子·礼论》。
③ 《礼记·学记》。

视野狭小，观念落后，听不得反对意见，甚至出现偏执、对学生任意惩罚、施虐等不良倾向，不仅恶化师生关系，还影响正常的教育教学秩序，不能实现教育的真正目的。

2. 教师的教育观念和利益的矛盾

教师是一种职业，是用来谋生的职业。因此，教师在教育活动中必然有自己的利益权衡和选择偏好。他们的选择基本上是按照个人利益最大化的原则进行的，而个人利益最大化在现今的学校环境中首先体现为学生学业的长进，通过严格的惩罚实践来维护学习秩序便很可能成为他们的第一选择。吴康宁教授指出，在儿童"受逼"学习的形成因素中，教师是"迫害者"。他认为，教师之所以如此，是因为教师"心里十分明白：学生的表现，教师的名声；学生的成绩，教师的地位；学生的荣誉，教师的待遇。为此，他们宁愿牺牲学生的现在，宁愿扮演'包工头'的角色。此时，儿童其实已成了教师谋取名利的一种工具，人们常常为之讴歌的所谓的'蜡烛'和'园丁'的圣洁形象早已荡然无存"①。

在教育过程中，教师如果长期将惩罚实践和学生统统变为谋取个人利益的工具，教师与学生之间就没有双向的沟通和交往，他们不能够从教育活动中得到个人的发展和心灵的满足，久而久之，对教师自身的心态和行为也必然产生影响。如果教育者开始厌倦教育，他们就不可能不厌倦学生，在一个厌倦的心态下工作，他们所能选择的行为只能是更加省力的方法，由此也开始了更加严格和程度越来越深的惩罚实践。

同时，道德教育中的惩罚作为一个严厉而又敏感的教育手段，一旦使用不当，就可能会对中小学生身心健康带来伤害，必须在法律和制度方面给予规范。"但在当今我国的中小学生教育中，法律和相关法规只是简单地规定了不得体罚和变相体罚学生，而却没有对体罚、变相体罚给予明确的说明。虽然在近几年明确了中小学教师有相应的惩罚权，但是只是一笔带过，对教师惩罚权的适用范围、使用限制没有明确的说明。"② 这些都会使教师惩罚学生时无所适从，掌握不好尺度，造成部分教师在学生出现道德行为的错误时，考虑到自身的利益和安全，想管

---

① 吴康宁：《谁是"迫害者"——儿童"受逼"学习的成因追询》，《教育研究与实验》2002年第4期。

② 董文强：《试论中小学的德育惩罚》，西南政法大学，硕士学位论文，2012年。

又不敢管，致使合理的道德教育惩罚不敢开展。

3. 部分教师自身素质不完善

一方面在我国传统的教育教学过程中，惩罚是一种很重要的手段。我国最早的教育专著《学记》认为，惩罚对学生具有威慑作用。另外，我国古代的个别教学中还有"头悬梁，锥刺股""扑作教刑"的故事，民间也流传着"鞭子本姓竹，不怕书不读""打是亲，骂是爱，不打不成才""放下棍子，宠坏孩子"等俗语。这些故事和俗语都强调了惩罚在教育教学中的作用。于是，作为一种传统，惩罚被人们一代一代不假思索地承袭了下来。今天的教师深受传统教育思想的影响，而且，部分教师从小在课堂上所受的就是这种惩罚性教育，从自己和他人的成长经历出发，习惯性地相信惩罚可以起到惩一儆百的作用，体罚学生就成为很自然的事情了。

另一方面是教师专业素质和思想素质不高，教育能力缺乏，教育手段贫乏，教育方法简单，在管理学生方面缺乏艺术性，常常以惩代教。有些教师缺乏良好的师德，为学生服务意识不强，缺乏事业心和责任感，对学生缺乏爱心，不懂教育艺术，缺乏服务意识。有些教师则因为在家庭或社会交往中受气，无处发泄，将学生当作出气筒。尤其在目前的现实条件下，教师地位不高，待遇较低，社会分配不公，实际问题得不到解决，心中有怒气，遇事易动气发火，感情用事。在片面追求升学率的压力下，对不争气的学生，教师便使用强制措施体罚学生。

4. 部分教师的心理素质不健全

教师是一个容易产生心理问题的职业。很多研究都表明，教师心理健康状况十分令人担忧，很多教师都存在着这样或那样的心理问题。资料显示，教师的躯体化程度较高，焦虑程度就较高，长期处于应激状态，就会产生情绪高度紧张等现象。教育教学工作本身就是一种应激情境，教师必须付出比从事其他工作的人更多时间和精力照顾学生，还要面对学校、社会、家长的过度要求和现实环境的种种限制，他们常常处于压力状态下，比其他人更容易产生心理问题，从而导致一系列症状的出现，如表现为烦躁、易怒、过敏、情绪紧张等。在教学过程中比较常见的教师心理问题包括控制心理、急躁心理、权威心理、报复心理、泄压心理和强化心理等，这些都是教师在巨大的压力下心理不健康的表现。有些承受不住重压的教师就会心理失衡，把重压转嫁到学生身上，对学生提出高于他能力的要求，学生达不到要求时，就会采取讽刺甚至侮辱学生人格的做法，而全然不顾学生的心理感受。体罚或心理惩罚可以比较直接地宣泄个人的不良情绪，很多不合理、不道德的惩罚现象的发生，都源于教师的不良的心理状态。

第四节　中小学道德教育惩罚实践的改进对策

由于教育是一个多元、开放的空间，教育实践的过程中有很多复杂的影响因素使道德教育惩罚实践变得不可预测、具有不可调控性，因此，惩罚实践在具体操作时就会出现很多预计不到的问题。

为了改变道德教育惩罚实践中许多不合理的地方，理论工作者进行了大量的研究，实践工作者也有很多的良好经验供我们参考，这其中既有值得认真借鉴汲取的地方，也有需要继续探讨的观点。要使惩罚实践合理、充分地发挥教育和管理两个方面的价值，达到教育学生的效果，出发点应该在尊重的原则下，以关爱为情感基础，以学生的发展为最终目的，完善学生的健康人格。

一　树立正确的中小学道德教育惩罚实践观

（一）道德教育惩罚实践要以学生发展为最终目的

教育的目的应该着眼于培养合格公民、完整的"人"，并着力于促进个体的社会化，惩罚实践也要为此目的服务，发挥其教育的价值。"任何一种认知与价值态度与其引发的行为规范，都应以发挥及满足人性为终极目标。"[1] 学校作为教育机构，承担的不仅是学生知识增长的责任，更重要的是让学生"成人"，它必须承担道德、自律、学业等诸方面的职责，促成学生个性的发展、社会化能力的养成、健全人格的培育。

"教育必须具有人文精神，人文精神的起点是对人的价值的尊重，

---

[1]　成中英：《中国管理哲学》，学林出版社1999年版，第256页。

确认人是宇宙间的最高价值。人是目的，永远也不能把人作为手段。"[1]
"儿童的发展是这个世界上最为神圣的，儿童的生命具有不可算度的价值，儿童的未来具有不可预定的可能性。面对儿童，教育应该有一种面对神圣之物的谦卑，面对崇高事物的尊敬，应该有一种对伟大存在的关怀。"[2] 因此，惩罚实践应该尊重学生的价值，不能压制学生的发展可能性和阻碍学生健康人格的形成。

（二）道德教育惩罚实践以"爱"为情感基础

俄国教育家苏霍姆林斯基在谈到优秀的教师应具备的教育素养时，提出教师首先要"是个热爱孩子的人，感到跟孩子交往是一种兴趣，相信每个孩子都能成为好人，善于跟他们交朋友，关心孩子的快乐和悲伤，了解孩子的心灵"[3]。学生是教师工作的教育对象，如果一个教师失去了对学生的热爱和关心，就失去了做好教育工作的重要前提。实践证明，教师对学生的巨大感染力，常常直接源于对学生的关爱。这种热爱和关心，可以启迪学生的心灵，消除师生间的隔阂和误会，增加学生的学习兴趣，使他们体验到集体的温暖。教师要尽量走进学生的情感世界，所谓"知之深，爱之切"，深入到学生中间去切实地了解每个学生，倾听每个学生的心声，只有通过爱，才能培养和陶冶学生的爱心，教育者只有用心灵去浇灌另一个心灵，教育才会有效果。

惩罚实践中蕴含着教师良好的期待和深远的关爱。惩罚实践如果没有了情感基础，既偏离了教育的目的，也不可能取得良好的效果。在惩罚实施中，教师要倍加关心和爱护犯错误的学生，主动跟他们交往、沟通，不让学生有失落感，并且鼓励教育集体中的其他人去亲近他们，不使其产生孤独感。同时，及时捕捉和发现犯错误学生身上的闪光点和点滴进步，激发其上进的信心，塑造其健全的心灵。另外，教师在对受惩罚学生进行安抚时，也要以关爱为情感基础，感情真挚，用"情"得当，移情到位，在充分信任他们、理解他们的基础上，通过正确的引导，以情感人，以情动人，有"为师不忘童年梦，常与学生心比心"

---

[1] 周国平：《人文精神的哲学思考》，《文汇报》2002年12月1日。
[2] 金生鈜：《"规训化"教育与儿童的权利》，《教育研究与实验》2002年第4期。
[3] 蔡汀等主编《苏霍姆林斯基选集》（第2卷），教育科学出版社2001年版，第58页。

的胸襟，以使惩罚达到良好的教育效果。

(三) 道德教育惩罚实践以警示和告知为主要目的

福柯在《规训与惩罚》中对惩罚的目的有这样的论述："对于犯人来说，刑罚是一种关于符号、利益和时间的机制。但是，犯人仅仅是惩罚的目标之一。因为惩罚首先是针对其他人的，针对潜在的罪犯。……它们应该被所有的人接受；它们应该形成每个人与其他人之间的话语，让所有的人用这种话语来彼此制止犯罪，……为此目的，应该让每一个人都意识到，惩罚不仅是理所当然的，而且是符合他自己利益的；应该让每一个人都在惩罚中看到对自己的好处。"[①]因此，"人们实施惩罚，不是为了消除罪行，而是为了改造（实际的或潜在的）罪犯"[②]。

回到教育中，福柯对惩罚的观点对我们有很大的启发。惩罚是为了未来，教育者应该考虑的不是学生过去的过错行为，而是学生未来不会有重犯过错、违规的可能。中小学阶段的学生，都是处于成长时期的未成年人，其犯错行为一般还不具备成人意义上的主观故意性，因此，惩罚的主要目的应该在于警示和告知，帮助受教育者消解幼稚或不健康的违规动机，而不仅仅停留在遏制其违规行为上，同时还对其他同学有警诫作用，这就起到了其他教育方法所达不到的教育效果。我们对中小学生进行的道德教育惩罚实践，应该以发展的眼光来看待学生，着眼学生的未来生活、长远发展，乃至对未来社会的价值。

二 确立中小学道德教育惩罚实践遵循的原则

惩罚实践是一把"双刃剑"，用得好会起到激励性的作用，可以改变一个人的一生，使其终生受益；用得不好，则会伤及一个人的自尊心，令人消沉，一蹶不振，以致贻误人生。在教育实践领域，基于惩罚和教育自身的特点，惩罚实践应遵循以下几个主要的原则，使之产生更稳定、更有效、更持久、更具体的效果。

(一) 尊重性原则

福柯在谈到惩罚的实施时说过，"即使是在惩罚最卑劣的凶手时，

[①] [法] 米歇尔·福柯：《规训与惩罚》，刘北成等译，生活·读书·新知三联书店 2007 年版，第 122 页。

[②] 同上书，第 142 页。

他身上至少应该有一样东西应该受到尊重的,亦即他的'人性'。这个在罪犯身上发现的'人'将成为刑法干预的目标,……这里所说的不是为了改造人而必须实现的目标,而是为了尊重人而应该不加触动的东西"①。福柯认为要解决惩罚体制的危机,要遵守一个基本法则,即惩罚必须以"人道"作为"尺度",在对罪犯的判决中,人道性是一种惩罚制度的准则。

在教育领域更是如此,惩罚实践首先要在尊重学生的前提下进行。正如著名教育家马卡连柯所说:确定整个惩罚制度的基本原则,就是要尽可能多地尊重一个人,也要尽可能多地要求他。惩罚不能伤害到学生的自尊心。目前,随着基础教育改革的逐步深入,学校、教师的观念也在不断改变,逐渐认识到应持有尊重学生的理念,因为新教育改革的核心理念是关注人的发展。在此背景下的教育,特别是对学生的惩罚实践自然也应该以学生的发展为基本出发点。在惩罚违纪学生时,应尊重学生的一切,主要体现在对学生人格上的尊重上,而不能把惩罚当作对学生人格的羞辱、对不当行为的恶意报复。只有在尊重学生的前提下,惩罚才有可能使学生产生对过失行为的认识、理解,这是重塑学生敬畏规范、道德养成的关键。在惩罚过程中,要尽量避免讽刺、嘲笑这种可能会伤害学生自尊心的方法,否则轻者会产生逆反情绪,反抗教师,自暴自弃;重者对其终生都是一个难以弥补的伤害。因此,教师在惩罚的语言行为上,要慎之又慎,把握好分寸。

同时,在此基础上,惩罚应该公平、公开、公正,对学生一视同仁。教师不能因为喜欢某个学生,或某个学生其他方面的表现好就免于处罚,而让其他学生觉得不公平,产生认知上的不协调。马卡连柯在《我的教育经验中的若干结论》中写道:"我的基本原则……永远是尽量多地要求一个人,同时也要尽可能多地尊重他。"② 因此,惩罚时一定要以爱学生为基础,遵循尊重的原则,保护学生的自尊心不受伤害。

(二) 最少化原则

惩罚实践归根结底是一种教育手段,是使用不好就极容易产生负面

---

① [法] 米歇尔·福柯:《规训与惩罚》,刘北成等译,生活·读书·新知三联书店 2007 年版,第 82 页。

② 吴式颖等编《马卡连柯教育文集》(上卷),人民教育出版社 2005 年版,第 178 页。

作用的"双刃剑"。因此，为了达到教育目的，在不得不使用惩罚手段的情况下，教育者要遵循最少性原则。最少性原则包括两个方面的内容：惩罚所使用的频率要尽量低；惩罚所造成的伤害要尽量小。

一方面，惩罚具有强大的威慑力，它一旦被运用，就会丧失部分的威慑力。惩罚的威慑力将随着惩罚的频繁使用而逐渐减弱。而惩罚只有构成一种威慑而存在时，才会保持它的全部力量。因此，惩罚不能走向严厉的极端，要越少用越好。现实中的研究表明，一些经常受罚的学生对惩罚变得近乎麻木，他们对教师的惩罚之所以无动于衷，就是因为惩罚在他们的身上使用得太频繁了，惩罚所具有的威慑力在这些学生的身上已经荡然无存。

另一方面，对于惩罚实践实施的强度，它对受罚学生所造成的伤害也应该是越小越好，只要是达到了教育的效果，就不一定一味使用严厉的惩罚手段。"如果犯罪的观念与弊大于利的观念联系在一起，人们就不会想犯罪了。对于旨在产生预期效果的惩罚来说，它能造成的伤害只要超过罪犯从犯罪中获得的好处，就可以了。"[①] 在惩罚学生时，教育者要把握惩罚的程度、强度，使它与犯错的行为、性质大体相当，并且能够避免再次犯错。如果一味地从严惩罚，可能会使学生因为惧怕伤害而发生表面上接受，心里却抵制的情况，从而失去惩罚实践的教育意义。

（三）适度灵活原则

适度原则是指惩罚实践的实施要区分场合，要充分顾及学生的尊严。在实施惩罚时教育者要警示在前，用明确无误的语言告诉学生什么是可以接受的行为，什么是不可以接受的行为。惩罚的目的是教会学生自我控制，而不是"惩罚"本身。适度原则具体来说就是：惩罚实践要避免事事指责，这样会导致学生不知所措、无所适从；避免过轻，太轻起不到警示作用，反而会起到鼓励作用，使学生可能再犯错误；避免过重，过重有失公平；避免过多，惩罚要适当，要恰如其分，要就事论事，这样才能取得良好的教育效果。

[①] ［法］米歇尔·福柯：《规训与惩罚》，刘北成等译，生活·读书·新知三联书店 2007 年版，第 104 页。

"惩罚应该由法律固定下来,因为它是为所有的人制定的,是不分轩轾的,但它的内部机制应该是灵活的。"[①] 因此,教师要灵活地掌握惩罚实践:首先,要惩罚方式多样化。惩罚要针对不同的时间、场合、违规程度以及被惩罚对象性格类型,机智灵活地选择不同的惩罚方式,而不能以千篇一律的方式应付瞬息万变的复杂情境以及不同的个体。例如,对于故意犯错和过失犯错的学生、对初犯和屡犯的学生、对性格类型不同的学生等,惩罚的程度及方式都应该有所区别。其次,要注重把握学生的特点以及身心发展的规律。如年龄特征、性别差异、学生智力发展的水平及学生的个别差异性、学生本人对惩罚的态度与期望、学生的性格特点等,要依据学生的这些特点做出对惩罚的具体实施方式上的考虑。最后,要注意惩罚的针对性,惩罚应该对事不对人,它是因某种事件引起的后果而进行惩罚,目的是防止今后还会出现类似情况,而不是针对某个人的惩罚行为。

(四) 选择时机原则

惩罚实践必须抓住有利时机,教育时机的选择应以有效、有益的双重标准来衡量。在学生出现过错行为后是立即进行惩罚,还是适当延长一点时间后再进行惩罚是一个颇有争议的问题。通常情况下,在学生错误行为发生后,如果必须使用惩罚,教师会立即对学生实施惩罚。心理学的研究表明,从错误行为开始到实施惩罚,间隔时间越长,效果越差。教育者认为立即惩罚最有效,最容易让孩子印象深刻,否则时过境迁,自己往往也就不愿与学生"计较"。当然,只要运用得当,即时惩罚在大多数情况下具有立竿见影的效果。

然而,不可否认的是,在许多情况下,事件刚刚发生时往往并不是教育的最佳时机。最佳时机的选择,应以是否能有效触动学生的情感、转变其思想和行为方式为基准。时机恰当的惩罚能够释放出教育价值,让学生切身感受到教育价值。

从教育者方面看,适当延长一点时间,有利于避免教师因情绪失控而出现滥用惩罚的情况。因为在发现学生犯错的那一刻,往往也是教师

---

① [法]米歇尔·福柯:《规训与惩罚》,刘北成等译,生活·读书·新知三联书店2007年版,第124页。

最愤怒、最不冷静的时候，这时的冲动并不能使自己正视学生的错误。另外，未经思考，许多过分的违心之语就可能脱口而出，伤害了学生稚嫩的心灵，使学生对教师的良苦用心视而不见，甚至认为老师在针对自己，从而产生抵触心理。而且，通过适当延长惩罚的时间，教师对违纪学生的行为性质可以进行理性的分析，防止惩罚时的草率决定。在许多情况下，教师应该使自己平静下来，先仔细想一想立即实施惩罚是否有效，是否合适；自己是否做到了公正，而不是被愤怒支配。有时候不妨把学生的过失记在心里，在接下来的日子里多注意他们的一言一行，找一个使孩子真正感觉到"如果当时不这么做，会有更好的结果"的机会，使他们明白自己错在何处，以后遇到类似的情况知道该怎么办。

从学生方面来看，他们将有时间来充分认识自己出现过错的原因，以便引起内心的冲突。如果教师在学生出现过失行为后立即进行惩罚，学生只是不知其所以然地接受惩罚，就会达不到良好的效果。洛克曾经说过："我以为不应当在犯错误的当时立刻执行，怕的是感情用事。"[①] 当然，延长时间并不意味着拖延太久，否则会使学生忘记了过失行为，惩罚效果就会被降低。

（五）绝对确定原则

惩罚实践的实施要严格遵循绝对确定的原则。任何规范必须详尽地界定出来，不能被侵犯。惩罚的决定一旦做出，就不应该随意更改，更不能没有原因地使犯错学生得到宽容，这样不仅会削弱惩罚的效果，还会降低惩罚的威慑力。"应该使关于一种犯罪及其可能获得的好处的观念都与关于一种特定的惩罚及其明确的伤害后果的观念联系在一起。二者的联系应该被视为必要的和牢不可破的。这种普遍的确定因素应该能够使惩罚制度行为有效。"[②] 教师在惩罚学生时，只能依据学生是否违背了已经被确定的规范为原则，而不能凭空滥罚。同时，除非学生对过错有所认识并对其进行了明显的补救，否则就不能随便取消惩罚。如果教师对惩罚决定朝令夕改，缺乏确定性，就有可能使学生认为制定的制度、规范允许迁就，从而削弱规范的权威。诚如涂尔干所言："如果他

[①] [英] 洛克：《教育漫话》，徐诚译，河北人民出版社2001年版，第43页。
[②] [法] 米歇尔·福柯：《规训与惩罚》，刘北成等译，生活·读书·新知三联书店2007年版，第106页。

看到这种规范屈服于各种偶然事件,人们运用它的时候总是显得迟疑不决,如果他感到规范是软弱的、犹犹豫豫的、有弹性的,那么他也就会这样想象和对待规范。"①

在惩罚实施的过程中,还要注意不被其他因素如教育者自身的情感偏好、外界的压力、舆论的影响、家长的干涉等影响惩罚的实施力度,使学生产生侥幸心理,惩罚观念的威力在学生的观念中削弱。"如果我们允许人们看到,犯罪会受到宽恕,而且不一定受到惩罚,那么我们就培养了他们那种指望不受惩罚的侥幸心理。法律应该是无情的,执法者应该是刚正不阿的。"② 最重要的是,应该使任何过错行为都无法逃脱负有教育职责的教育者的目光,那种期望能网开一面的侥幸心理最能削弱惩罚机制。如果惩罚实践受到某种使之失效的因素的影响,那么,惩罚的效果就会降低,对其他没有犯错的人也起不到警示的作用。

(六) 侧面效果原则

社会学意义上的刑罚虽然跟教育领域的惩罚在性质、特点等很多方面是不同的,但是二者也有相通的地方,例如说都适用于侧面效果原则。这方面比较典型的论述是福柯的说法,"刑罚应该对没有犯罪的人造成最强烈的效果。极而言之,如果人们能断定罪犯不会重犯罪行,那么,只要使其他人确信罪犯已受到惩罚就行了。这就产生了一种偏离中心的强化效果方式,从而也导致一种矛盾,即在量刑时最不重要的因素反而是罪犯(除非他可能重新犯罪)"③。福柯认为,如果对罪犯处以刑罚,那么,对看到这些罪犯或想象他们的情况的人来说,他们身受的痛苦被浓缩为一个观念。对于受惩罚的人,这是最小的惩罚,而对于想象这种惩罚的人,这是最大的惩罚。这可以说是十分经济的理想惩罚。

前面我们已经提到,在教育过程中的惩罚实践,是以警示和告知为主要目的的。因此,在实施惩罚时,侧面效果的原则是非常必要的。惩罚的功能不仅是补偿或赎罪,即惩罚是为了补偿过错行为所带来的恶,

---

① [法] 爱弥尔·涂尔干:《道德教育》,陈光金译,上海人民出版社2000年版,第106页。

② [法] 米歇尔·福柯:《规训与惩罚》,刘北成等译,生活·读书·新知三联书店2007年版,第106页。

③ 同上书,第105页。

教师惩罚学生是为了让他为自己的过错行为付出代价。惩罚的功能更重要的应该归结为防范，就是使其他同学感受到惩罚所带来的痛苦而产生恐惧，或体会到惩罚产生的羞愧感等负面的心理感受，从而可能防止被禁止行为的再次出现，不仅防止违规者而且防止旁观者再犯同样的错误。因此，惩罚看中的是对于痛苦的恐惧和回避有可能防止规范的再次受损，对没有犯错的人起到威慑的作用。

三　建构中小学道德教育惩罚实践的实施策略

道德教育领域中实施有效的惩罚实践，需要多方面因素的协调、配合，不仅要求学校内部的齐心协力，还需要学校教育与社会各方面的互相配合。为了达到惩罚最终的教育目的，主要可以从社会、学校、教师三方面来具体的探讨实施策略。

（一）社会采取的策略

1. 制定切实可行的法律法规，使道德教育惩罚实践有法可依

面对当前惩罚实践的现状，作为实践指导的政策法规不能再对教育惩罚问题保持沉默、一味回避，应该明确国家态度，通过相应的立法授予中小学教师合法的惩罚权力，并拟订实施细则将其限定在法律允许的范围内，涉及的内容应包括：中小学教师惩罚权的内涵、外延、意义，教师惩罚权的性质、目的与法律许可或禁止的形式以及对惩罚权行使的合理范围限定、监督途径的设定等。

一方面，以必要的形式肯定中小学教师拥有惩罚权，明确惩罚的性质、目的与意义，使人们对教师惩罚权有一个正确全面的了解。例如，现行法律法规中对于教师惩罚权这个问题除了《教育法》《教师法》中关于"教师的权利和义务"中有"教师对学生的管理指导权，学校对学生的管理处分权"的规定外，其他基本持回避态度，没有明确的规定。现有法律条款单纯禁止性的描述，以及描述语言的相对模糊性，使教师惩罚权这一问题缺乏明确的概念界定和判定标准，这就使有关教师惩罚权的限定只是停留在纸面上，并未能转化为有力的指导实践的工具，在很大程度上不利于教师惩罚权的合理行使。

另一方面，应该建立对惩罚权的不当行使给予严厉的责任追究制度，完善有关的监督机制，明确违法惩戒的法律后果。这种立法工作应

根据实际需要由不同机关制定不同层次的法律规范。为确保对教师惩罚权的正确理解与合法行使，还可以考虑在现行的教育法中增加一个条款专门论述教师的惩罚权，指明其合法性及一般性的行使限制。总而言之，必须确定明确可行、易于操作的标准，使惩罚权的行使有明确的范围、内容、形式和界限，为其设置一定的"度"的限制。建立健全关于惩罚权力的法律法规，为教育者实施惩罚提供法律依据，确保适宜惩罚和理性惩罚的合法地位，也可以在一定的范围内防止教育者滥用惩罚的权力，给受教育者造成身心的伤害。

2. 建立和完善惩罚的监督、申诉机制

一方面，权利如果缺乏必要的监督和制约，就有可能导致滥用。在制定切实有效的法规后，还要保证监督机制的有效运行，严格依据法律法规规定的标准由相应的监督主管部门对教育者惩罚权的实际行使状况进行监督，发现不当行为立即按照有关规定处理。在现有情况下，可以由各级教育督导组织履行监督职能，专人负责教师惩罚权的行使监督问题。设立教师违法惩罚监督举报制度，发挥监督部门的积极作用，调动潜在监督主体的积极性，鼓励社会成员充分发挥公民个人的监督作用，协助监督员开展工作。完善有力的监督机制，尽量减少惩罚权的滥用，使自我保护能力相对较弱的中小学生的合法权益得到保障。

另一方面，英国有句格言：没有救济就没有权利。在一定程度上，救济是权利的保障。救济对维护学生合法权益不受教师不当惩罚的侵害，具有重要的意义。尤其是学生申诉制度，它规定了学生申诉权利的具体实施办法，予以学生权利实质性的保护，是一种非诉讼性的救济渠道。

建立健全学生申诉制度，要确定学生申诉的条件、对象、事由及时限，使学生申诉制度名副其实，真正成为学生权益的保护者。学校是实施教育的重要场所，在一定意义上都承担着国家的教育职责，按照国家规定的教育方针和教学大纲对学生进行教育，都要受到国家有关教育法律法规的约束。因此，学生可以对教师的不当惩罚行为提起行政诉讼。另外，相关法律法规必须明确教师惩罚权不当行使时学生寻求救济的具体途径，保护学生的合法权益不受侵害，使学生权利得以真正地实现，对违法惩罚予以坚决制裁，保证教师惩罚权的依法行使。

3. 构建多元评价体系，引导舆论导向

目前我们社会上对学生的评价，主要还是根据学生的考试分数。过分强调学习成绩，忽视学生其他方面的能力、特长，会不利于我们发现学生多方面的优点，最大限度地发挥学生的潜能，选拔出真正符合现代社会发展的人才。因此，社会上建立对学生的评价机制，要改变以往单一的"唯分数论"，构建多元评价体系。教师及管理者以牺牲学生的个性发展为代价培养出整齐划一的"好学生"的做法是不可取的。那些在某方面具有高潜能的学生，往往表现出精力过剩、高度独立、性情倔强等人格特质，却经常被教师当作"不听话"的学生有意无意地加以打击、排斥。作为教育者，应该深入了解学生的个性特征，采用多元的标准来评价每个学生，并宽容地对待学生所犯的某些错误。"现在评价的指导思想要从筛选转向多样化，从'为了选择适合教育的儿童'转向'创造适合于儿童的教育'，目的在于全面地最大可能地促进每个学生的发展，力求帮助教育者发现、选择和形成一切可能的有效的教育方式，创造好的教育环境，形成一种适合于每个学生的教育。"①

另外，在目前的社会舆论中，给予了教育者极大的压力，几乎一边倒地极力倡导教师要珍爱学生、善待学生，一味地强调教师要对学生多鼓励、多赞扬。这种价值取向无疑限制了教师必要的惩罚教育的行为。这也使一些学校在教师实施正当的惩罚教育遭到非议时，不竭力维护教师的合理教学行为，反而不惜以惩处教师达到息事宁人的目的。在很大的程度上抑制了教师实施正当的惩罚教育的积极性。在对待惩罚的态度上，社会舆论导向要客观、公正、全面地对惩罚教育进行宣传，形成积极、正确的舆论导向，以便在全社会范围内提高对惩罚教育的认识。同时，对一些教师不正确对待学生的事件，如体罚或变相体罚等，要给以客观、公正的报道，不能因为一时的哗众取宠而使我们的教育偏离正确的方向。

（二）学校采取的策略

1. 完善道德教育惩罚的规则

学校对于道德教育惩罚实践管理规则的制定，要符合合法、明确这

---

① 袁振国：《当代教育学》，教育科学出版社2004年版，第264页。

两个方面的要求。

合法是指"学校规章制度的制定首先应遵守国家有关法律法规的规定,不违背相应的法律要求,不超越其法定的权限范围,并依法行使其管理权力"①。对学生的行为进行规范管理,对违规行为进行惩罚,是法律赋予教育者的固有权力。但是"这种规则管理必须是为了教育的目的,并且确实有利于指导学生的行为,而不是限制或者侵犯学生的合法权利和自由。尊重学生的合法权利和自由,就意味着规则的制定和实施要发扬民主精神,将学生视为权利主体和参与主体,鼓励与支持学生的参与"②。

制定明确的惩罚实践的管理规则,是为了使惩罚实践建立在学生自觉、自愿的基础上解决师生之间以及学生个体之间的权利和义务关系。在学校管理中,如果没有明确的规则,教师就很难有根据指认学生犯了什么错误,以及决定用什么方法和在多大程度上惩罚学生。以前教师决定是否惩罚、怎么惩罚以及罚到什么程度,基本上都是依据社会的抽象道德准则或学生守则,或者根据教师个人的道德理解,甚至是教师当时的感情为准则,这恰恰是导致恶性惩罚的重要原因之一。规则的制定可以为教师的施罚提供依据,使惩罚有"法"可依,使教师能够依"法"执罚,避免无度无据的恶性施罚现象的发生。

规则的制定要遵循主体权利平等、内容可理解性以及方式可选择性这几个原则。也就是说,学校在制定惩罚的管理规则时,理论上要求所有学生的参与,因为每个学生都与教师具有同等的主体地位和发言权。在执行时,教师也不是唯一的执行者,只要在规则允许范围之内,任何人都有执行权。同时,任何人违反了规则都应受到惩罚,任何人都不能剥夺被惩罚者的尊严,由于每个人对于自己尊严的理解都各有不同,因此,他有权选择一种自认为没有伤害到自己尊严的惩罚方式。当然,这样一种实施惩罚的氛围,是需要大家进一步努力去共同营造的。

2. 加强对教师的管理

首先,学校教育要以"人"为本。要改变以学生成绩好坏为标准评

---

① 《中国教育法制评论》(第 2 辑),教育科学出版社 2003 年版,第 58 页。
② 张幸:《教育惩罚略论》,《教学与管理》2010 年第 12 期。

价教师的教育观念，缓解教师的心理压力，对教师施行更加有人情味的管理手段，尊重教师的人格尊严和个人权利。学校要选拔优秀、高素质的人才进入教师队伍，要注重对教师自身职业素质、心理素质以及法律素质的培养。一些恶性惩罚事件的发生，在很大程度上是由于教师自身素养不高、人权观念不强、法律观念淡薄所造成的。学校要倡导教师树立为自己行为负责的责任意识，督促教师不断学习、充实自己。一方面，组织和倡导教师对学生负责，不要让学生在迷途中越走越远；另一方面，组织学习成功教育案例和教育理论，让教育者拥有深厚的理论基础，了解教育的真谛，自觉用"爱"来教育学生。

其次，信任、保护教师。要对教师合理利用道德教育惩罚手段改变学生错误道德行为的举动给予肯定和鼓励，给教师营造一个敢管的良好环境。学校可以对教师正确实施惩罚教育的行为予以维护和表扬，甚至可将其作为评价教师工作的指标之一。但是对教师滥用惩罚权力的行为要予以严厉的惩处。

最后，在学校内部建立健全监督机制，防止教师利用权威滥用惩罚权力，否则会削弱教师的威信，影响学生的健康发展。

(三) 教师采取的策略

1. 提高职业素养

教师是道德教育惩罚实践的主体，他们能否采取合适、合理、有效的惩罚措施，是惩罚能否正当、有效进行，达到教育效果的关键。

一方面，教师要不断加强自身的职业道德修养。做到真正地"学高为师，德高为范"。不断提醒自己要学养深厚，具备良好的"传道、授业、解惑"的能力，学习现代教育教学理论，提高教育艺术，经常自我解剖和进行反思。同时，教师还应该具有较高的道德水准，使自己成为学生道德行为模仿的对象，纠正自己存在的错误习惯和对学生的偏见；要明确一切的教育都要以尊重学生为前提，尊重学生的人格和尊严。即使学生犯了一定的错误，教育者也应把尊重学生的独立人格和尊严作为开展教育工作首要遵循的原则。

另一方面，教师应注意提高自身的心理素质。良好的心理素质不但有利于提高教师的道德修养水平，而且也是做好教育工作的前提和基础。教师的心理素质包括认知、情感、意志和个性等心理品质。"一位优秀教师自然需要在观察、注意、记忆、想象、思维等认知过程中有良好的心理品质,但是仅有这些还很不够。教育需要在师生情感交往中进行,教育过程中需要克服许多困难,教师的情感因素、教师的意志力对于教育取得成功发挥着重要作用。另外,教师的个性心理,即需要、兴趣、气质、性格等也是教师不断提高工作能力、取得良好教育效果的重要条件。"① 因此,教师要具备良好的心理素质,保持健康的心理,不把任何消极情绪带到课堂上,更不能将学生当作发泄私愤的对象。教师只有热爱学生、尊重学生、理解学生,与学生进行有效沟通,营造出民主、平等、和谐的教学氛围,同学生建立良好的师生关系,在面对学生的违规行为时才会冷静、理智地实施惩罚。

2. 提高教育艺术

学校教育中,教师在实施惩罚时,要充分展示自己的教育艺术和技巧,不是罚站、罚抄、罚打扫卫生、罚跑操场,更不是简单粗暴地无视学生自尊人格的体罚、心理惩罚,而是要实行高明的惩罚。教师要针对不同的时间、场合、错误程度以及学生的个性特点等,机智灵活地选择不同的惩罚方式,并努力将惩罚教育的副作用降到最低限度。高明的惩罚,有时可能表现为风刀霜剑,有时它又会是极富人情味的。当然,运用这样的惩罚,考验的是教师的教育能力,驾驭学生、了解学生的能力以及教师自身是否具有教育幽默和教育智慧。以下用几个例子来具体说明。

美国某学校,有乔和伊丽莎白两女生。一次考试乔抄袭了伊丽莎白递来的答案,被老师发现,老师拿起一个板子要对她们进行惩罚。老师叫她们各自趴在中间隔着一张大办公桌的两把椅子上,不许互相看。"啪"的一声,乔觉得是伊丽莎白在替自己挨揍,紧接着"啪""啪"两声,似乎每一板都打在伊丽莎白的背上,乔再三哀求都无济于事。但伊丽莎白听来,板子却是打在乔的身上。过了一会儿,她们几乎同时抬起头来,看到老师在加了垫子的木椅上重重地"啪"了一下,这才恍然大悟。这位老师的惩罚教育就体现了艺术性与人文性。

陶行知先生在担任某小学校长的时候,看到一位学生用石块砸另外

---

① 柳海民:《教育原理》,东北师范大学出版社 2000 年版,第 535 页。

的同学，就制止了他，并要他放学后到办公室去。放学后，陶先生来到办公室时，那位学生早已等到那里。先生没有批评他，反而掏出一颗糖给他，说："你按时到，我迟到了，奖给你。"学生惊疑不安地接过糖，接着，先生又掏出一颗糖，说："我制止你用泥块打人，你立即住手，我应该奖励你。"学生疑惑万分地接过糖。先生又掏出第三颗糖，说："根据我的了解，你用泥块砸那些男生，是因为他们欺负女生，这说明你有正义感，这颗糖也是奖给你的。"这时学生激动得流下了眼泪，说："校长，我错了。我砸的不是坏人，是自己的同学。"陶先生笑了，又掏出第四颗糖："这颗糖奖给你，是因为你认识了自己的错误，好了，我的糖给完了，我们的谈话也完了。"[①] 这个例子体现了陶行知先生的教育智慧和教育幽默。

另外，在教师具体实施惩罚时，还可以做一些有益的尝试：如罚学生唱一支歌，在愉快的氛围中达到惩罚教育的效果；惩罚犯错误的同学为班集体做一件好事，这能激起学生向善、向美、向上的追求；罚犯错误学生写心理病历，有利于学生跳出自我保护的小圈子，站在客观、公正的角度，冷静地选择改正错误的方法等。这些都对教师日常的惩罚实践有启发作用，可以开阔教师的思维，跳出传统的惩罚措施的观念，发觉惩罚原来可以如此美丽。

3. 重视罚后安抚

罚后安抚可以体现出教师理解学生、尊重学生，还可以让被批评或被惩罚的学生体会到教师在惩罚中蕴含的关爱，消除师生误解，使师生之间相互体谅，以免学生产生不良情绪或心理隔阂。

教师在对学生惩罚后进行适当的安抚时，要注意做到以下几点：

第一，讲究时效性。罚后安抚的效果与时间有密切关系，如果过早，受罚学生没有充分的反思时间，容易让他感到可能老师惩罚错了。如果太晚，就会给学生的不满情绪以放大的机会。因此，教师应留意观察被罚形式，寻找适当机会，在学生情绪开始稳定、正好想要与自己打交道的时候进行安抚。

第二，讲究真诚性。就是说教师首先要有一颗诚心，让学生感受到

[①] 杨晓升：《中国教育还等什么？》，经济日报出版社2000年版，第171页。

教师的真挚情感。教师在实施惩罚之后要倍加关心和爱护犯错误的学生，主动跟他们交往、沟通、交心，不要让学生有失落感，并教育集体中的其他人去亲近他，避免出现集体中其他成员孤立他的现象。与此同时，教师要密切关注被惩罚学生的言行举动，及时捕捉他们身上的闪光点和点滴进步，采用表扬鼓励的方式，激发其上进心，完善其健全的人格，达到良好的教育效果。

第三，罚后安抚的策略性。其一，根据惩罚的不同程度给予安抚，如果惩罚程度较轻，没有对学生产生很大的负面影响，可以不予安抚；肯定受罚学生的合理性意见，对不太合理的部分应表示宽容和理解。其二，给学生充分的发言权，允许他们对错误进行解释，赋予他们对教师不恰当的批评与惩罚进行反批评的权力。其三，对不同性格尤其是不同心理承受力的学生采取不同的安抚手段，如先表扬、再安抚或边安抚边表扬。安抚学生一般不能太过张扬，但对特别重要的安抚可在集体中进行。其四，灵活运用多种教育策略，如让学生感受到成功策略、给学生暗示策略、委以重任策略等进行安抚，使学生理解所受的惩罚，真正从心理上接受并使自己的错误行为得到改善。

总而言之，罚后安抚是基于师生相互理解的教育策略，是在实践中可操作性较强的教育策略。

第四章　学校群体道德教育

　　道德是所有时代生活的主题，经久不衰，不同时代人们对道德的要求有所不同，同一个时代的不同地区或者民族、国家等的道德标准也不尽相同。道德通常被理解为人与人、人与社会、人与自然之间的关系问题，把道德界定为调节个人与社会、个人与他人的行为规范体系，也就是把个体的人作为道德行为的主体。道德规范是个体行为的规范体系，是对个人的道德要求，在实践的层面，个体才是道德调控的对象，道德活动的目的就是要把这种个体的道德规范内化为个体的素质。这种道德理论把群体排斥在行为主体之外，诚然，在一个单一体中，个人作为道德行为的主体是无可非议的，然而社会是由许多群体组成的，人类的活动很多是以群体为单位进行的，群体生活是人类最基本的生活方式，群体作为个体的集合，不是简单的个体的相加，而是有机的整合，所以，群体的道德不是某个个体成员的道德，也不是所有成员思想的简单组合，群体行为和个体行为在道德层面上是有很大差别的。群体作为道德行为的主体，其主体性已经不容忽视，以往只研究个体行为的道德状况，忽视甚至否定群体的能动作用，这种单一性的研究已经不适应这个快速发展的时代。群体的自私是不言而喻的，也是可以为人们接受的，因为群体的生存需要群体之间的竞争，这种竞争要求对其他的群体保持警惕、排斥和敌对，最大限度地挖掘自己的潜能，从而才能创造出人类丰富多彩的文化，人类才能得以进步。从这个角度看，群体之间的自私是合理的、必要的，然而，当这种合理和必要超过了一定的度，就会走向另一个极端——没有合作，只有竞争。如何把这种度控制在合理的范围内、如何使群体自觉地把握这个度、如何在今天这个群体性的社会克服群体的自私和冷漠，需要对群体和群体道德有正确的理解，并进行群体道德教育。

学校是社会的缩影,是学生走向社会的中转站,学生是未来社会生活的主人。学校教育的优劣直接关系到学生未来的发展和整个社会的进步,而道德作为人类行为的基本准则,更是学校教育的重中之重,学校道德教育关系到青少年一代的道德发展并且影响整个社会的道德素养和道德水平。我们现在所处的是一个复杂的社会,全球化的发展、网络化的普及等对青少年所产生的影响是深远的,其中有积极进步的影响,也不免有消极落后的成分,学校道德教育就是要在这纷繁复杂的社会中引领学生走向心灵和精神的完善。学校作为学生生活的一个大环境,它本身是一个群体,其内部又有年级、班级、小组等小群体,这些群体之间的道德状况如何、对学生有什么影响、如何建构更合理的群体道德,这些问题促使我开始思考群体道德这一问题,并选取学校群体作为基点,针对当前学校内部小群体之间普遍的道德状况做理性的分析,了解其内在的原因,提供一种思考,增强群体之间道德的一面,缓解群体之间已经出现的紧张和矛盾,并防止新矛盾的产生,以助于学生整体道德水平的提高,在构建和谐社会的背景下建设和谐的校园。

第一节　解读群体道德

一　群体

(一) 群体的含义

　　群体的概念虽然出现得很早,但却没有为大家所接受,对群体的理解还处于朦胧的阶段。"群体是一个中性词,是人类生存、活动与作用的一种形式,具有两面性:既是理性之'群体',也是情绪之'群体';既可以产生积极作用,也可以形成负面效应。"[1] "人类的社会本质决定了它必须把个人组织成社会,把在一定地域和范围内的个体堪称是一个具有共同需要的整体,并想方设法维护这种整体的存在。"[2] 群体正是在此基础上形成的,简单地说,群体就是指由一定数量的个人所组成的

---

[1] 黄建刚:《群体心态论》,浙江大学出版社2000年版,第88页。

[2] 郭夏娟:《个体道德与群体道德的相关性分析》,《杭州大学学报》1994年第3期。

集合体。社会学上把群体理解为"相对个体的各种社会成员的聚合";哲学上把群体定义为"由某种共同纽带联系起来的人们的集体";根据马克思主义的解释,群体是相对于个体而言的,但不是任何几个人就能构成群体。群体是指两个或两个以上的人,为了达到共同的目标,以一定的方式联系在一起进行活动的人群。可见群体有其自身的特点:成员有共同的目标;成员对群体有认同感和归属感;群体内有结构、有共同的价值观等。群体具有生产性功能和维持性功能,群体规范具有维持群体、评价以及指导、限制成员思想和行为的功能。群体的价值和力量在于其成员思想和行为上的一致性,而这种一致性取决于群体规范的特殊性和标准化的程度。在群体中,与正式规范同时存在的还有非正式规范,当非正式规范与正式规范一致时,人们往往按照非正式规范行动。群体规范对个体行为的制约表现为服从和从众。群体规范通过内化—外化的机制影响个体思想和行为的变化,是管理上通过建立和维持良好的群体规范培养师生好思想、好品德的心理依据。群体又可以有两种情况,一种是自觉意识到的,通常有相应的组织形式,如政党、社团等,这类群体属于自觉意识到的群体。还有一种是虽然没有自觉的组织形式,但由于处在相同的经济社会地位上,或者有着共同的利益要求,无形中也形成了群体,这类群体为数众多,在学校领域有优秀生群体、后进生群体等。它们的存在是学校和社会不能忽视的。

"人之所以组成群体,是因为人的生存具有社会性。"[①] 社会性的人在交往活动中具有社会性的冲动,这种冲动一方面表现为人和其他生物共有的保存自己类的生命的本能活动;另一方面表现为血缘关系上相互依恋的情感以及对困境中的同伴的同情和怜悯,这种社会性冲动决定了人必须结成群体,通过协作满足本能的冲动,并在此基础上产生精神性的社会冲动,这种冲动产生规模更大、范围更广的社会群体。

克劳斯·德纳在《享用道德——对价值的自然渴望》一书中指出:共同的行动被解释为单个动物为达到共同的目的而采取的协调一致的行动,单个个体(大部分情况下)无法实现这一目的。通过个体间的合作就会形成一种新的超个性的单位,即群体。

---

① 转引自黄毅《群体正义和私力救济》,重庆大学,硕士学位论文,2006年。

结合以上的分析，我们认为群体就是由一定人员组成的，有着一定的组织形式和活动方式，有共同目的的社会结合体，也指有着共同的文化生活背景，由于自身的相似性而无意识地构成的社会结合体。基于此，本书中所指的学校群体主要是学校中基于相似或者相同的学习活动以及有共同的学习要求等而无意识形成的群体，例如语文教师群体和数学教师群体，一年级教师群体和二年级教师群体等这些细小的群体。此外还有学生基于共同的爱好、相似的生活经历等自发形成的非正式的小群体等。

（二）群体的相关研究

1. 心理学对群体的研究

心理学界对群体的研究是从群体心理开始的，所谓群体心理是指个体集聚成群体后的心理状态，突出表现为群体中个体的明显从众心理，勒庞称之为"群体精神统一的心理学规律"（law of the mentality of Crowds）。在这个状态下，有意识的人格消失殆尽，无意识人格得势，"他不再是他自己，他变成了一个不再受自己意志支配的玩偶"[①]。群体心理是个体集聚成群体而形成的心理状态，但并不是一个简单的结果，它的形成受群体基本特征的影响。

勒庞对于群体是否有道德进行过较为详细的区分，他说，如果"道德"指的是持久地尊重一定的社会习俗，不断抑制私心的冲动，那么，显然可以说，由于群体太好冲动、太多变，它当然不可能是道德的。相反，如果我们把某些一时表现出来的品质，如舍己为人、自我牺牲、不计名利、献身精神和对平等的渴望等，也算作"道德"的内容，则群体经常会表现出很高的道德境界。勒庞的分析中所指的"人"，多数情况下应是指群体中的人，而不是孤立的个体的人。他认为，群体中个人的个性因为受到不同程度的压抑，即使在没有任何外力的强制下也会情愿让群体的精神代替自己的精神。一方面，群体中的个人会表现出明显的从众心理；另一方面，约束个人的道德和社会机制在狂热的群体中失去了效力，"孤立的个人很清楚，在孤身一人时，他不能焚烧宫殿或洗

[①] [法] 古斯塔夫·勒庞：《乌合之众——大众心理研究》，冯克利译，中央编译出版社2000年版，第22页。

劫商店，即使受到这样做的诱惑，他也很容易抵制这种诱惑。但是在成为群体的一员时，他就会意识到人数赋予他的力量，这足以让他生出杀人劫掠的念头，并且会立刻屈从于这种诱惑。出乎意料的障碍会被狂暴地摧毁"[1]。

著名的阿希试验验证了在群体的压力下，人倾向于放弃自己原来的观点从而和群体大多数成员保持一致，这就是群体的力量。德国哈贝马斯在《包容他者》一书中也曾指出平等地尊重每一个人，对作为我们中间的他者负责，那么"我们"的范畴包括哪些呢？"我们作为一个整体，这个结构原则就是要消除一切歧视和苦难，包容一切边缘群体，并且相互尊重。"[2]

这类研究对群体从心理学方面做出了解释，个体对群体的依赖性是个体对群体忠诚的主要原因，个体对群体的无私也必然导致所属群体对其他群体的自私。

2. 社会学对群体的研究

关于个体和群体，汪丁丁、罗卫东和叶航在南京理工大学的演讲中曾讲道：从个体之间的竞争关系可以推出竞争的核心概念是"替代性"，替代性意味着个体的发展，并可以导致竞争，竞争又导致专业化，专业化导致今天多彩个性化的世界。而从个体之间的合作关系又可以推导出核心概念"互补性"，互补性意味着群体的发展，可互补性导致合作，合作导致社会化，社会化导致今天的共生化世界。我们都能够理解，个体与个体在竞争中努力提高自己的能力和素质，但是这种素质的提高很多时候是需要与他人合作的，平等的合作也是一种道德，但是我们明白并能觉察到的道德规则，并非我们总会遵守的规则。"仅有编制道德'程序'的能力并不意味着我们会依照道德行事，还必须让某种事物启动这个软件并对它进行合理配置。这个事物就是群体。"[3] 出于生物的自我保护意识，群体中的个人往往会严格划分自己与外人的界

---

[1] [法] 古斯塔夫·勒庞：《乌合之众——大众心理研究》，冯克利译，中央编译出版社2000年版，第27页。

[2] [德] 尤尔根·哈贝马斯：《包容他者》，曹卫东译，上海人民出版社2002年版，第9页。

[3] 《科学解读道德成因》，《今日科苑》2008年第3期。

限，故步自封在自己的圈子内，维护着自己的领域，"甚至不惜去进行大规模的屠杀，人们在以极其认真的姿态保护自身群体道德的同时，却不自觉地陷入了道德禁区"，这便体现出人类生存的矛盾——"野蛮和高贵"。①

从社会学角度研究群体道德主要是出于利益原则，多从经济学博弈论角度论述，其视角的局限性决定了研究广度和深度的局限，不能很好地解释和引导生活中小群体之间的道德。

3. 教育学对群体的研究

个体的道德感促使群体内的个体为了群体伙伴的利益，也就是为了整个群体的利益而排斥其他群体。实用主义哲学家、教育家杜威认为，衡量伦理选择的根据是实施这个原则时产生的结果，也即"有用"。这里的有用并不是享乐主义者的"对我有用即是善"。有用，并非是对我个人有用，而是对全体人有用，所以，判断道德的标准是对公众的结果。道德在不同群体之间的不同标准，这正说明了人们对群体道德的认识不足或者不全面，因此，应该对个体道德和社会群体道德的养成形成新的认识。

学校道德教育是整个学校教育系统的基础和核心，不管是古代原始形态的教育、私塾教育还是近代的课堂教学，都把伦理道德教育视为教学的重心。孔子道德教育的核心内容主要是"仁"和"礼"，"礼"是社会关系的基本准则、规范和仪节，"仁"是这些准则、规范和仪节所包含的基本精神。孔子的"仁"主要是针对个体而言，也就是人和人之间要"仁"。但是，孔子把他的"仁"放在整个社会的关系网中，可以看出他开始关注社会这个大群体和个人、家、国之间的关系，具有了初步的群体意识。儒家把社会的冲突归因于群体文化的差异，儒家思想内核中的确有针对不同群体的文化差异进行整合的内在因素。客观审视，在儒家博大精深的思想体系中，注重维齐非齐，以等级、贵贱、贫富、长幼等不平等来达到平等，从而整合不同群体的文化差异进而维护群体关系与社会和谐，和谐观念成为儒家整合不同群体文化差异的重要思想。

---

① 《科学解读道德成因》，《今日科苑》2008年第3期。

从西方到中国、从古代到现代，学者对于群体的研究涉及了社会、心理、教育等多个层面，这些论述多表达了一种悲观的情绪，认为群体交往是自私的，群体无道德，并且提出了各自的论据来支撑群体无道德的命题。这些论述都消极地认为群体道德低于个体道德，忽视了教育对人的道德养成所起的作用。

二 道德及道德含义的窄化

一般人们所说的有无道德、道德与否，其主语都是个体，也就是说道德被认为是个体的道德，是调节个体与个体，以及个体与社会、自然等之间关系的规范准则。本书认为，这种把道德解释或者默认为个体道德的现象造成了道德概念的窄化，概念的窄化一定程度上影响道德的进步，并且影响整个社会的道德发展水平。我们从国内外关于道德含义的演进来说明道德窄化为个体道德的进程。

（一）中国关于道德的含义及其演进

在中国古文献里，"道"和"德"是两个不同的概念。道，本义指四通八达的道路，后来先秦引申为最高或最基本的道理、原则、规范、规律、学说等，多指德行、品行之意，孔子"朝闻道，夕死可矣"中的"道"指最根本的治国原则，老子"道生一，一生二，二生三，三生万物"中的"道"指宇宙本体及其发展规律。德，本义和获得相通，又指内心信念、情感，即主体方面的德操、品德、德行，人们认识并遵循着"道"，内得于己，外施于人，就称为"德"。"道""德"二字连用始于春秋战国，如《易传》《管子》《庄子》《荀子》等书。《荀子·劝学》曰："故学至乎礼而止矣，夫是谓道德之极。"至此"道德"主要指调整人们相互关系的行为准则和规范，有时也指个人的思想品质、修养境界、善恶评价，有时亦指风尚习俗、道德教育活动等。但是这时的"道"和"德"还是两个词，在《强国》中两个词才合二为一，成为一词。到汉代以后"道德"逐渐成为名词。从古代这些关于道德的解释可以看出，道德从一开始就被认为是关乎个体的规范，是规范个体行为的，调节的是个体与个体、个体与社会等之间的关系。

随后有关道德的论述基本上沿袭了古代道德的含义，把道德和个体伦理相联系，直到现在学界对于"道德"概念的解释依旧停留在个体道德的层面上。事实上，道德是一个开放的系统，经历五千年的文化洗礼，随着社会和时代的发展，道德可以而且应该融入不同的元素，现代社会是一个群体性的社会，群体在人们生活中的重要性日趋明显，相应的，群体之间的行为也应该有一定的规范加以引导，但是目前群体之间的规范还没有引起重视，这就造成了道德含义的窄化。

（二）西方关于道德概念的诠释及其演进

在西方文化中，道德一词源于拉丁文 moralis，复数形式为 mores，指风俗习惯、性格等内容。罗马人征服了希腊，古罗马思想家西塞罗根据希腊人的道德生活经验，从 mores 中创造了 moralis，这个词用来指国家生活中的道德风俗和人们的道德个性，后来引申为规则、品质、德行和善恶评价等意义。"道德"的社会风俗特征最初是和自然、个人品性特征交织在一起的，这与中国古代的道与德的含义十分相似，在古希腊的文化中，伦理道德源于生活本身，道德是与个体的生活和生命密切相关的，道德来源于现实生活，是生活的需要。后来道德也用来指气质、性格等，这时的道德就与人的日常生活和社会活动联系起来，在一种相对较低层次的意义上把"个人"和"社会"融合起来。道德是伦理学的研究对象，在马克思主义伦理学体系里，道德这个概念反映着人类社会生活的一种特殊的社会关系。在一定经济基础的决定和制约中，只要发生个人利益和社会整体（包括他人）利益的关系，只要人们意识到这种关系并需要维护和调整这种关系，就出现了道德现象。它使人们的行为得到规范和适当约束，保障社会生活的正常秩序，所以，道德是调整人们相互关系的行为规范的总和。

西方关于"道德"含义的演进似乎表现出关注社会的一面，然而这个社会是作为人们道德行为客体的社会，主体还是个体的人，西方的道德概念还是个体道德。

（三）道德内涵的走向

从以上关于道德的概念可以看出，我们一般理解的道德多是涉及个人与个人之间、个人与群体或者个人与社会之间的关系问题，是调节个体与个体、个体与社会、个体与自然等关系的行为准则和规范的总和，是指一定社会成员为实现自我发展、自我完善的目标，并适应一定社会的客观要求而形成的道德意识、道德品质、修养境界、价值观念和指导自身行为选择的内心准则以及个体道德行为实践的总和。按照这样的界定，我们一般讨论的道德都属于个体道德的范畴，只不过由于没有意识到群体和个体的区别，没有意识到群体也是作为道德行为的主体而存在的，所以也就没有意识到区分个体道德和群体道德。然而随着时代的发展和道德理论研究的深化，群体作为道德行为主体的作用开始为人们所重视。群体作为放大的个体，本身和个体一样具有自私性和利他性，所不同的是，群体的自私和利他同个体的自私和利他相比，其影响是不同的。前者明显具有深刻性，因为群体道德设计的是超越个体的群体与群体之间的道德交往关系，其影响也必然超越于个体对社会的影响之上。

群体是人类存在的主要方式，其对社会的影响必然以群体的方式显现。道德是人类永恒的话题，道德体系是开放的并且是不断发展的，随着时代的发展和人们对道德需求的不断提高，道德需要注入新的内容来丰富和发展自己的理论和实践，道德的内涵也应该从个体道德逐步走向包含群体道德。个体道德和群体道德的健康发展是人类社会和平、健康、有序发展的道德保障。

三 群体道德

群体道德是相对于个体道德来划分的，根据《马克思主义哲学全书》的解释，群体道德是指："调整每一群体与社会之间关系的行为准则和规范的总和，它是群体道德实践的产物。它具有对外的群体特殊性，对内的一定整体性和共同性，是每个群体社会地位、所处环境和知识水准在道德方面的反映。"[①] 由于这些条件的不同，导致了人们的道德水平也不一样。"群体"范围不同，群体道德所包含的道德范畴也不尽相同，按照主体层次的不同，群体道德可分为家庭道德、团体道德、政党道德、阶级道德、民族道德等。其实群体的种类多种多样，不是用几个短语就能够概括的，群体的规模也有大有小，较大的群体有基于文化传统的差异形成的群体，有基于种族的不同形成的群体等；较小的群体有家庭群体、社区群体、学校群体等。这些不同类型、不同规模的群体出现的道德问题也是不同的，下面从国内外对群体道德的研究开始逐

---

① 李淮春：《马克思主义哲学全书》，中国人民大学出版社1996年版，第505页。

层分析群体道德在现代的重要意义和作用。

（一）国外对群体道德的研究

现代直接研究群体道德的第一人甚至可以说是唯一的人，当属莱茵霍尔德·尼布尔（Reinhold Niebuhr，1892—1971），他是美国20世纪最杰出的基督教神学家，在1932年出版的《道德的人和不道德的社会》一书中，尼布尔对个体道德和群体道德做了严格的区分和对比，他认为"群体道德低于个人道德"，理由是：首先，群体的道德意识是由组成群体的各成员关于群体应采取何种行为的不同见解组成的，群体内的个人必须考虑群体其他成员的利益，因此，个人的自我超越能力在群体中受到很大的限制；其次，个人进入群体后，道德责任转嫁给了整个群体或者分散给了群体的每一个成员，因而削弱了个体的道德责任感；最后，维持群体自身的生存本能，驱使群体以自身利益为绝对价值，而不顾甚至损害其他群体的利益。尼布尔认为，如果不能正确认识二者间的巨大差别，用高尚的个体道德去规范群体行为，或者反过来，个体仅用一般的群体道德去要求自己，可能会对两方面都构成损害：造成个人道德的平庸化和沦丧，也无助于社会问题的解决。而且，他显然是认为个体道德实际上是高于群体道德的。作为个体的人之所以是道德的人，"是因为在涉及行为的关键问题上他们能考虑与自己的利益不同的利益，有时候甚至能够把他人的利益放到自己的利益之上，但是，这种自我牺牲的精神对人类社会和社会群体来说却是很难的，甚至是不可能的。在每一种人类群体中，群体缺乏理性去引导与抑制他们的冲动，缺乏自我超越的能力，不能理解其他群体的需要，比个人更难克服自我中心主义"[1]。他由此得出结论：群体道德低于个体道德。

尼布尔认为，"群体越有力，就越能够反抗人类心灵所设定的任何社会限制，也就是越不服从内在的道德约束。群体越大，越难达到共同的想法与共同的目的，也就越不可避免地要靠瞬间的冲动与直接的不假思索的目的来维持其统一"[2]。道德的问题从个体与个体之间的关系转向群体与群体之间的关系，利己主义冲动对社会冲动所占的优势也就越

---

[1] 何怀宏：《比天空更广阔的》，上海三联书店2003年版，第309页。

[2] [美]莱茵霍尔德·尼布尔：《道德的人和不道德的社会》，黄世瑞等译，贵州人民出版社1998年版，第48页。

大，所以，冲突才成为群体团结的不可缺少的先决条件。每一个群体，就像每一个人一样，都具有一种"根植于生存本能而又超出生存本能的向外扩张的愿望"①。人的欲望是人性的组成部分，构成了人类行为最内在的和最基本的根据与必要条件，是人类所有冲动和行动的根源，也是许多理性和非理性的思想和行为的基础，是人类改造世界的根本动力。有了合理的欲望的参与，人类才得以进化、社会才得以发展、历史才能进步。通过欲望或多或少的满足，人作为主体把握着客体与环境的统一。作为影响社会发展进程的主要力量之一的教育，对欲望起着调节和控制作用，因为过度的欲望会产生毁灭性的力量，给人类带来不可估量的灾难，需要教育来加以平衡。尼布尔不但区分了个体道德和群体道德，而且认为教育"无疑能够解决许多社会问题，能够增进人正视其同类的需要并与其同类和睦平等相处的能力"②。

不可否认，尼布尔的观点有些极端，但考虑到他所处的"二战"的环境，在当时的时代背景下能够清楚地认识到群体作为道德的主体所具有的重要的道德影响作用也是很难得的。本章选取的群体只限定在学校这个范围，以免对群体的论述以偏概全。

普遍的观点认为群体之间是没有道德可言的，一个群体的成就必然要以另一群体的失败为基础，好似两者没有可以调和的余地。然而，从《马克思主义哲学全书》对群体道德的解释中可以看出，马克思主义思想体系对于群体道德的认识是积极的，认为群体道德是个体道德融合与凝聚的结晶，它比个体道德更普遍、更集中，因而也更高于个体道德。个体道德水平和群体道德水平一起标志着社会整体的道德水平，他们的进步也推动着社会道德的进步。

（二）国内关于群体道德的研究

1. 中国古代关于群体道德的论述

儒家传统对于群体道德和个体道德也有着深刻的见解，我国传统道德思想认为王道高于霸道，孟子说过："保民而王，莫之能御也。"③ 儒

---

① [美] 莱茵霍尔德·尼布尔：《道德的人和不道德的社会》，黄世瑞等译，贵州人民出版社1998年版，第14页。
② 同上书，第20页。
③ 《孟子》。

家专谈王道，不讲霸道，因为王道能定与"一"，而霸道则不能。王道的根本，用孟子的话说就是"老吾老以及人之老，幼吾幼以及人之幼。天下可运于掌"①。从这句话中似乎可以看出，王道是凭借君王个人高尚的道德力量来实行和维系的。"推恩足以保四海，不推恩无以保妻子。"② 行王道的方法也很简单，就是"己所不欲，勿施于人"③，主体就是要说服君王实行王道，其根本的理由是仁者无敌，必王天下；霸者构兵，终不能保自身。王道是由我出发，最终到达无我境界，把小我扩展到大我；霸道则是由我出发加兵于他人，最后会把我的身家性命也丢掉。就此而言，以个人道德的根本原则行事要比以群体道德的根本原则行事好得多，也就是说个人道德高于群体道德。中国的传统和经验告诉人们，只有"马上"才能得天下，但是，要保天下就不能"马上"了，必须通过施行仁政，由贤明的君王来治理。"马上得天下"靠的是力，长治久安则需要力的平衡，爱是个人道德的最高原则，力的平衡则是群体道德的最高原则，要维持力的平衡还需要靠一个又一个的人，这是个人道德和群体道德的根本不同，这一不同决定了个人道德高于群体道德。

墨子的"兼爱"思想对本章也有所启发，他认为天下之害的根源在于人与人之间不相爱，如果能"兼相爱，交相利"，天下就不会有那么多的战事了。墨子在这里所提的人与人是指统治者和劳动人民，也就是统治集团和劳动者集团之间的关系问题，这在当时只能是一种空想，但是在现代社会，国家的强盛和繁荣，不仅仅依靠经济的发展，还要靠国民的凝聚力，这种凝聚力来自于领导阶层对老百姓的关爱和老百姓对领导阶层的支持。

2. 中国现代关于群体道德的研究

国内关于群体道德的研究也是有限的，高德胜的《超越群体的自私——全球化背景下道德教育的新课题》一文，把群体放在当代全球化的背景下加以研究，分析了群体自私的本性，并就全球化对群体自私的放大做了详细的论述，最后提出了全球化背景下进行道德教育的新课

---

① 《孟子》。
② 同上。
③ 《论语·卫灵公》。

题——群体道德教育。这种观点是比较乐观的，虽然认为群体是自私的，但是群体的自私可以通过一定的教育加以改善。这篇文章中论述的群体主要是国际超大群体，虽然在对群体进行分类的时候曾经提出过小群体，如家庭、学校、班级等，但是没有对小群体之间的道德状况做出论述。其实小群体之间，比如班级之间、学校之间、城市之间，以及农村与城市之间，这些群体之间的行为规范同样需要一个统一的准则来指导。

如果说高德胜是从社会学角度论述群体道德的话，那么，毛亮则从经济学的角度、以量化的形式对群体道德做了定量的研究，他的整个论述主要是关于社会均衡的道德人的比例，也就是处于稳定状态的道德群体的比例，并提出道德的临界均衡状态，这种状态实际上就是本章要阐述的、可以对其实施群体道德教育的那些群体所处的一种边缘状态。

陆晓禾在《群体道德规范探析》一文中，从群体的现实出发，把群体归纳为职业群体和利益群体，认为群体不道德的原因是行业垄断，很明显他是从职业群体层面论述群体道德问题，其关于群体道德规范的认识相应地也从经济利益方面总结了群体道德应注意的几个问题，包括中国的国情、利益群体的局限性、利益群体的贡献以及政府和个人在群体道德问题中的作用等。陆晓禾对于群体道德的认识也趋向于认为群体道德与否是可以通过一定的教育手段加以改变的。

刘合行认为，"任何社会群体都是由个人构成的，没有个人也就没有群体，群体行为不可避免地与个人行为有密切的关系，社会群体也同样可能有无私的利他行为"[1]。事实上，生活中我们经常看到群体之间相互无私的帮助。

个体之间存在道德，但不能因此断定群体之间就是自私的、不道德的。不可否认，群体之间道德与否一直没有确定的说法，通常我们会认为，为了集体的利益可以牺牲自己的利益就是道德的，但这只是在群体内部、在内部的个体之间或者个体与群体之间，才会出现这种道德现象，而关系到两个团体或者群体利益的时候，人们往往为了集体的利益不惜损害

---

[1] 刘合行：《道德进步的两难处境——〈尼布尔 道德的人和不道德的社会〉评析》，《商丘师范学院学报》2005年第6期。

其他团体或者群体的利益,他们把这种伤害叫作忠心或者忠诚,为了自己所属群体的利益就可以不惜一切代价。其实,我们仔细分析不难看出,这种忠诚其实就是另外一种形式的自私,在这种形式里,群体利益和个体利益息息相关,维护群体的利益其实也就是维护自己的利益,是另一种形式的自私。本章试图在已有研究的基础上,进一步分析群体道德和个体道德的不同,并以学校为立足点探析群体是否有道德。

四 群体道德和个体道德之比较

群体道德与个体道德之间有着复杂的相互联系,二者相互影响,并且相互作用,在一定条件下发生相互转化。首先,群体是由个体组成的,群体道德也就是个体道德融合与凝聚的产物,它比个体道德更普遍、更集中,因而高于个体道德。其次,个体道德的内容比群体道德更丰富、更生动,它不可能完全融入群体道德之中(个体之间的平等互助在群体之间往往转化为纯粹的竞争)。最后,群体的无意识以及群体整体智力的低下,在很多时候必然使群体道德低于个体道德。群体道德与个体道德既相互矛盾又相互统一,并且相互联系和相互转化,共同构成完整的社会道德体系。个体道德与群体道德的水平标志着社会整体的道德水平,个体道德与群体道德的进步也推动着整个社会道德的进步。

(一) 道德行为的人性论基础不同

人性有善恶之分,古往今来,关于人性善与恶的争论似乎一刻也没有停止过,甚至愈演愈烈。其实善恶都只是人的观念而已,为善或者作恶是人在实际的生活环境中做出的可以用良心衡量的行为而已,善恶是否与生俱来并不重要,重要的是在后天的学习和生活中培育善的精神,鼓励善的行为,从而行善事。在个体道德中,由于人是唯一具有充分自我意识的存在物,人的理性和善赋予他一种追求生命永恒性的能力,促使他与其他生命共同达到某种和谐,因此,人不仅具有一般生物的群体生活的冲动,还有一种同情他人的特殊的冲动,这种冲动有时候甚至可能把他人的利益置于自己的利益之上,为他人牺牲自己,也就是说个体道德行为的人性论基础是善,个体基于善的本能,做出利他行为。

群体则不同,由于群体自身的特性,群体往往具有利己的倾向,而利己向来是被认为是善的反面。由于群体之间关系的基础是群体利益和权力，个体在处理群体问题时不可能为了其他群体而牺牲本群体的利益，即便是个体有行善的冲动和倾向，这种冲动和倾向也会在群体中受到压抑。群体的组成有一定的共同目标，群体成员基于忠实本群体的理念，当自身群体与外群体发生冲突时，成员会不自觉地为维护本群体利益而放弃公平和善的理念。从这个意义上讲，群体道德行为的人性基础是人性中自私的一面，是不道德的一面。

（二）道德的行为主体不同

群体道德顾名思义就是群体与群体之间的道德问题，道德行为的主体是群体（关于群体能不能作为主体也有很多争论，本书所持的观点是群体可以作为主体存在），小到两个家庭，大到两个民族、种族等。个体道德的行为主体是作为个体的人，是作为主体的人与人之间、人与社会或者群体之间的关系问题。群体道德行为对社会道德生活有重要的导向作用，而且它与个体道德行为相互影响、相互制约，群体道德行为离不开个体道德行为的作用，个体道德行为也不能脱离群体道德行为的影响。但是两者的地位不同，群体道德行为在道德行为体系中居于主导地位，群体道德行为对个体行为具有重要的导向作用，这种导向作用是通过群体组织内的个体和群体以外的个体的作用表现出来的。

（三）道德行为的影响不同

我们通常在一个群体内部讨论个体道德，探讨个体与个体、个体与群体、个体与社会和自然的关系问题，因此，这种道德行为的影响一般只限于某个群体或者集团内部。而群体道德由于关涉到不同群体之间的相互关系，所以，群体之间行为的影响就不只在某一个群体内部，而是在群体之间。小到班级、小组群体，大到民族、国家群体，根据其范围的不同，影响也有所不同。"群体活动要解决的问题要比个体活动广泛负责得多。它不仅涉及个体与个体的联系，而且要处理好个体与群体、此一群体与彼一群体的关系"[①]，问题的复杂性决定其影响的广泛性。在学校环境中，学生个体之间的行为产生的道德问题，其影响局限在两个或者多个个体之间，不会涉及更大范围的道德问题。但是如果这种行

---

① 张洪萍：《浅析大学生个体、群体道德活动的互动作用》，《四川教育学院学报》2001年第3期。

为发生在两个群体之间的话，就不只对学生个体产生影响，更是对两个群体中的所有学生都产生一定的影响，而且对群体以及与群体有关的其他人或群体都产生不同程度的积极或消极的影响。

群体之间道德的行为使群体中的个体更具有道德感，能对其他群体产生道德的移情，在更大的范围内实施道德行为。群体之间的不道德行为也会有移情的作用，只顾本群体的利益而无视甚至践踏其他群体的利益，这种不道德行为的养成，对以后学生进入社会从事社会活动，以及与他人的交往等都会产生不良的影响，所以说群体道德对社会的影响远大于个体道德对社会的影响。因此，我们应该深刻认识群体道德的重要性，教育学生从校园开始认识群体的作用，从自我做起，从身边事做起，养成良好的学校群体道德。

通过对群体道德和个体道德的比较分析，以及前人对群体道德的研究可以看出，群体道德之所以不同于个体道德，其深层的原因在于对群体道德的定位问题，也就是说群体有没有道德在很多人看来是有争议的。诚然，在两个不同文化、不同宗教信仰的国家或者民族团体之间，让他们相互谦让、相互为对方着想似乎是不可能的。在本章中，对群体道德的定位排除政治、权力因素，以同一文化背景下的、无政治分歧和权力之争的较小群体为研究对象。因为群体的范围是广泛的，根据不同的标准可以划分出不同的群体，但是这些群体之间的关系可以概括地分为有政治权力之争的群体关系和无政治权力之争的群体关系。对于没有政治权力之争的群体来说，调节它们的交往关系是必要的而且是可能的，群体之间的交往是可以有道德的。

第二节 学校中的群体道德

一 学校群体道德的表现

（一）学校群体的协作

协作又称合作，是个人或群体为谋求共同的目的彼此配合的社会行为，是人类生存和发展的必要方式。人类社会的形成、文明的出现等都是人类合作的结果。学校作为社会的一个子群体，生活于其中的教师、学生之间又形成了各种各样的小群体。教育的发展离不开教师的辛勤劳动，也离不开学生的刻苦努力学习，更离不开各种小群体之间的协作。任何群体都要围绕一定目标而展开活动，同其他群体和个体发生关系。学校内部群体纷繁复杂，这里选取有代表性的主要群体简要分析它们之间的协作关系：

场景一，教师群体的协作。现象描述：（新学期开始了，原初中一年级各任课教师自发地和二年级的老师聚在一起。）

张老师（一年级）：我们一年级的老师今天把大家找来，是想讨论一下我们刚送上去的学生们。

蔡老师（一年级）：嗯，因为我们教的是一年级，学生们接触到的是全新的教材，他们在学习的态度、方法以及学习的效果等方面有很大的差别。

王老师（二年级）：对，对，多听听你们对这些学生的认识，对我们以后的教书育人有很大的帮助。

张老师：那我先就学生的整体情况做一个介绍，然后由各任课教师针对所教学科，对学生的学习情况做详细的介绍。

教师的职责和任务是教书育人，专业的分化使得单个的教师只能对学生讲授某一学科的知识，而社会需要的又是复合型的人才，因此，学校中教师群体就有了合作。不同分科的教师群体之间相互沟通、相互交流，及时了解学生整体的知识水平，才不至于在教学中无的放矢。不同年级的教师也组成一个小的群体，低一年级的教师在送走一届学生之后，有必要与学生将要进入的高一年级的教师进行沟通，介绍其学生的学习和生活状况，以便高一年级教师对学生有所了解，在新学期开始之后才能更好地和学生相处，针对学生整体的特点、学生个体的性格差异以及学生的接收能力等进行有效的教学活动。这里所说的教师之间的沟通不单单是某个教师和其他教师的沟通，而是整个教师群体之间在一个大的范围里的交流，只有在更广泛层面上的交流才能更准确地把握学生的学习、生活和心理状况。教师群体之间信息的沟通不仅可以减少其他教师的劳动负担，更可以促使教师之间关系融洽。个体之所以形成群体的原因之一是其有着共同的目标，教师群体的共同目标就是要成功地完成教育教学任务，把学生培养成社会需要的人才，使其养成良好的道德品质，而教师群体的协作是完成这一共同任务的必然选择。

实际教育生活中，教师和学生很少意识到自己所处的群体和学校其他群体之间的关系，尽管其中有合作，但这种合作是无意识的，是共同目标和利益的驱使。群体道德要求群体在追求一定目标的过程中承担各种道德义务，群体既然可以成为道德行为的主体，必然应该承担道德义务，作为群体成员的教师要意识到群体之间如同个体之间一样，需要有良好的道德环境，需要为了共同的教育目标精诚合作。

场景二，学生小群体的协作。现象描述：Z 市组织中小学生科技创新成果展，各学校的兴趣小组在各自内部合作的同时，利用周末时间同其他学校成员交流意见、沟通思想。

学生群体本身是社会的集合体，具有超越学生个体的共同的意志和追求，群体活动所要解决的问题要比个体活动广泛得多，不仅涉及学生个体与个体的联系，而且还要兼顾一个群体与另一群体的关系。学生是学习活动的主体，单个的学生个体可以完成一般的学习任务，却难以完成那些复杂的、需要大家相互协作的学习任务，学生小群体正是基于此而有意或无意成立的。小组是常见的也是主要的学生群体之一，小组成员之间为完成共同的学习任务齐心协力，但是很多时候仅仅小组成员间的合作并不能保证学习任务的完成，还必须同其他小组通力合作，更多人的思想交汇才能产生出更好的学习效果。尽管这种合作多是出于自身利益的需要，但却有一定的道德基础。道德不能是纯粹的毫不利己、专门利人，《镜花缘》里的君子国使我们认识到道德是有条件的，如果人人都崇高得只考虑他人利益，放弃自己应有的权利，其结果只能是制造混乱，给"小人"以可乘之机。所以，只有在维护自己正当权益基础上的道德才是合理的道德。小组合作的目的就是要维护本小组的利益——增进知识，提高技能，完成学习任务，在合作的过程中，小组之间是道德的，公平、合理，互不隐瞒学习的技巧、方法等，在合作中交流学习经验，总结学习的成败，既有助于群体自身任务的完成，也有利于对方群体的进步，这种小群体的交往是道德的，是需要继续保持并发扬的。

学生中还有一个不可忽视的群体——基于年龄、兴趣、爱好、观念等自发组成的非正式的小群体，这类群体中的学生在学习上可能没有共同点，但是他们"有相同的心理需要、明显的情感色彩、灵敏的信息传递渠道及其自然形成的权威人物"[①]，这使得他们很容易聚在一起，形成独特的群体，比如音乐爱好小群体、游戏小群体等，此类群体对学生往往具有巨大的吸引力，其影响甚至会超过学校的正式教育的影响，因此，不可忽视学校非正式群体的存在以及它们之间的交往。

>现象描述：学校组织的一次艺术节，并且要评选最优秀节目和最优秀演员。学校各个自发形成的文艺小群体在这次艺术节文艺演出中积极配合，互相针对对方的演出节目提意见，保证了艺术节的顺利进行，更增加了各艺术小群体之间的交流和学习。

在这种小群体中，个体的学生很容易获得满足感和归属感，增强自信。这类小群体通常很讲"义气"，正是这种义气才使非正式的小群体具有特殊的凝聚力（其成员可以为了本群体的利益而放弃自己的利益，甚至在与其他群体交往中为了维护本群体的利益不惜牺牲其他群体的正当利益，这种现象是存在的。在这里，由于主要谈及群体交往中道德的一面，故暂且把损害其他群体利益的现象搁置，留到后面部分再做分析）。这种凝聚力来自于个体成员的道德心，凡事从大局出发，不仅要为自己所属群体的利益着想，更要为了更大范围的、整个学校甚至整个生活圈的利益努力。

>场景三，教师群体与学生群体的合作。现象描述：一次优质课评讲活动，教师集体备课后，请学生们针对讲课内容、形式、教学

[①] 全国十二所重点师范大学联合编写《教育学基础》，教育科学出版社2002年版，第208页。

媒体的使用以及教师的语态等情况提出建议。这次优质课评讲结束后，教师和学生认真总结讲课的成败，以完善教学，使教学内容和形式等更能切合学生的实际，增强教学效果，更有效地促进学生的进步。

教学效果的成败不仅仅取决于教师或者学生，更取决于教师和学生的配合情况，若只有教师苦口婆心的讲授，没有学生积极主动的配合，教学是不可能取得好效果的，学生也不会有什么进步和发展，所以，学校的教学活动，包括其他诸如课外劳动等，要想取得成效，必须有学生和教师两大群体之间的合作。成功的合作应该具备以下条件：首先是目标一致，这是合作的前提。其次是行动配合，关键是要相互信任。最后是共享成果。具备了这些条件，合作才有成功的可能性。教师和学生各自属于不同的群体，尤其是地位的不同，更使他们无形中成为对立的两个群体，但是他们有着共同的目标——学生的发展。教师的任务是在学生成长的过程中给予不断的引导和帮助，并且教给学生生存、生活和成长的技能，学生的任务是汲取人类文明的精华，不断提升自身的素养，提高应对生活的能力，因此，可以说教师群体和学生群体在目标方面无可辩驳地存在一致性。两个群体虽然有统一的目标，但活动成功的关键还要看成员之间的配合，需要成员之间的相互信任。教师群体是受过高素质教育的群体，有着坚实的科学文化知识做基础，有着良好的师德修养；学生群体则和作为国家知识和素质代表的教师群体存在一定的差距，学生通常智力处于发展时期，道德素养还没有达到很高的境界，需要教师的培育和教导。学生群体和教师群体在一致的教育教学活动中，在教师群体的关心和教育中，对教师产生信任，乐于同教师配合，共同完成教学任务。

（二）学校群体的良性竞争

现象描述：某初级中学举行书画比赛，每班两名学生参加，参赛者代表班级。比赛准备阶段，各班的参赛者不是闭门自封，而是同其他班级相互交流，对作品互相评价，以发现各自的不足和长处，比赛的结果是初中一年级二班获得一等奖，但其他各班都以各自作品独特的创意和坚实的画功得到学校教师和同学们的肯定。

竞争是指个人或群体在一定范围内为谋求他们共同需要的资源而进行比较、追赶和争胜的过程。竞争广泛存在于我们的社会生活之中，是人类生存和发展的必要方式，任何竞争都存在一个根本的法则——优胜劣汰。[①] 为了在竞争中获胜，就必须努力使自己处于优势而使对方处于劣势，要做到这一点有两种方法：一是提高和发展自己，也就是良性的或积极的竞争；二是破坏和贬低对方，即不道德的或称消极的竞争。良性的竞争应该具备以下条件：目的正确，尽管竞争中有失败的一方，但这是竞争本身的特点，竞争的双方并不直接形成排斥关系，一旦把对抗和排斥作为主要目的，竞争就会转化成冲突；手段合理，竞争过程中所使用的方式方法首先应该是合理合法的，主要目的是提高和发展自己，确定自我的价值，而不是旨在破坏、欺诈对方；遵守规则，只有遵守一定的规则，竞争才能够顺利进行；竞争适度，竞争不宜过于激烈和激进，因为这样的竞争易使人处于紧张和焦虑之中，不利于身心的健康，更不利于和谐人际关系的建立。

学校中的竞争主要是智力和体力的竞争，常见的方式是班级知识竞赛、业余爱好比赛等。知识竞赛一般是以年级为单位组织的，旨在考查学生对知识的掌握情况。学生一般都很看重成绩，看重自己的成绩在班级甚至年级中的排名。诚然，成绩是衡量学生在学校学习成果的重要标志，但却不是唯一的标志，学校教育的宗旨是在传授文化知识的同时提高学生的道德修养，所以，知识竞赛中，不但要看学生的成绩，更应该看到学生们备考时的心态和学习态度。知识是交流的，尤其是在班风融洽的群体中，学生为知识而学习，而不是为成绩而学习，共同探讨，一起学习往往能起到事半功倍的效果。业余爱好的比赛，比如之前提到的书画比赛，只要学生们能认识到，重要的是在比赛过程中锻炼自己、提高自己，不是争不争第一的问题，那么就能在比赛中诚心配合，这样的比赛已经突破了纯粹的竞争，这种竞争是合作的竞争，是进步的竞争，也是和谐的竞争。竞争和协作都是人类生

---

① 郑雪：《社会心理学》，暨南大学出版社2004年版，第214页。

存和发展的必要方式，也是学校教育得以进步和完善的必由之路，所以，两者都不可偏废，鼓励群体之间的合作和良性的竞争尤为重要。人类的智慧是需要碰撞的，群体合作就是让群体智慧在碰撞中得到更大的提高，让学生的潜能得以最大限度地发挥。此外，群体合作使群体在获得智慧的同时，增强自身的道德感，在合作中学会关心自己以外的群体，学会体谅不同的群体。

二　学校群体不道德的表现

学校群体之间的交往关系除了道德的一面之外，还有不和谐的甚至是不道德的一面，以下着重分析群体之间不道德的行为表现。由于道德是多层面的，因此不道德也是多角度、多层面的，这里主要把学校群体的不道德行为概括为两大部分。

（一）学校群体之间的冷漠

现象描述：（学校足球比赛场上，第一中学的五班分队和第二中学的五班分队在奋力拼搏，突然，第一中学队8号球员即五班的李同学跌倒，伤势比较严重。）

一中带队老师：快，赶快打120……

一中学生甲：大家小心点，别碰他，这时候弄不好的话会让他伤势更严重的。

……

二中带队老师：8号受伤了，咱们要不要去看看他？

二中学生甲：算了吧，又不是咱们学校的，他可是咱们的劲敌呢。

二中学生乙：就是，干嘛去看他呀，你没看上半场比赛因为他咱们失了3个球呢。

二中学生丙：我觉得他这一摔摔得好，咱们学校肯定能入围。

……

这种情况如果发生在个体之间，其结果很可能不是如此，同伴受伤或者出现其他困境都可能使个体丢下手边的工作，给同伴以及时有效的帮助。而当这种情况出现在不同的群体之间时，尤其是有着利益冲突的两个群体之间时，情况就不同了，个体的道德感在无意识之中被消解，只盯着本群体的利益，对方的任何失误和突发事件都被看作是自己群体获胜的筹码。究其根本，群体无意识是群体之间冷漠、互不关心的主要心理原因。群体的形成是协作的结果，但是这里的协作是一个群体内部的协作，也只有内部的协作才会促使群体的形成，也正是群体内部的协作导致了群体之间利益的冲突，导致了群体之间的冷漠。冷漠其实是自私的表现，是自私心理在人观念和行为上的反映，当某件事与自己的利益密切相关时，才会对其他人表现出关注，一旦事情与自己无关，人就容易形成"事不关己，高高挂起"的心理，漠视他人的困境。人的社会责任感的丧失是这种冷漠的最主要体现，社会责任心是法律道德对人的基本要求，是平衡利益和形成秩序的客观需要，也是个体具有社会良知的表现。个体之间的冷漠可能仅仅是两个或者多个个体之间，利益相关度不大，一方的处境对另一方不构成影响，这种个体之间表现出的冷漠可以通过换位思考、道德移情等教育方法使之改善。群体之间的冷漠不同于个体之间的冷漠，由于群体和个体的差异，以及群体本身对个体具有凝聚力等特点，群体中的个体不可能完全站在对方群体的立场考虑问题，他必须综合考虑整个群体的利益以及群体成员的个体利益才能决定群体的行为。群体成员固有的依赖心理，使他们面对其他困境中的群体时不自觉地把自己的责任转嫁给整个群体，消解了自己的责任，就会对出现的问题或者事故漠不关心。社会心理学曾经详细地论述了群体无意识的形成机制以及群体意识的消解，可以很好地解释学校群体之间的冷漠表现。心理学在人的成长中的重要性是有目共睹的，但心理学的成果却又难以在实践中有效地实施，正如心理学中关于群体心理的描述，没有能够在社会生活中引起人们足够的重视，一旦冷漠出现，人们往往把责任归于个人，认为是个人的道德出现了问题。事实上，群体表现出来的冷漠不仅仅是个体的责任，更多的是作为整体的群体的责任，群体消解个体的责任感使得群体成员漠视其他人或群体的遭遇，在目睹他人或者其他群体遇到困难的时候，个体往往把自己的责任转嫁给群体，认为群体有责任伸出援手，而作为个体的自己没有必要进行道德援助。

(二) 学校群体之间的不良竞争

现象描述：优秀班集体评比，二年级四班的教师和学生为了要在评比中取得名次，故意破坏其他班级的卫生，在别人的卫生区故意乱丢纸屑等垃圾，并散布有关竞争对手的不利的谣言，毫无根据地散布某某班级内部不团结，某某班某某学生统考时作弊，并说有老师帮助作弊等。

"意识到肯定不会受到惩罚——而且人数越多，这一点就越是肯定——以及因为人多势众而一时产生的力量感，会使群体表现出一些孤立的个人不可能有的情绪和行动。"[1] 为了保证本群体在竞争中的优势地位，不断提高自身的素养和竞争力是必要的，而且是可取的，然而，一旦竞争中出现非常手段，利用不道德甚至违法的手段达到取胜的目的，就会破坏竞争的良性机制、破坏公平正义，影响群体的和谐进而影响整个社会的和谐。群体成员以群体利益为自己利益之所系，是无可厚非而且是正常的，但是一旦这种忠心走向了极端，把群体利益视为绝对利益，视其他群体的正当利益为草芥，在竞争中为了所谓的"最高利益"不惜采用非常手段诋毁甚至攻击其他竞争参与者，就会导致群体之间的关系紧张，这样的群体之间的交往是不道德的。但是，通常情况下大多数成员意识不到这种不道德性，甚至还会觉得自己为群体荣誉出力了，是忠诚于群体的，是功臣，应该受到表扬。殊不知，这种忠诚是建立在对他者利益和权利的践踏之上的，维护本群体利益而无视其他群体的合法、合理权益，是个体自私的放大，从另一个角度说就是群体的自私。之所以产生这种现象，用勒庞的话来讲就是"群体是个无名氏，因此也不必承担责任。这样一来，总是约束着个人的责任感便彻底消失了"[2]。个体道德感在群体荣誉面前的消解，造成群体成员忽视甚至无视个体道德和群体道德的下降，产生群体的自私，尼布尔在《道德的人和不道德的社会》一书中，对群体的自私有着详细的剖析，尽管尼布尔

---

[1] ［法］古斯塔夫·勒庞：《乌合之众——大众心理研究》，冯克利译，中央编译出版社2000年版，第36页。

[2] 同上书，第20页。

选取的群体范围是国际大群体和种族、民族等群体，但也可以用来解释小群体之间的自私。在学校环境中出现的不良竞争虽然为数不多，却也不可忽视，学校是学生成长的重要场所，学校的文化环境和道德氛围等都对学生的发展产生深远的影响，在学校里启发学生关注群体交往行为，关注群体道德，将会对学生的道德发展有着重要的促进作用，进而影响学生周围的群体，甚至放大到影响整个社会的道德发展，对群体道德这个新领域是一种奠基作用。

三 学校群体不道德现象之归因分析

（一）群体作为道德行为主体的不确定性

学校群体不道德现象的出现很大程度是由于对群体的认识不足，不能从本质上认识小群体和大群体之间的关系，更主要的是没有认识到群体也可以作为行为主体，并具有道德性。群体到底能否作为行为主体参与实际活动一直以来都是个两难问题，目前很多学者已经倾向于认为群体是可以作为行为主体的。在此，有必要分析群体作为行为主体的可能性和必然性，以便加深对群体的认识、明确群体作为道德行为主体的确定性。

1. 群体作为道德行为主体可能性的不确定

道德行为主体的确立需要符合几个条件，也就是说不管是群体还是个体，其要成为道德行为的主体，必须满足行为主体的一些特征或者说是能力要求。这几个条件分别是：自我意识、能动性、创造性。群体作为道德行为主体之所以被忽视，很大程度上是因为对群体地位的不确定。以下来分析群体是否符合道德行为主体所需的条件。

第一，群体具有自我意识。作为行为主体的重要标志就是要有意识，决定群体是否可以成为行为主体必然要从意识层面进行分析。由于任何社会群体的自觉行动都必须在社会群体的自我意识支配下进行，承认有自觉的社会群体活动，就必须承认社会群体有自我意识。通常我们认为自我意识是要有其物质承担者的，这个物质承担者就是人的大脑，然而很显然，群体是不可能有"群体脑袋"的，但是群体的自我意识总会找到它的物质承担者，群体自我意识的物质承担者是其代表人物的大脑，他的意识是对群体根本利益的反映。因此，可以说群体可以作为独立的行为主体从事道德活动。

第二，群体具有能动性。确定能否成为行为主体的另外一个重要的因素为是否具有能动性。能动性是人类改造世界和认识世界的能力，通俗地讲就是"想"和"做"的能力。群体既然具有自我意识的能力，就有自己的想法，有自己的认识，对交往活动的对象能够做出自己的认识和判断，也就是说群体具有认识的能力。关于"做"的层面，群体是由个体组成的，群体成员的活动构成群体的活动，群体能通过群体主要人物的表率和领导作用集中群体成员的智慧，作为一个主体参与到活动中，具有群体的能动性。

第三，群体具有创造性。群体能否成为行为的主体，除了要具有自我意识和能动性外，还必须有创造性，创造性是人们应用新颖的方式解决问题，并能产生新的、有社会价值的产品的过程，它以探究和求新为主要特征，具有预见性和参与性，是主体性的灵魂。群体由个体组成，个体智慧的融合构成群体智慧，智慧是一切创造的源泉，群体集中了个体成员的智慧，拥有高于单个群体成员的智慧，智慧是创造性的前提和基础，也是群体成为主体的必要条件之一。德国的埃利亚斯·卡内提在《群众与权力》一书中，把群体的象征归于九种事物，其中之一是海洋，理由是：海洋具有创造力。海洋"以其压力和惊涛骇浪使人想起了同他一样具有这些品质的唯一创造物，群体"[①]。黄建刚对此的理解是"海洋不断地产生出前浪，又不断地涌动出后浪。于是后浪和前浪之间在岸边就形成了连续的浪的冲突，……其中蕴含着一种巨大是自强不息的"[②]。群体具有和海洋一样的创造力。综上所述，群体具备成为行为主体的基本条件，可以作为道德行为的主体参与社会活动。

2. 群体作为道德行为主体必然性的不确定

个体在社会生活中的主角地位随着社会的发展已经退居到群体之后，群体生活逐渐成为最基本的社会生活方式，人与人之间的交往通常是以各自不同的群体作为自己的背景支撑，并且作为群体的成员参与交往活动。在封闭的社会，受地域的限制，人与人的交往局限于有限的范

---

① ［德］埃利亚斯·卡内提：《群众与权力》，冯文光译，中央编译出版社 2003 年版，第 52 页。

② 黄建刚：《群体心态论》，浙江大学出版社 2004 年版，第 99 页。

围内，活动参与者是熟人社会中的成员，有着相同的文化背景、相同的利益需求，因此，他们生活在一个群体中，他们的交往是同一个群体内部成员之间的交往，个体自然是群体交往的主体，而且个体主体也能满足当时的需求。但是到了开放的社会，仅仅把个体作为行为主体而不能认识到群体在社会交往中的地位是不可取的。现代社会受多种文化因素的影响，加上科技的进步，不同地域的人以及有着相似处境或者相同心理特征的人也能形成一个群体，能作为一个整体参与特定的活动，而且这种群体的范围正在逐步扩大，群体正一点点显示其独特的作用，人们对道德行为主体的关注也由个体逐渐转移到群体上。

人们生活在群体环境中，个体工作、学习的群体环境对个体的成长是至关重要的，把群体作为道德行为的主体，加强对群体道德行为的调控，"可以遏制群体的不道德行为，发挥群体道德行为在价值观引导、社会风气好转等方面的积极作用"①，提高学生以及教师的思想道德水平，进而提高整个社会的道德水平。群体主体不是对个体的否定，而是对个体主体的补充，个体主体和群体主体有着各自不同的适用环境。人是社会的人，社会性是人的根本属性，所谓的社会性实质上就是人不能脱离社会而孤立生存的属性，也就是人不能脱离集体、群体而独立地存在，群体是人生存的基本方式。还有人把社会性限定为对人类整体运行发展有利的基本特性，比如利他性、依赖性以及自觉性等。从关于人的社会性的解释也可以看出对他人、群体、集体的依赖是人存在的必要条件，作为社会和群体成员参与活动是人类活动的主要形式，因此，群体作为道德行为主体是必然的。

（二）学校道德教育不完善

1. 道德教育理论的偏颇

学校道德教育中，过多地关注个体道德，没有意识到群体道德的存在，对学校群体间的伦理和道德没有给予足够的重视，对学校群体中出现的不道德现象不能从本质上进行分析和把握，从而不能有效地解决群体交往中出现的不和谐以及不道德现象。学校把德育的重心放在个体的道德修养上，真诚、守信等良好的道德素养也只是对两个或者多个个体

---

① 陆传照：《加强对群体道德主体的认识和道德调控》，《理论与改革》2003年第3期。

而言，个体成员的忠诚、诚实、利他等优良品质是值得肯定的，但是这种品质往往使人只知道在自己的圈子里忠于职守、舍己为人、忠诚守信，却不知道与圈子以外的个体或者群体怎么相处，是为了自己小圈子的利益而不惜伤害其他的小圈子，还是站在群体之上，视其他群体为有着和自己群体一样的主体性的群体呢？这是个两难的困境。因为有时候对其他群体的仁慈等于牺牲自己群体的一部分甚至全部的利益，而群体的利益是关乎所有成员的，不是某一个个体所能左右的。单一的个体不能为了其他群体的利益而置自己群体和群体其他成员的利益于不顾，这似乎是忠于群体的必然选择。然而，如果超越群体，站在群体之上看群体之间的关系，群体关系实际上就是"我—你"关系，是放大了的"我"和"你"的关系，可以用个体道德的原则和规范调节群体之间的关系。但也不尽相同，群体毕竟是个体的组合，虽然有共同的行为目的，不等于群体成员之间的利益要求完全一致，群体的利益也不仅仅只是个体利益的相加。因此，要认识群体和个体的异同，认识群体道德和个体道德在培养人的道德情操上的不同作用。目前的学校道德教育着眼点在于培养学生的个体道德素养，关注学生个体的道德发展，把个体道德发展视为道德教育的主要任务，这是对整个道德教育体系的误解。道德不仅包括个体道德，还应该包括群体道德，并且群体道德更值得现代人们的关注和理解。因此，学校不但要进行个体道德教育、还要重视群体道德教育，道德教育体系是一个开放的体系，随着时代的发展和人们认识的进步，道德体系允许新的、合理的因素的介入，群体就是现时代一个值得关注的、新的、合理的道德体系的因素。全面进行道德教育不但体现在内容上，还要体现在形式和道德教育的对象上。不断发展着的道德教育体系需要不断接受新的要素，才能保证道德教育不断趋于完善。

2. 道德教育实践的缺失

我国道德教育的理论是相当丰富的，但是道德教育实践却十分有限，学校道德教育在应试教育的影响下，侧重于道德说教，忽视道德教育的实践。道德的本质是实践的，它和智育不同。道德教育的目的不是形成一种知识体系，而是要形成一种道德的理念，形成与这种理念相应的行为方式和生活方式，引导学生过一种健康的、有意义的道德生活。我国中小学开设有专门的思想品德课，却很少利用专门的时间进行实践,导致学生在面对道德问题时往往冲动战胜理性,结果是学生理论上一套,行动上又一套,违背了学校道德教育的初衷。如果说对个体进行道德教育还可以用书本做教材的话,群体道德教育则必须把社会实践作为道德教育的教材,群体道德比个体道德更具有抽象性,理论的解释不足以让学生完全理解群体和群体道德,必须在实践活动中寻找。对群体道德和道德教育实践的忽视导致群体道德教育实践的缺失,最终导致整个道德教育实践环境的不完善和道德教育的偏颇。

3. 学校道德教育环境欠佳

学校道德教育环境中人际交往环境存在着比较严重的非平等性、非对话性。学校的道德教育一般以教师的说教为主,把道德教育的教学等同于一般的学科教学,实际上,道德教育是渗透在各个学科教学当中的,是渗透于学生学校生活的方方面面的。道德行为是人内心情感的外在表现,人的情感是复杂的,尤其受到交往环境的影响,学校德育环境中人际交往环境的非对话性很容易导致学生在与人交往时单凭自己的主观意识,不能很好地理解、体会其他人和其他群体的立场和处境,只为自己和所属群体的利益着想,这种个人自私的放大很大程度上是由于人际交往环境的不和谐引起的。良好的交往环境可以促使个体关心、关注除自身群体以外的其他群体的存在境况,对其他群体的理解和体谅是群体交往顺利进行的情感基础,人际交往环境的优化可以保证这种了解和体谅的顺利进行。因此,好的人际交往环境和良好的群体道德是相互提升和促进的,而不良的人际交往环境和不道德的群体行为也是相生相伴的,基于此,改善学校人际交往环境是道德教育工作的基础,也是实施群体道德教育的必要环节。

第三节 学校群体道德的影响及其作用

一 学校群体道德的影响

学生从属于学校这个群体,同时也归属于各自的小群体,群体在学生的生活中起着极为关键的作用。没有群体的存在,学生就没有归属感,找不到自我,从而产生心理上的迷茫。群体对学生生活的重要性使我们不得不意识到学校群体道德对学生成长的影响。关于学校群体道德的影响可以从个人、群体、社会三个层面进行分析。

(一) 群体道德对个人的影响

道德的效果最终要体现在个体身上，通过个体的思想和行为表现才能判定一个人或者群体是否有道德。莱茵霍尔德·尼布尔最核心的观点就是群体无道德。群体无道德并非是说群体中的个体之间无道德，而是说不同群体之间的交往不道德。这一层面的群体交往实际上是小团体主义的交往，维护的是群体的私利，其实质上是放大了的个人主义。"任何一种直接的忠诚都是对更高的、更广泛的忠诚的潜在的威胁，同时也为升华了的利己主义提供了一个表达的机会。"[①] 在为群体谋福利的口号下，这种自私具有很强的迷惑性和欺骗性，而且群体自私造成的危害远大于个体自私造成的危害。"群体越大，就越必然要自私地表现自己。群体越有力，就越能够反抗人类心灵所设定的任何限制，亦即越不服从内在的道德约束。"[②] 学校小群体组成的初期，要么是出于学习的便利，要么是出于学生自发的活动，但不管哪一类群体，在与其他群体的交往中都不免表现出对其他群体的漠视和对自己群体极端的忠诚。这种忠诚从大的范围讲是自私的表现，是个体在群体范围内自私的写照。个体作为群体的成员，对群体负责是无可厚非的，但是要引导学生个体正确认识群体和群体间的交往关系，在良好的群体间关系中成长的个体才可能是健康的个体。

在学生个体的道德成长过程中，群体道德的缺失会导致学生出现道德的迷茫状态。一方面人与人之间应该是道德的，另一方面却又不得不为了所属群体和群体成员的利益而违背道德的初衷。因此，健康良好的群体道德环境有助于带领学生走出道德迷茫，帮助学生更深刻地认识什么是道德。

(二) 群体道德对群体的影响

没有道德感的群体是可怕的。成员对所属群体是忠诚的、道德的，只是这种忠诚和道德只能体现在群体内部，而对于其他群体则没有道德

[①] [美] 莱茵霍尔德·尼布尔：《道德的人和不道德的社会》，黄世瑞等译，贵州人民出版社1998年版，第47页。

[②] 同上书，第48页。

可言。一方面，群体与群体之间的交往在无意识的情况下，处于不道德状态，为实现本群体利益可以无视其他群体的合法权益，只要是对自己的群体有利，就可以不计其他后果，这是群体自私和不道德的常见表现。另一方面，诚信公平、群体和睦是交往道德中最主要的层面，也是最普遍的道德。自私和道德的矛盾更是深刻地体现在群体交往中。诚信是群体和睦、社会安定的根基，孟子曰："诚者，天之道也；思诚者，人之道也。"[①] 诚信是人与人之间交往合作的中介，是社会运转的基石，是"五常"之本，仁、义、礼、智、信历来被视为中华民族的传统美德，只有以诚相待，社会成员之间才能遵守承诺，公平处事。诚信公平尽管不是为了他人放弃自己的权益，但是能做到诚实守信和公平正义，已经是难能可贵的了。诚实、信用是中国的传统美德，至今仍具有很强的生命力。诚信可以沟通人的心灵，陌生人之间的交往只有基于诚实信用，才能为更长远的交往奠定基础。群体交往中不可无信，群体之间的诚信是建立在双方群体相互尊重和理解的基础之上的，把对方群体视为可以沟通和交流的对象，群体之间可以进行基于诚信的合作和竞争，处事不可偏颇，做到人正、心正、事正。

群体道德对学校群体的影响首先体现在诚信和公平问题上，诚信、公平是亟待解决的学校道德问题。学校要担负起群体道德诚信教育的责任，群体诚信整体上不同于个体诚信，它是个体诚信的升华，是对他人、他群体更高层次的尊重和理解，学校要把群体道德诚信渗透到教学和管理的各个环节，让学生在学校的任何角落都能感受到群体的道德。"扩大学生的生活环境，培养以'关系'为中心的认识方式，学会多方位多角度看问题，进而提高其道德认识水平和树立正确的价值观。"[②] 人从其本质上说是一种关系性的存在，"是一定群体、社会的成员，是一定群体、社会的存在物"[③]，以"关系"为中心从本质上看就是要在以个体为主体的基础上，从群体的角度、从善和友谊的角度看待问题。

---

① 《孟子》。
② 《在诚信与利益之间：由〈羚羊木雕〉谈两难困境中的道德教育》，《中国德育》2008年第7期。
③ 冯建军：《论道德与道德教育范型的嬗变》，《华东师范大学学报》（教育科学版）2005年第2期。

群体在诚信公平基础上的交往必然是和谐健康的交往。

(三) 群体道德对社会的影响

群体道德对社会的影响主要是通过小群体之间的道德交往辐射小群体周围的较大群体，直至衍射到整个社会，使社会更加公平、更加和谐。群体道德会对学生的发展产生长远的影响，是和谐学校建设的重要步骤，也是社会和谐进程中的重要一环。道德通常强调的是助他为乐，"助他"不是消除利益，利益是群体长期存在的基础，没有共同的利益群体无法长期存在。对他人的帮助不代表放弃自己的利益，而是指每一个人确实在最大程度上实现自己，使个体完善和群体完善达到一致，真正使每个人的发展成为一切人自由发展的条件，这是群体道德的目的所在。群体道德实现与否的重要尺度是全体人的全面发展，人的发展又构成社会发展的重要一环。我们说群体道德影响整个社会，实际上是指群体中的个人在身体力行道德规范、各种利益也得到了最大限度的满足的同时，建立起良好的群体交往关系，构成社会的各个群体之间的道德交往也就最终形成了道德、和谐的社会。在群体道德中，虽然要求个人在利益方面做出一定的让步，但让步的目的是为了整体的利益，为了自己群体和其他群体的共同利益，暂时放弃个人利益和本群体利益，会在更大范围的群体利益实现中得到补偿。可以说牺牲自己和自己群体的一部分利益只是实现群体道德的手段，而群体道德的实现可以满足整个社会的需要，当然也就可以对个人和小群体的牺牲做出补偿。

在实际的学习和生活中，个人在把握群体道德规范的同时，必须超越眼前的现实利益，着眼于长远的普遍利益。普遍利益是共同利益，是关乎所有人的利益，如若把握不住群体道德的要点，视普遍利益为虚无，从而对群体道德的要求产生抗拒心理，将会对学校的道德建设和社会的道德发展产生极为消极的作用。群体道德对人的影响是现实而又没有被明确揭示的，通过以上分析，可使群体道德走入大众的视野，为以后研究群体道德以及促进群体道德的实践等起到奠基的作用。

二 良好的学校群体道德的作用

（一）有助于道德教育理论的完善

道德源自生活，生活是不断变化和发展的，道德也不应该是固定的、一成不变的，道德教育的理论也不能是僵化的，而是随着社会生活的进步和时代的发展不断更新和发展。道德教育的理论是开放性的，允许新的发现归入道德教育的体系，使道德教育理论不断地丰富和完善。道德教育的开放性和发展性决定了道德教育理论的可补充性，任何新的、有价值的、适合时代要求的道德理论都可以被现在的理论和实践工作者所借鉴和使用。个体道德理论在以往的生活中适应了时代的需要，有效调节了人与人之间的关系，缓解了人们之间的紧张和对立，对促进人的发展做出了不可磨灭的贡献。然而随着社会的进步和时代的发展，个体道德的理论已经不能全面地解释社会中的一些现象，比如，个体之间是真诚的、和谐的、有道德的，但是他们所属的群体之间却是冷漠的、不道德的。单靠一般的道德和道德教育理论已经很难解释这种现象，群体道德在这时候就应运而生，了解群体的构成、群体的组成机制以及群体的活动方式等是深入了解群体这一组织的重要前提，群体作为道德行为主体的出现，是随着社会发展和人们生活方式的改变而出现的，群体道德适应了现时代的需要，重新纳入人们的视野。对群体和群体道德以及群体道德教育的关注，弥补了传统道德教育理论的缺憾，丰富了道德教育的理论，并且对人的群体间交往提供了可依的道德规范，为人类的道德行为找到了理论依据。

（二）有助于学生个体的发展

1. 提升学生个体的道德水平

对学校群体道德的关注可以使学生全面认识道德，对道德的理解上升到一个新的高度，从而提升学生的道德水平，这是认识群体道德对学生道德发展的主要贡献。德国哲学家胡塞尔（Edmund Husserl）认为每个生命个体都是一个独立的自我，而且这些"自我"拥有一个共同的生活世界，世界是你的，也是我的，更是我们的，你、我、他因为生活在同一个世界里而成为共同体。抛开其地域、文化、经济等因素的不同，我们生活在同一个群体之中，根据海德格尔对个体的论述，个体是

"此在","此在"中渗透了世界和他人,"此在的世界是共同的世界。'在之中'就是与他人共同存在。他人的在世界之内的自在存在就是共同此在"①。学校的道德教育建立在这种共在性基础之上,强调道德的整体性和社会性,哈贝马斯的商谈伦理就是把这种存在于共性基础之上的道德规则普遍化,尊重每个人的选择,认为一切的伦理观念都是以相互性和承认关系为中心的。学校道德教育也要承认这种关系性,道德教育不仅取决于道德观,而且取决于教育观,道德观和教育观都不是抽象和空洞的,而是和特定的时代背景相联系的,时代背景又和人的生活方式息息相关,现代人的生活方式是群体生活,以群体为主要的活动主体参与社会活动。因此,学校中群体之间相互尊重,承认彼此在学校群体乃至社会群体中的地位,有助于学生更深入地了解群体的作用,增加学生对群体道德的认识,从而提高学生的道德水平。

2. 有助于学生个体人的解放

我国的传统文化一直以集体、社会为取向,个人在社会发展中一直站在集体和社会的背后,几乎没有为自己发言的权利,道德的标准是为集体利益牺牲一切,要求学生对集体、国家等无条件的服从,强调个体对集体利益的绝对服从,并且道德被"神圣化",认为道德可以完全抛开个人的私欲,要求学生"毫不利己,专门利人",认为"社会的利益、群体的价值是一切价值的最终依据,是一切个体的最终依归"②。这种道德理念尽管对社会道德的发展起到了一定的引导作用,但却导致了人,尤其是思想发展不成熟、不稳定的青少年在事关群体利益的时候出现迷茫、不知所措。对学生进行群体道德教育能使人更理性地看待群体利益,更合理地处理群体关系,更深刻地理解自己在群体中的位置和作用,进而促进人的解放。以往道德教育属于个体道德的范畴,对学生实施的是个体的道德规范和要求,以社会为本位,强调集体利益,忽视个体的存在,导致学生极端的集体主义倾向,从而导致学生人格的压抑和不独立。在校园这个环境中对学生进行群体道德教育,让学生从自己

---

① [德]马丁·海德格尔:《存在与时间》,陈嘉映等译,生活·读书·新知三联书店1999年版,第140页。

② 刘济良:《生命教育论》,中国社会科学出版社2004年版,第144页。

身边的群体开始，认识群体交往是基于群体之间相互尊重和公平、正义的原则，关注群体交往对人的道德发展的影响作用，理解群体功能的本质是对人的完善，不是对人的压制；是对人的解放，不是对人思想的禁锢。通过对学校群体道德的理解和接受，影响学生离开校园之后的社会生活，用群体道德的思想指导自己的行为，并影响所属群体的行为，使群体道德对人的解放的功能进一步扩大到社会的更多层面，实现群体对人的解放、保护和完善的功能。

（三）有利于学校群体的和谐发展

任何时代的教育都是在一定社会背景下发生，并且要以一定的社会背景为依据，当今社会是倡导和谐的社会，教育也要为这个目标做出努力。和谐思想是儒家学说的核心范畴之一，是对群体差异整合的基本理念。和谐是抽象的，但和谐的进程是具体的，只有社会各组成部分的和谐才能构成整个社会的和谐，因此，和谐群体、和谐教育、和谐校园是和谐社会的必然组成部分。从本质上讲，和谐校园的真正意义在于，学校中的人——教师和学生等通过自身的有效活动，对校园进行积极的干预和改造，不断改变和创新校园的生态平衡，这是现代教育实践和社会发展的根本目标。和谐群体的实现是创建和谐校园的组织保障，学校群体的活动主要是学生和教师对校园的改造活动，基本上包含两类：一是学校的文化传递活动对校园的改造，二是学校道德教育活动对校园环境的改造。实际上这两者没有明显的界限，文化传递过程中包含着思想伦理道德的感染和熏陶，道德教育活动中也蕴含着知识的传递和吸收。

和谐校园首先应该是校园中人的和谐。人是关系中的人，从属于不同的群体，所以，校园的和谐与否可以通过群体的和谐与否体现出来。前面已经论述过群体内部关系是道德的，是和谐的，维系群体关系的是责任和忠诚，如果把这种责任和忠诚扩展到整个校园甚至扩展到更大范围，群体之间的交往就突破了单纯群体的界限，成了另外一个大群体内部的交往。人的道德是不断发展、不断趋于完善的，个体之间的道德转化成群体之间的道德交往活动，这本身就是对和谐校园的重要贡献。

第四节 学校群体道德教育建构

尽管现在多数人倾向于认为群体无道德，认为群体要超越自身固有的自私，走向群体的和谐是不可能的，但是，不能因此就对群体抱持悲观的态度，不能低估了人类的能力和智慧。勒庞认为，"群体在智力上总是低于孤立的个人，但是从感情及其激起的行动这个角度看，群体可以比个人表现得更好或更差，这全看环境如何"①。他所说的环境是指群体所接收的暗示，暗示可以是积极的也可以是消极的，可以是随机的也可以是有意安排的，我们可能无法控制随机暗示的出现，但是我们可以通过有意识的活动，对积极的暗示进行挖掘并加以深化，对于消极的暗示可以通过教育进行消解和转向。如果说个体的德性需要涵养和教育，那么，群体的德性同样需要濡化和超越。也就是说群体可以"在巧妙的影响之下，表现出英雄主义、献身精神或最崇高的美德。他们甚至比孤立的个人更能表现出这些品质"②。教育不是万能的，教育不可能以自己单独的力量承担起关乎人类命运的道德重任，但是，教育可以通过培养关心他者的主体来帮助人类在群体道德危机出现的时候做出正确的选择。"群体的行为常常受到群体所承担的社会角色的限制，所以，群体行为也许是不得不然，而并不是内在的品质和倾向的自然流露。"③我们所处的是一个要求和谐的社会，社会各部门之间的和谐、部门内部的和谐等是整个社会和谐的必要组成部分。学校作为培养人才的基地，营造和谐的校园环境，创设更有利于学生发展的精神环境是它的必然选择。道德作为人类行为的基础，应该随着时代的发展而有所发展，在学校里，作为个体的学生和作为群体的组织都不可避免地作为行为的主体参与到创造和谐的进程中，群体的作用越来越受到重视，群体道德逐渐成为道德领域的重要课题。在学校里对学生群体、教师群体等施以必要的群体道德的影响，"对我们所属群体以外的人予以同等的道德关怀"④，对推进学校以及整个社会的和谐建设都是必要的。群体归根结底是由个体构成的，群体道德教育实施的好坏最终体现在个体身上，因此，对个体进行群体道德教育是实施群体道德教育的唯一途径。

---

① ［法］古斯塔夫·勒庞:《乌合之众——大众心理研究》，冯克利译，中央编译出版社 2000 年版，第 23 页。

② 同上书，第 37 页。

③ 郑雪:《社会心理学》，暨南大学出版社 2004 年版，第 71 页。

④ 《科学解读道德成因》，《今日科苑》2008 年第 3 期。

一 认识群体的道德性——群体道德教育的认知基础

（一）帮助学生认识群体和群体交往

认知能力是道德教育的基础，学校群体之间的不道德现象多是由于没有真正认识到群体也是作为道德行为的主体参与道德实践的。对学校群体实施群体道德教育首先要对群体这一概念有个初步的认识，并且掌握了解群体特点的社会意义。和个体相比，群体"不善推理，却急于采取行动"[1]，也就是说群体是冲动的，要让学生认识到群体的易冲动性以及群体固有的凝聚力，如何在冲动和凝聚力之间寻求一个良性的平衡，这是认识群体的首要目的。只有在对群体认识的基础上才能深入了解群体的本质以及群体之间关系的道德性，进而形成坚定的道德信念。道德信念是系统化了的、深化了的道德知识，是道德认知发展的最高形态，也是最终养成道德品质的精神支持。这方面的教育可以通过对比个体和群体的异同，让学生自己归纳出群体的特点，比如群体的凝聚力、群体的领袖效应、群体的保护能力以及群体的压力等。

学生的认知能力是一个发展的过程，理解了群体之后还要让学生对群体交往的特点有初步的认识。群体交往过程中"既有关爱、协作等光明的一面，也有自私、排斥、敌对其他群体等阴暗的一面"[2]。而且光明面和阴暗面的出现是没有先后之分的，它们在群体的交往过程中几乎同时演进，在学生发展的任何一个阶段都要重视群体的两面性，帮助学生分析群体间交往和个体间交往的不同特点，总结群体交往应该注意的问题，包括群体之间的冲突、群体和个体的冲突、个体对其他群体的认可以及群体对个体的影响等方面。个体只有对群体交往有了一定的了解，才可能在实际的群体交往中理解他群体的处境、关心他群体的生存、与他群体真诚合作与共同进步。

（二）帮助学生认识群体道德和学校群体道德

认识群体的特点并不是全部，主要还是认识群体的道德问题。人们

---

[1] ［法］古斯塔夫·勒庞：《乌合之众——大众心理研究》，冯克利译，中央编译出版社2000年版，第8页。

[2] 高德胜：《超越群体的自私——全球化时代道德教育的新课题》，《教育研究与实验》2008年第1期。

大多只知道作为个体的人可以有或者无道德，意识不到群体其实也和个体一样，有自己的道德。群体从更广泛的范围讲实际上是个体的放大，小群体包含在大群体之内，大群体又包含在超大群体之中，如此类推，整个宇宙是最大的群体，从这个意义上说，人类群体之间是有共通性的，它们之间的交往必须是道德的，才能保证整个宇宙的完整。这方面的教育既可以通过知识的传授，通过教师的指导帮助学生认识群体道德的一般意义，也可以在群体之间实际的交往中引导学生体会群体道德的一般意义。群体道德的一般意义是调整和规范群体之间交往的道德准则和规范的总和，群体之间的道德状况决定了整个社会的道德发展水平和社会和谐的程度以及人类和谐的程度。

群体交往中，群体实际上是代替个体作为行为的主体参与到各种各样的活动中，因此，学校要不失时机在适当的场合帮助学生认识什么是群体道德，比如在两个群体之间出现矛盾和紧张的时候，引导两个群体从自身和对方的长远利益出发，认识双方群体都是学校的一分子，有着共同的目标追求等。对群体和群体道德认识是进行群体道德教育的认知基础，道德教育必须建立在充分的认知的基础上，尤其是群体道德这个特殊的领域，它不同于个体道德，群体道德是个体道德的凝聚和升华，比个体道德更抽象更难以理解，所以要重视对群体道德的认知教育，这方面的教育可以通过知识的传授和参与群体交往来实现。群体道德的实现不仅可以满足个体的需要，保证本群体的利益，更重要的是实现群体与群体之间的和谐统一。

（三）培养学生的群体意识

有意识才会有行动，行为是意识的外化，群体活动是一种集体活动，其活动是在意识的推动下进行的，但是群体本身是没有意识的，群体的意识来自群体成员的意识。而群体中的人由于意识到人数赋予他的力量，意识到自己是群体的一员，群体可以分担自己的责任，而他自己应该具有的那些道德的品行和理智就在群体中消失了，德行和理智的丧失导致了个体责任感的弱化，责任感的弱化又使得群体中的成员失去了应当遵守的规范性的东西，变得对其他群体冷漠，甚至残忍。如何改善这种状况是群体道德教育需要解决的主要问题，在学生认识到群体和群体道德之后，就要着手培养学生的群体意识，群体意识是群体合作的前提，也是现代社会对人的要求之一。集体的复杂性要求群体意识必须建立在自我意识的基础上，这样的群体意识才是自觉的和牢固的。教师应该注意在教育过程中渗透群体意识，在学科教学或者社会实践过程中，有意识地主动向学生解释并帮助学生理解群体道德的意义，让群体意识渗透在学生的学习和生活中，使学生懂得自己是群体的一员，也是社会的一员，更是休戚相关的整个生物圈的一员，进而了解个人与群体之间的关系以及群体与群体之间的关系，认识自己作为群体的成员应该以什么样的态度参与群体活动，应该在群体交往中起什么样的作用，应该在群体交往中注意哪些事项等。另外，还要通过对群体道德的理解，使学生认识到群体合作能给个人和群体带来更好的发展机会等。

二　培养学生的类感情——群体道德教育的情感基础

道德最深厚的基础是同情。尼布尔认为，群体之所以不道德是因为群体缺乏个体所具有的爱，个体的爱在群体交往中被群体的冲动所掩盖，正如休谟认为的，道德在本质上不是理性而是像人的情感一样，情感也是群体道德的本质。群体道德教育要重视群体情感的培养。

（一）提高道德移情能力

1. 学校群体道德教育需要移情

"道德包含着尊敬和勇气、公正和同情、原则和品质、情感和推理、个体责任和社会的公正以及一个人如何引导自己的生活。"[①] 移情（empathy）是人设身处地为他人着想、体验他人情绪和情感的心理过程，是利他行为的主要促进因素之一，是亲社会行为的重要动机之一，也是对他人产生同情的基础。富有同情心的人相比较而言更有可能帮助人，更容易意识到他人的需要，并且产生情感上的共鸣。缺少移情能力的人，很难体会到别人的感受，他们往往很冷漠，而且容易疏远别人。移情的培养可以激发群体的道德需要，促进道德信念的形成，有助于道德情感的产生和发展，从而加深道德内化，引发更多的亲社会行为，使移情成为群体道德教育的新的切入点。学术界对移情的研究主要集中于对

---

① ［美］Arthur Dobrin：《培养孩子的道德观——40条儿童道德教育建议》，郭本禹等译，中国轻工业出版社2003年版，前言第5页。

个体之间移情的研究，事实上群体之间同样需要并且可以产生这种道德迁移。有关的研究表明，道德移情能力和人的道德判断有关，道德判断水平高的人其移情能力相应就高，"移情促使人们形成关爱、公平等价值观，这种自身的价值观促使个体做出相应的道德判断进而做出亲社会性的道德行为"①。亲社会性的道德行为不仅仅局限在个体对社会的感情，更是个体对社会感情的升华，是群体对社会的感情。

群体间的冷漠是因为群体之间缺少良知，缺少情感的共鸣，只有当人类群体，不管是较大群体还是诸如班级、学校的小群体，达到了一个仁慈与良知的新阶段，才有可能根除社会中的冷漠和冲突。也就是说，"只有当这种仁慈的理性使人类群体像关注自己的利益一样热切地关注其他群体的利益时，只有当这种道德良知使人类群体像维护自己的权利一样强烈地维护其他群体的权利时，根除社会冲突才有可能"②。这是从较大的层面阐述群体道德移情的重要性，小的群体也同样适用。对学生进行群体道德教育，首先要从学生身边的群体开始提高学生的道德移情能力，移情不仅仅是对身边的好朋友，而且还要对身边其他熟悉或者陌生的群体产生移情，进而对社会上其他群体也会产生这种移情的效果。只有自己深刻体会其他群体的处境和生存状况，对其他群体的行为感同身受，才能把个体间的无私转化、提升为群体间的无私，是个体在群体交往中以群体为立足点、以群体为行为主体产生的道德移情作用。卢梭是性善论的提倡者，认为儿童生来就是善的，有良心、有爱心，能自爱、能爱人，并因此要求培养孩子的道德和怜悯心。怜悯心是使我们设身处地与他人共鸣的一种情感，感受他人的痛苦、体会他人的悲哀、理解其他群体的困难，提高学生的道德移情能力。布贝尔重视道德教育中的人际关系，一改以往把教师和学生关系视为"我—他"关系的传统，提出"我—你"关系，这种对话性的"我—你"关系实际上是一种包容性的人际关系。所谓的包容，用布贝尔的话来说就是一种意识到

---

① 李谷静、边宏广：《社会转型期移情对少年儿童道德发展的作用》，《唐山师范学院学报》2007 年第 1 期。

② ［美］莱茵霍尔德·尼布尔：《道德的人和不道德的社会》，黄世瑞等译，贵州人民出版社 1998 年版，第 15 页。

对方的自我体验，或者更明白地讲就是"体验对方"。① 体验对方实际上就是移情，是对他人情感的一种体验，这和卢梭的培养孩子的怜悯心有异曲同工之处——重视移情在人的道德养成中的作用。

2. 移情在学校群体道德教育中的特殊作用

在群体道德教育中，群体作为一个行为的主体，移情同样发挥着重要的作用，不同的群体有着自身不同的行为目标、组织和管理方式等，认同其他群体的生存方式，承认其他群体不同于自身群体的差异性等，是群体之间相互尊重、和睦友好的基础。学校群体移情突出的表现在教师群体对学生群体的移情作用，罗杰斯提出人际关系的三要素：真诚、接收和移情性理解，教师要移情性理解学生，这是对教师较高层次的要求，要求教师站在学生的立场观察世界，从学生的角度考虑问题，洞悉学生的心灵世界，对学生的反应做出及时的反馈，让学生感受到教师时刻在关注着他们，同时教师的移情性理解也提高了学生对教师的道德移情。教师群体和学生群体是学校中最主要的两大群体，他们之间关系的融洽对学生道德的完善发展有很好的奠基和促进作用。

通过移情，群体之间的交往达到一种和谐有序的状态，理解不同群体的生存状况，满足不同群体的需要等，而不仅仅是以自己群体为中心，以自己群体利益为最高利益。只关注自身群体的行为从本质上说是一种自私的行为，把自己群体看作唯一，实际上是把自己的利益看作唯一。因为群体是由个体组成的，在组成群体之初，个体之间是有一定差异的，有着各自不同的目的和爱好，然而，一旦形成了群体，群体的凝聚力会使群体成员不由自主地忘记外界事物的存在，为自己利益的实现求助于群体，又借助于群体的威力无视其他群体的权益，最终在实现了自己群体的利益和自身小利益之后，群体的道德感消失了。在群体中培养学生的道德移情主要就是为了从情感上让学生学会爱人、爱他人、爱其他群体等。情感培养是道德养成的基础和关键，移情能力与个体的道德品质之间具有高度的相关性，个体道德品质高低是群体道德水平的一个隐性标准，群体的道德水平必然要取决于个体道德水平，移情能力高

---

① 郑培秀：《移情在道德教育理论中的体现》，《辽宁教育行政学院学报》2006年第11期。

的个体，通常有较高的选择和承担能力、有较强的社会适应能力，能够做出更多的亲社会行为。

群体的和睦与融洽是养成学生良好人格的重要保障，在和谐环境中成长的人，其在为人的方式、处事的尺度方面会不自觉地考虑其他群体的需要，把其他群体看作是和自身群体一样的行为主体，允许其他群体与自身群体差异的存在，并能理解和支持这种差异性存在。个体对群体的影响和感染使群体作为主体行动时能够充分体现群体的主体作用，对群体施以道德移情影响，能够把群体内部的感情移情到其他群体，包括陌生群体、亲人、朋友，甚者还包括"对手"群体。道德移情正是通过这种同样的感情，促进群体道德水平的提高。

3. 移情教育的实施

道德教育的移情在学校教育中应充分考虑不同年龄段学生的移情能力，尽管移情能力是可以培养的，但还是要以学生的年龄特点为依据。具体地说，培养学生的道德移情能力应从以下几个方面着手。

首先，关注学生群体的动态。及时了解学生群体尤其是非正式群体组成的背景，以便在处理群体关系问题时能做到合理、有效。学生移情能力的培养与教师的努力关系很大，教师只有在对群体全面了解的基础上，才可能对群体的感情倾向进行引导。

其次，在实践中引导学生感知他者以及他群体的需要，这是关注群体动态的结果之一。学校中的道德移情能力主要体现在学生群体之间以及学生群体和教师群体之间，不同的群体有其不同的兴趣、爱好和需求。只有设身处地考虑他群体的需要，才能保证移情教育的顺利实施以及移情能力的有效提高。

最后，注重培养学生的同情心，尤其是学生群体之间的同情心。同情心是移情最根本的情感需求，同情心的培养首先要体现在个体之间，因为个体之间的同情是具体的、可明确感知的。在个体同情心培养的基础上，放大个体的范围，使个体成为群体的缩影，为群体之间同情心的培养奠定感情的基础。布贝尔所提出的"我—你"关系实际上是一种包容关系，也就是体验关系，是对他人情感的体验，或者说是"体验对方"，这种体验实际上就是同情的基础，只有在体验的基础上才可能对他人、他群体的处境产生深刻的同情心。这种体验不仅局限在个体之间，群体之间也可以有体验的产生。群体之间的体验比个体的体验要抽象得多，大多数时候人们不能认识群体体验的必要，这就需要教师在引导学生体验的过程中，把群体体验作为明确的目标提出来，只要有群体体验就会产生群体同情，这是培养同情心的重要一环。

（二）培养宽容的品性

1. 宽容是完整人的重要组成因素

简单地理解，宽容就是对不同于自己的观点和见解等有耐心、能容忍。世界是多元的，不同主体和价值也是多元的，宽容就是要承认不同主体之间的平等地位，承认不同主体对不同价值标准的不同理解，它体现的是"一种欢迎不同观点而有是非、立场明确而不偏执的精神"①，其主要表现之一是对挑战自己，甚至是对和自己信念、原则等相左者的容忍，是对人的弱点、错误等的容忍②。但是这种容忍不是一味的退缩，不是软弱，软弱是"面对压力和强权时不思进取、被动屈从甚至带有'奴性'的无力状态。软弱者只求自我保全，原则、真理、美德有时也可以置之不理，甚至会出卖自己的人格和尊严，……而真正的宽容是力量和智慧的表现，是人格的一种主动开放状态，是一种勇于承担责任的积极意识和行动"③。完整的人包括人格的完整、精神的完整、德性的完整等，宽容是人的一种修养，更是人生的一种境界，它融入了对人性的深刻思考，承认人永远走在"求真""向善""达美"的途中④，没有谁是绝对正确的，没有谁是绝对真理的拥有者，充分认识人的不足，提倡人性的宽容，正是为了使人更趋向于完善、使群体更趋向于和睦、使社会更趋向于和谐。

2. 学校要教育群体具有宽容心

我国历来重视伦理道德教育，把仁、义、理、智、信作为行为的航标，中小学乃至大学的思想道德修养读本上，都显示着道德修养的光芒。按照这种说法，只要我们每个人都做到了有道德、有修养，那么，社会风气和道德风尚就会是好的，我们的社会也就应该是和谐向上的。

---

① 转引自杨涛《论宽容教育》，河南大学，硕士学位论文，2007年。
② 杨涛：《论宽容教育》，河南大学，硕士学位论文，2007年。
③ 同上。
④ 转引自杨涛《论宽容教育》，河南大学，硕士学位论文，2007年。

但是，为什么我们现实的生活中会出现很多不和谐的音符呢？究其根本，就是因为我们过多地强调单一的价值观、单一的处事方式，在价值观多元化的今天，在世界越来越成为地球村的今天，我们缺乏一种共同的底线，往往会由于某一特定价值观的驱使，做出对一人利而对一群体弊的行为。我国有学者已经注意到了这种不和谐的现象，开始研究以个体为道德行为主体的道德教育和以群体为道德行为主体的道德教育的差异问题。学校群体道德教育中既要培养学生和教师对本班、本校、本群体的归属和认同，也要培养学生对他班、他校、他群体的承认、宽容和尊重，人与人的交往需要宽容，这里"人"不单是个体的人，还应该是群体的人，是作为群体成员的人。群体之人在处事的时候更应该具备宽容的品质。缺乏宽容品质的德育由于过于追求绝对价值和绝对原则，造成道德的僵化，不能反映社会的需要和人类的进步。人与人是有差异的，群体与群体之间的差异更是难以估量，因此，群体和群体的交往也需要宽容。宽容的群体对个体和群体的发展都是积极的，在进行群体道德教育时，充分发挥个体的人在群体中的道德影响力，以群体为单位，综合考虑各层面的道德需求，使群体道德和宽容相互促进、共同发展。

（三）激发共同的使命感

1. 共同的使命感产生归属感

人的归属感首先来自于目标的一致，有共同目标和追求的人组成一定的群体，在群体中找到自己的位置，产生归属感。"人们绝不是全然理性的，当我们从个人生活走向社会群体生活时，冲动中的理性部分就变得越来越消极。因为在社会群体中共同的心智与目的总是瞬间即逝，不易形成，故而社会群体只能依靠共同的冲动来维系其存在。"[①] 这种共同的冲动也可以说是共同的使命感，人的行为需要有一定的刺激，群体之间的共同目标是群体一致行动的基础，一旦这种一致性消失，群体之间就会失去团结，成为孤立的群体。人是关系中人，群体也是关系中的群体，没有一致性为基础的群体之间要想组成有机的群体之群体，就要激发群体之间共同的使命感，这种使命感不是来自外部，而是来自群

---

① ［美］莱茵霍尔德·尼布尔：《道德的人和不道德的社会》，黄世瑞等译，贵州人民出版社1998年版，第28页。

体成员对自身和他者的认识。马克思曾说过,作为确定的人,现实的人,你就有规定、就有使命、就有任务,至于你是否意识到这一点,那是无所谓的。这个任务是由于你的需要及其与现存世界的联系而产生的。共同使命感是群体紧密联系的纽带,也是群体友善共处、相互合作的基础,作为现时代的群体,其共同的使命感从大的层面上看不外乎整个人类的和谐,从小的层面理解就是小的群体的进步和发展。通过文化教育,激发共同的使命感和命运感,使群体认识到人类生存和发展的目标是一致的,那就是群体的共同进步、人类的和谐发展,而不是相互的争斗和冷漠。

2. 使命感促进学校群体的融洽和道德感的增强

学校中的群体,不论是学生群体还是教师群体,都有其存在的合理性。在自然状态下,一些群体一般意识不到自身群体和其他群体交往时道德的存在,也认识不到双方群体之间有着共同的使命,只是固执地坚持自己群体的利益高于一切。在学校中实施群体道德教育,激发共同的使命感要比在社会大环境中更容易实现,因为学校中的群体毕竟只是学校这个群体的子群体,群体成员有着相似的文化背景、受着同样的文化熏陶,在同一个校园里生活,群体之间只是兴趣、爱好等的不同,没有涉及人本质的不同。针对这些群体实施的群体道德教育主要是帮助学生认识作为学生的主要任务和目标是什么,帮助学生认识不同小群体各自的群体目标和统一目标之间的差距以及这种差距如何弥补等。比如,针对学生群体之间的冷漠问题,就前面提到的足球比赛的例子而言,教师可以适时地帮助学生分析足球比赛的目的到底是什么——是绝对的相互竞争还是相互切磋球技?是班级对抗还是友谊的加深?如果使学生认识到比赛的目的对大家来说是一致的,是群体共同进步的话,球场上的冷漠或许就不会有出现的可能了。激发共同使命感的方法是多样的,切合不同的场所和时机,采用灵活道德教育的手段对群体实施相应的群体道德教育,会让群体之间交往更加密切、关系更加融洽、道德感更强。

3. 如何激发使命感

首先,对学生进行爱国主义教育、集体主义教育等。其重点不是为教育而教育,而是要以共同的和谐和发展为目的,引导学生关注共同的生存环境,自觉承担社会发展的责任。

其次，关注学生小群体主义思想的发展。群体是一个集团，是有着共同目标或兴趣的一群人的组合，由于有着共同的目标或兴趣，群体成员有着很强的凝聚力。但是要防止这种凝聚力超出必要的尺度，过度的"团结"不是凝聚，而是小群体主义，是对"共同"的一种破坏。因此，要注意小群体主义倾向的出现和蔓延。

最后，帮助学生认识群体的责任。群体的责任是群体使命感的基础，有责任才有使命感。让学生认识小群体的从属性，小群体隶属于更大范围的群体，从这个意义上说，大群体的责任是小群体行动的总原则，从而使小群体成员在思想上明确大家属于一个共同的群体，肩负着共同的使命。

三 形成忠诚的新理念——群体道德教育的意志力基础

（一）新忠诚观与群体道德教育

"人类群体的力量来自群体成员的忠诚。"[①] 忠诚是我国传统文化所推崇的基本道德范畴，也是衡量人品的基本标准之一，是做人的基本道德准则之一，是教育的主要价值追求。在行为活动中保持忠诚的理念是促使人自觉地克服困难并支配行动的心理过程，也是意志力的表现。一直以来我们所提倡的忠诚实际上是无条件的、绝对的忠诚，不管群体如何行为，作为成员的个体都要无条件地服从并积极参与，这种忠诚是对自身群体的忠诚，为了群体的利益不惜牺牲自己的生命、为了群体的利益不惜付出任何代价、不惜使用任何手段等，这些都被视为忠于群体的表现。忠诚是值得肯定的，因为它是人之为人的条件之一；忠诚是值得强化的，因为它使群体更加团结、更加和睦；忠诚是值得发扬的，因为中华民族传统美德总是闪耀着永恒的光芒。但是，当忠诚超出了一定的限度，超越了忠诚的本质，就走向了忠诚的对立面——自私、不道德。"任何一种直接的忠诚都是对更高、更广泛的忠诚的潜在的威胁，同时也为升华了的利己主义提供了一个表达的机会。"[②] 忠诚是建立在公平

[①] 高德胜：《超越群体的自私——全球化时代道德教育的新课题》，《教育研究与试验》2008年第1期。

[②] ［美］莱茵霍尔德·尼布尔：《道德的人和不道德的社会》，黄世瑞等译，贵州人民出版社1998年版，第47页。

和公正基础之上的，在群体成为人们生活的主要方式的时代，群体的忠诚问题超越了个体的忠诚，需要我们从新的视角审视群体忠诚，以保证社会的凝聚和团结。对本群体的忠诚不应该损害其他群体合理、合法的利益，如果忠诚超出了这个范围，就不再是忠诚，而是自私，是个体自私的放大，这种自私是群体道德的主要危害之一。高德胜认为，批判性忠诚的首要精神还是忠诚，只不过这种忠诚是批判性的，是建立在对群体狭隘自私的批判之上的。也正是因为其对群体自私的批判，这种忠诚往往不能被群体接受，而且很多时候被当作是缺乏忠诚的证据。因此，实施群体道德就要培养这种批判性的忠诚，只有教育出大量具有这种品性的群体成员，群体才能逐渐认可并接受这种品格、接受具有这种品格的群体成员。批判性的忠诚就是一种合理的忠诚，它是有条件的忠诚，是符合道德的忠诚。

忠诚一般具有明确的目的性，只对自己明确确定的事物忠诚，而且在行动中自觉地抑制某些不符合或者阻碍实现自己目的的行动。人类许多美好的道德都与忠诚息息相关，是忠诚的信念激励人们对自己集体或群体俯首称臣，对群体的决定严格遵循，对群体的意愿极力维护。所以，忠诚是行事的动力，是道德的意志力基础。新的忠诚观念之所以新，是因为这种忠诚观念的批评性，不屈服于其他势力的压力，不随波逐流，能依据自己的合理信念恰当处理活动中出现的道德问题。把这种忠诚观渗透到群体教育中去，在进行群体道德教育的过程中，使群体成员保持对群体的忠诚，同时也不忘记反思自身群体存在的道德遗憾，改善与其他群体的交往状况，尤其要注意改善和自己有利益冲突的群体的相互关系，使群体关系处于一种和谐的状态，进而促进这个群体性社会的和谐进程，这是忠诚对群体道德的贡献。

（二）培养批判性的忠诚

新的忠诚观念也就是批判性的忠诚，对这种忠诚的培养首先要注意形成学生的批判性，使学生具有批判的眼光，从不同的角度看待相同的问题。比如之前提到的球队问题，双方队员之间的冷漠其实并不是出于个体的本能，而是个体在群体利益的驱动下发生的不自觉的反应和行动。事实上对本群体的忠诚不代表着对其他群体的冷漠，对其他群体或者对方群体的关心和支持也不意味着对自己群体的背叛。

其次，批判性忠诚的培养要注意从小事做起、从点滴做起，在学校里进行批判性忠诚的培养要从对教育本身的批判入手，允许学生群体或者教师群体对教育教学方面和学校环境等方面存在的问题进行合理的批评，提出合理的建议。由于学生和教师的大部分时间是在学校里作为某一群体的成员存在，培养这些群体的批判性的忠诚直接影响到学校内部各个群体的交往关系，使学校群体的生存更加合理；间接影响到学校范围之外的其他群体的交往关系。

最后，学校是学生生活的重要场所，但不是唯一的场所，学生的群体道德观可以影响到周围的人，包括父母、社区其他成员以及学生接触的其他人群的群体道德观，所以，要注意引导学生把这种批判性的忠诚衍射到生活的各个角落。观念的影响是一个渐变的过程，群体道德观念的形成也不是一朝一夕能够实现的，尤其是忠诚的观念，因为批判性的忠诚似乎是颠覆了忠诚的理念。实际上，批判性忠诚维护了更大范围群体的利益、促进了学校和社会的和谐，从这个意义上说，批评性的忠诚非但不是对忠诚的违背或者颠覆；相反，它是忠诚的本质所在，是加强群体道德的意志保证。

四 培养学生的参与意识——群体道德教育的实践基础

（一）培养学生的群体合作精神

"要达到融为一体的唯一条件就是参与解决问题的共同行动。"[①] 培养学生的群体合作精神是进一步培养学生参与意识、鼓励学生参与活动的第一步，让学生学会共同生活是人生的重要课题，共同的生活要有共同的目标以及个体和群体的合作意识，有合作的活动更容易达成目标。当前由于学业竞争越来越激烈，同学之间由伙伴关系演变成了竞争关系，在以成绩为评价和选拔标准的教育里，学生之间不敢进行交流，也没有意识去合作，生怕合作的同时自己的知识被他人抢走。

在这个越来越群体化的社会里，消除人们之间的隔阂，培养合作精神已成为迫切之事。学生合作精神的培养首先要引导学生理解人类目标

---

① ［德］克劳斯·德纳：《享用道德——对价值的自然渴望》，朱小安译，北京出版社2002年版，第83页。

的一致性、学校生活目的的一致性等，通过对目的一致性的认识，使学生认识到群体之间的合作是实现共同目标的最有效的保证，进而激发学生对群体合作的认可。其次可以通过列举前人群体合作取得成功的例子，帮助学生认识群体合作比群体竞争更能获得进步。最后注意挖掘学习生活中的群体合作的因素，引导学生主动认识群体合作的意义。

（二）鼓励学生参与社会实践活动

目前有些地方的道德教育仍是强制灌输道德规范，机械记忆道德知识，这种道德教育体系仅仅是让人获得了干瘪的道德知识，不能让学生真正理解丰富多彩的生活世界，也不能有效发挥道德教育的作用。道德是内在于生活的，道德教育就应该在学生的生活中展开，让学生在与他人和他群体的交往中形成德性。因此，可以说道德教育的本质在于实践，只有通过实践，才能使个体的道德得以形成和发展，在实践中，可以加深个体对道德的理解，为道德的真正实现提供必要的基础。群体道德教育尤其要重视实践，因为群体道德比个体道德更抽象，仅仅囿于理论的解释不能使学生真正把握群体道德的精髓。只有在实践中让学生接触不同的群体，和不同的群体进行各种交往，才能深刻感知群体的特性，感悟群体道德的特性，从而在生活中正确看待群体之间的交往、正确处理群体之间的矛盾和冲突，提高群体道德水平，使道德得以完善。要达到融为一体的唯一条件就是参与解决问题的共同行动，在这种共同行动面前，群体学会相互依赖、相互合作，走向共同进步。与鼓励个体参与实践不同的是，鼓励群体参与的实践应多是社会实践，不是局限于学校范围的实践，学生走出校园，在真实的生活环境中体会群体之间的道德，反思以往没有注意到或者没有重视的群体之间的交往状态，把丰富、多样的社会生活融入道德教育的视野，在推动个体道德进步的同时，实现群体道德的进步和发展。

第五章　美国新品格教育

第一节　相关概念的厘定

一　品格

"品格"（character）这个词来源于古希腊名著《品格》(*character*)，它的原意是"不朽的符号"（或痕迹）。关于"character"我国有很多种译法：品性、品德、品质、人格等，本书采用品格这一译法。个人的品格是具有可区分性的，即它是具有个人特征的素质或准则，这些素质或准则可作为一个人行为的向导。亚里士多德曾经说过："每个人都是在品格的指导下说话、行为和生活的。"① 并提到，一个人要形成良好的品格，必须经历三个阶段："首先，他必须获得和占有；其次，他必须从行为本身的角度出发来选择自己的行为方式；最后，他的行为必须受到其坚定的、不易改变的品格的推动。"②

其他的学者也对"品格"进行了相关类似的界定。如有的学者认为，品格是指"采取某些与道德相关的行为和发表某些与道德相关的言语，或者说是不采取某些行为或发表某些言语"③；有的学者则指出，品格乃是"宗教传统、文学故事、圣人及整个历史上的具有普遍理性的任务确认的那些美德的协调统一体"④。

---

① ［美］Madorma M. MurPhy：《美国"蓝带学校"的品性教育——应对挑战的最佳实践》，中国轻工业出版社 2002 年版，第 8 页。
② 同上。
③ 郑富兴：《现代性视角下的美国新品格教育》，人民出版社 2006 年版，第 38 页。
④ 同上书，第 40 页。

新品格教育倡导者对品格的认定有如下观点：（1）托马斯·里克纳认为："品格由实际发挥作用的道德价值构成，它包括道德认知、道德情感和道德行为。好的品格由知善、想善和行善三个相互联系的部分组成。"①（2）凯文·瑞安认为："品格是人们的理智习惯和道德习惯——知道什么是美好的事物，并去热爱这些美好的事物，同时尽量去做美好的事情。"②（3）理查德·斯帕克斯认为："品格具有这样一种功能：关于正确和错误的辨别，关于正当和公正的评判标准，关于什么是构成好的或坏的行为的判断。"③

由此可见，新品格教育的倡导者对品格的界定主要是从道德认知和道德情感方面来讲的。本书认为品格是指人内在的包括认知与情感的道德品质，并在这种品质的指导下做出合乎道德的行为。

二 品格教育

品格教育源于亚里士多德的传统道德教育，是以培养学生的道德习惯或美德为目的的。19世纪末，美国公立学校逐步采纳了一种突破传统的道德教育模式，通常称为"品格教育"。尽管品格教育已在西方具有悠久的历史，但是由于品格教育的内容宽泛，所以对品格教育的概念也是说法不一、各有侧重，至今未下明确的定论。

美国品格教育委员会提供了一个比较广的关于品格教育的定义："品格教育是一把保护伞，包括了多种多样的途径，允许'品格'的多样化，学校坚持与家长和社区成员通过各种精心设计的途径联合起来，以帮助儿童和青少年成为懂得关心的、有原则的和负责人的人。"④ 伊利诺斯大学的詹姆斯·勒明博士认为："品格教育是这样一种教育途径，教育的重点是培养社会普遍认为有价值的美德和行为模式。"⑤ 基尔帕

---

① [美] Madorma M. MurPhy：《美国"蓝带学校"的品性教育——应对挑战的最佳实践》，中国轻工业出版社2002年版，第8页。

② 同上。

③ Edward F. DeRoche. Character Education：A Guide School Administrators. California：Corwin Press，2001：17.

④ 郑富兴：《现代性视角下的美国新品格教育》，人民出版社2006年版，第39页。

⑤ Kirschenbaum，Howard（2014）. From Values Clarification to Character Education：A Personal Journey. Jounrnal of Humanistic Counseling，Education and Development，Vol. 1，No. 4.：7-12.

特里克认为:"品格教育是一种与道德推理和价值澄清不同的、在过去学校和生活中实行的主要道德教育形式。"① 凯文·瑞恩认为:"品格教育是学校生活的密不可分的组成部分,学校的生活就是发展美德——好的习惯和定式,直到学生进入负责的和成熟的成人期。"② 这种教育强调学生小组的活动、升旗仪式、其他礼仪以及培养仁慈、自律、诚实、宽容等美德,并得到了学生家长们的大力支持。

三 新品格教育

20 世纪 80 年代以来,品格教育在美国再次回归。回归的品格教育在传统品格教育的基础上加以锤炼,摒弃了传统教条式的说教,将发挥学生的主动性放在重要位置,注重青少年日常生活中道德行为的养成,在教育内容上更加生活化。因此,为了表示再次回归的品格教育在新的社会中具有了新的时代特征,我们把回归的品格教育称为新品格教育。

新品格教育的倡导者对其有不同的理解:美国著名的发展心理学家和教育学家托马斯·里克纳作为新品格教育的倡导者,认为品格教育"是指通过认知、情感、行为等各方面培育人美德的过程。它可以广泛地通过学校生活的各个方面去获得,包括教师的榜样示范、冲突解决的方案、讲故事、课程内容以及运用技巧等等"③。贝内格认为:"新品格教育应当包括学校纪律、学生着装到参加民主游行和社会福利计划。"④ 詹姆斯·勒明认为:"新品格教育是这样一种教育途径,教育重点是培养社会普遍认为有价值的美德和行为模式。"⑤郑富兴先生认为:"新品格教育为一种缘自古希腊传统的,强调品格训练的道德教育模式。"

---

① William, May (2012). Model of Character Education: Perspective and Developmental Issues. Journal of Humanistic Counseling, Education and Development, Vol. 39, No. 1: 26-29.

② [美] Madorma M. MurPhy:《美国"蓝带学校"的品性教育——应对挑战的最佳实践》,中国轻工业出版社 2002 年版,第 8 页。

③ Thomas Liekona. Educating for Character: How Our Schools Can Teach Respect and Responsibility. New York: New Times Inc. 1991: 90.

④ M. W. Berkowitz (2012). Obstacles to Teacher Training in Character Education. Early Education and Development, Vol. 13, No. 6: 22-25.

⑤ James Lemminng (2010). Tell Me a Story: An Evaluation of a Literature—Based Character Education Program. Journal of Moral Education, Vol. 29, No. 4: 67-69.

第二节 美国新品格教育的兴起

2000多年前,美诺(Meno)向苏格拉底(Socrates)提出一个问题:"美德可以通过教育获得吗?"这是个困扰学者们几个世纪并延续至今仍在讨论的问题。今天的学校能把美德、品行、价值观教给学生吗?如何界定良好的品行?在如今多元化的社会里,能够通过学校的教育获得吗?美国的品格教育在理论和实践方面都对此做出了回答。品格教育兴起于19世纪末,自20世纪以来,品格教育运动主要经历了三个阶段,包括:传统道德教育阶段、相对主义阶段、复兴阶段即新品格教育运动,它们在反复的衰退与兴盛中不断发展。它在20世纪90年代的美国扩展为全国性的教育改革运动,至今仍在如火如荼地进行。

一 新品格教育产生的背景

(一)品格教育的产生

1. 理论基础

美国的品格教育源于亚里士多德的"美德—习惯"教育模式。亚里士多德认为美德可以分为两大类:一类是可以通过行为习惯获得的道德上的美德,一类是可以通过教育获得的智力上的美德。亚里士多德同时认为,培养孩子的美德首先必须热爱美德并且拥有对美德的期盼。他的一个为人所熟知的观点是:人们通过做有美德的事情变得有美德。同时亚里士多德也非常强调尽早发展道德习惯的重要性,他认为:"是否在我们在很小的时候就形成了某种道德习惯,这对于儿童的道德发展来说是有差别的,这种差别不是细小的,而是非常显著的,甚至说存在根本的不同。"[1] 美好品德是从小就要开始培养的,帮助儿童养成良好的行为习惯,并通过各种实践活动进行锻炼和提升,才能成为有美德的人。亚里士多德对美德的诠释、对行为习惯的培养等理论把当时的教育理论推到了一个更高的水平。美国的品格教育正是基于此理论演变而来。

---

[1] [美] Madorma M. MurPhy:《美国"蓝带学校"的品性教育——应对挑战的最佳实践》,中国轻工业出版社2002年版,第35页。

2. 品格教育的形成：19世纪公共学校的道德教育

19世纪的公共教育运动给美国的道德教育带来了变革，注重强化公共学校的道德教育。究其原因，主要有两方面：首先是政治的需要，强化公共学校的道德教育是美国化和民主化的需要。[①] 移民的大量涌入，使美国陷入了多种族、多文化的价值观冲突的困境，公共学校需要培养学生的公民品格，使人民具有公民意识和公民品格，并具有民主的精神，对其进行美国化。其次是美国都市化和工业化的快速发展，技术进步和经济的富足，冲击了传统的道德观念。大都市的生活方式和工业化的生产方式给人们带来了更多文化和价值的选择，人们更加注重个人消费的享乐主义，导致了价值多元化、个人化和相对化。价值的多元要求加强公共学校的道德教育，确立核心的道德价值观，对儿童从小进行道德教育，为国家培养合格公民。

公共学校的道德教育摆脱了宗教的束缚，转变为在学校进行的世俗化的道德教育模式，突破了原有的宗教内容的束缚，而纳入了世俗化教育的轨道，强调培养公民美德，更注重培养个人的良好品格。由此，品格教育应运而生。

（二）品格教育的衰落

1. 哈特肖恩（Hugh Hartshorne）和梅（Mark A. May）的品格教育研究

1924年到1929年，哈特肖恩和梅接受了由美国洛克菲勒公司资助，并由哥伦比亚大学师范学院的社会和宗教研究所主导的品格教育的研究项目，该项目对品格教育的特征和学校在学生品格发展中的作用进行了最详细的综合性研究。该研究在美国的23个社区中选取实施品格教育的学校，创建教室情境，给学生提供欺骗或主动帮助他人的机会，在五至八年级学生中选取10865名被试者进行测试，测试项目包括诚实、自律、宽容和自信等品格。这项研究的结果表明，品格教育技巧与学生们的普通道德行为模式之间很少有联系或者根本就没有联系。[②] 这就说明品格教育的功效低下，不能达到品格教育者宣称的强大的意义。

---

① 郑富兴：《现代性视角下的美国新品格教育》，人民出版社2006年版，第51页。

② James Lemming (2015). Social Studies Research and the Interest of Children. Theory and Research in Social Education, Vol. 25, No. 4: 65-69.

这项研究致使品格教育的政策关注和学术研究迅速衰落。

2. 20 世纪 60—70 年代美国社会的剧变

自 20 世纪 60 年代以来，美国社会发生强烈剧变。因为越南战争失败，美国出现了一系列的社会问题：种族冲突不断，政府权威受到挑战，政府丑闻、经济危机不断爆发等，失业率和犯罪率也因经济发展的极度不平衡而急剧上升。

这种剧变导致了美国社会道德观和价值观的剧变，不同的种族和宗教团体都有自己的价值观和道德取向，树立了多重的道德标准。崇尚个人价值、自由、民主的价值观被极端的个人主义价值观所代替，突出强调自身利益、个人权利和自由。里克纳认为，"这种个人主义带来了新的进步，如公民权利运动、对妇女权利的关注等，但是也带来了诸多问题，如人们开始抛弃对个人自由的任何约束，培植了对权威的普遍反抗"[1]。人们崇尚极端的个人自由，挑战权威，社会的道德共识已经不复存在，品格教育失去了其发展的核心前提。

3. 杜威对品格教育的批判

杜威提倡道德相对论，他认为人们价值观的形成是人们根据环境的不断变化而做出反应的结果。杜威认为："当我们把品格发展作为学校道德教育的终极目标时，道德教育也就失去了其实践价值。"[2] 所以，杜威对品格教育是持批判态度的，这主要表现为三个方面：首先，应该用习惯代替品格。杜威认为，一个人的品格不是一定的道德准则，而应该是一个人的行为习惯，是一种习惯的渗透。因此，不能用品格的发展来定义一个人的本质，而是用个人的习惯规定品格。其次，杜威强调理性的作用，反对僵化的品格训练。他认为，客观的和固定的道德准则不应该是品格教育的基础，而应该以对生活进行理性的思考而得出的经验为基础，因此，道德教育不是简单的品格训练，而是着重培养学生的道德判断能力。最后，杜威指出即使对学生进行品格训练，也应该注重道德教育过程中品格训练的方法，而不是倾向于其内容。杜威对品格教育的批判标志着现代道德教育的开始，也使品格教育的发展逐渐淡化。

---

[1] Thomas Liekona (1991). Educating for Character: How Our Schools Can Teach Respect and Responsibility. New York: New Times Company: 48.

[2] Dewey J (1999). The Quest for Certainty. New York: Macmillan: 89.

二 新品格教育产生的原因

(一) 对传统道德教育的反思

20世纪80年代以来,美国社会开始重新强调传统道德教育的内容和方法,由强调培养人们的道德判断力逐渐转变为着重培养人们的道德认知和道德情感。理论界对传统道德教育重新重视和强调,源于现代道德教育所表现出来的种种不足[①]:现代道德教育只重视学校的道德教育,忽视了家庭、社区以及其他社会教育机构的教育作用;过于强调道德教育的形式而忽视了其内容;没有看到道德反思、道德体验与道德行为之间的相互联系;研究者青睐假设性道德困境,却不关注日常生活中道德选择的模糊性。因此,现代道德教育应该培养学生道德反思的能力,强调道德习惯和道德意志养成,利用和采纳传统道德教育模式的内容和方法,这就要求传统品格教育的回归。

(二) 现代道德教育发展的需要

近年来,摆在世界各国教育者面前的一个问题是:怎样处理传统道德教育和现代道德教育的连续性问题。工业化大生产和都市化、多元文化的发展,致使传统道德教育和现代道德教育出现断层,使人们无法认清楚核心价值观,人们长期处于迷茫、彷徨的状态。越来越多的道德问题也就涌现出来:人与人之间的漠不关心、欺骗、互相诋毁等,多种社会问题使人们意识到急需找回早期的核心价值观,回归传统的对人们品格的教育,解决日益严重的社会问题。而品格教育的回归无疑能充当起这个桥梁,使人们在不断追寻失落的传统文化的同时,也能够从传统的道德教育中汲取精华,发现和探索现代道德教育的新途径,为现代道德教育的发展打下坚实的基础。

(三) 严重的道德危机

自20世纪60年代以来,道德危机一直是美国社会面临的亟待解决的问题,并且有日益严重的趋向。道德危机的严重性具体表现为三个方面:

---

① M. W. Berkowitz (2012). Obstacles to Teacher training in Character Education. Early Education and Development, Vol. 13, No. 6: 25-30.

1. 道德共识的崩溃

美国社会的剧变以及多元文化的发展使得传统的道德与现代人的需求脱节，人们开始质疑道德的效力，道德价值观约束和规范人的行为的功效日益退化。人们的情感态度、行为习惯、个人偏好等逐渐侧重于个人的观点和感受，并产生了"何谓道德"的争论，然而这种争论并没有一定的道德基础，也没有达成道德上的共识。英国东伦敦大学的科林·斯夸尔教授认为："美国的道德争论听起来经常是无穷尽地重复，没有结果。这种争论似乎没有共同的假设，对于构成有效的论证没有一致的、能够解决争论的共同基础。"[①] 人们对道德功效的质疑，使得传统道德逐渐失去了其传统的整合作用，随着人们道德言论的含混不清、彼此矛盾和冲突的持续，导致了传统道德共识的崩溃。

2. 美国社会日益严重的道德问题

道德共识的逐渐崩溃，难以避免地使人们的传统价值观念与新时期社会的现代价值观产生冲突，引发了美国社会严重的道德问题。美国学者德洛什把美国的社会道德状况概括为"社会病理"，具体表现为："家庭功能失调，家庭暴力，虐待儿童，退学率不断升高，强调暴力和性的影视作品，破坏公共财物，不断上升的欺骗和偷盗行为，缺少尊重、宽容、体谅等品德行为。"[②] 道德危机的日益严重使美国社会动荡不安，道德行为问题的缺失不断上升，使得美国政府高度重视对民众的美德教育，支持学界重建民众的道德价值观，大力倡导品格教育的回归。

3. 青少年道德问题的严重性

道德共识的瓦解，社会道德危机的日益严重，使得青少年缺失了良好社会道德环境的浸养，并且没有得到来自学校的及时的品德教育，家庭功能障碍的失调也使青少年失去家庭的约束和管理。社会、学校、家庭对青少年道德行为的疏忽和放纵，把青少年置身于一个糟糕的成长环境中，使之缺乏道德的规范和制约，引发了青少年一系列的道德问题。里克纳根据大量事实调查数据统计，概括出了青少年的 10 个道德问题：

---

① Corinne Squire (2006). Morality USA. Minneapolis: University of Minnesota Press, 1998: 3.
② Huffman, H. A. (2013). Character Education without Turmoil. Educational Leadership. Vol. 8, No. 25: 9-13.

偏执狭隘，性行为混乱，公民意识不断弱化以及自毁行为频发，如滥用毒品、酗酒、自杀、偷窃、欺骗、暴力、欺负他人、藐视法律等。[①] 青少年良好道德行为的严重缺失，使得美国公众也强烈要求整合社会的力量为青少年营造一个干净、充满关爱的环境，对其进行直接和正面的品格教育，培养其良好品格，促进青少年健康成长。

三 新品格教育的发展现状

（一）政府的大力支持

新品格教育开始的标志是 1985 年由曾担任里根政府的教育部长威廉·贝内特提出的蓝带认证计划。该计划在全国范围内评定出表现突出的私立和公立小学，并授予其"蓝带学校"的称号。蓝带认证计划的目的是强调新品格教育在当今美国中小学教育中的地位，帮助儿童形成可靠的关于正误的标准并指导其生活。一所学校欲获得"蓝带学校"的称号，除了该校的学生具有扎实的学科基础知识外，还要通过借助社区和家庭的力量在学校培养学生的良好品格，做到在学生的品格、价值观与伦理判断上有着突出的表现，然后经过材料申报和多次实地考察才能成为"蓝带学校"。

基于蓝带认证计划的成功，20 世纪 90 年代以来，美国联邦政府及各个州政府都大力支持新品格教育的开展。新品格教育的倡导人之一玛多娜·墨菲调查发现："1995 年，美国联邦政府教育部向 4 个州（加利福尼亚州、爱荷华州、新墨西哥州、犹他州）的新品格教育计划提供了补助金，截至 2000 年，联邦政府教育部已经向这些州补助了累计 24 种基金；近几年，美国颁布的一些国家文件和国家法案都倡导、支持新品格教育，鼓励学校承担起培养学生品格的责任；美国大约有 9 个州颁布法令，以政府的名义正式推行新品格教育，大约 11 个州以及哥伦比亚特区积极号召与建议进行新品格教育。"[②]

美国总统也大力提倡开展并实施新品格教育。1996 年，美国总统克林顿在国情咨文演讲中，号召所有的学校都应该实施新品格教育，教

---

① Thomas Liekona (1999). Educating for Character: How Our Schools Can Teach Respect and Responsibility. New York: New Times Company: 13-19.

② 杨超:《当代西方价值教育思潮》，中山大学出版社 2011 年版，第 64 页。

导学生领悟核心价值观的真谛，养成良好品格。2001年，布什总统在其就职演说中，号召所有的公民成为有较高素养和修养的好公民，并明确提出了好公民应具备的良好品格和道德品质；2009年，总统奥巴马在弗吉尼亚州的威克菲尔德高中给全美中小学上了新学年的第一课，对青少年进行积极的价值观引导，劝诫其遵循道德规范，奉行诚信、宽容、友爱等价值观。

（二）新品格教育组织的纷纷成立

20世纪90年代以来，众多关于新品格教育的组织纷纷成立。圣地亚哥大学教育学院教授爱德华·德洛什和玛丽威廉斯列举了20世纪90年代以来美国有关新品格教育成立的组织及其开展活动的大致情况[①]：

1992年7月，"约瑟夫伦理研究所"在阿斯本小镇召开了一次品格教育的研讨会，与会者提出一套试图超越传统文化和宗教的共同的价值观，并倡导在学校广泛推行。

1993年，品格教育伙伴组织成立，其主要目的是致力于培养青少年的良好品格使之成为合格公民。这是一个非营利、非教派的全国性的组织。

1993年，"杰斐逊伦理中心"成立了品格关注联盟，并提出了"品格的六大支柱"：信任、负责、关心、尊重、公平和公民意识。该组织得到了社会各界的大力支持。

1994年到1997年，白宫连续4年发起了"为一个文明和民主的社会而进行品格教育"，并由"社群主义组织"主持。

1996年，新品格教育的代表人物签署了品格教育宣言，并提出了教育改革的重要指导原则。

这些组织的相继成立，标志着品格教育的强势回归和复兴，新品格教育在美国发展和兴盛起来，现在仍在如火如荼地进行中。

（三）新品格教育著作的逐渐增多

随着新品格教育的蓬勃发展，有关新品格教育的著作日益增多，其中托马斯·里克纳的《美式课堂——品质教育学校方略》一书最具有代

[①] William, May (2012). Model of Character Education: Perspective and Developmental Issues. Journal of Humanistic Counseling, Education and Development, Vol. 39, No. 1: 53-58.

表性，该书明确提出了新品格教育的内容和教育方法；玛多娜·墨菲的《美国"蓝带学校"的品格教育——应对挑战的最佳实践》，运用大量"蓝带学校"实施品格教育的案例，讲述了新品格教育的实践活动和评估过程；匹兹堡大学的教授亨利·赫夫曼的《编制一个品格教育计划》；贝内特主持编写的《道德指南针》和《美德书》等，这些著作都从不同角度和不同方面诠释了新品格教育的内涵、教育原则、手段、方法和意义等。近年来，我国也相继出现了大量关于新品格教育著作的译本和相关研究。

第三节 美国新品格教育的理论内容

一 目标与结构

（一）目标

重视道德教育是美国学校的传统，美国十分关心学校教育的道德目的。里克纳认为："实施新品格教育有三个目标：使每个人发展成为完善的人，使学校成为更好的地方，形成社会道德的基础。"[1] 面对美国严重的道德危机和道德衰退现象，教育者呼吁重新实施传统的品格教育，强调尊重权威，坚持社会正义，对国家忠诚、个人责任感等传统美德，试图重新确立核心的道德价值观，寻求道德共识。由此，郑富兴认为："美国新品格教育的目的正是尝试控制个人脱离社会的趋向，试图恢复个人与社会的张力，以消除社会道德价值观上的分歧，达至社会整合。"[2] 社会整合就是要控制道德分歧和道德冲突，追寻道德上的共识得到社会认同的社会核心价值观。新品格教育从道德规范上形成个人的道德认知，促使各种良好品格内化到个人的情感和行为之中，令人们尤其是青少年在日常生活中养成道德习惯，逐渐获得一定的道德意识和道德观念，以此消除道德分歧，控制社会冲突和克服离心趋向，形成一种社会凝聚力，达到社会整合。因此，美国新品格教育的目标正是通过培

---

[1] Homas Liekona (1996). The Eleven Effective Principles of Character Education. The Journal of Moral Education, 25 (1): 93-97.

[2] 郑富兴：《现代性视角下的美国新品格教育》，人民出版社2006年版，第113页。

养个人的良好品格，寻求道德共识，从而形成社会的道德凝聚力，以此来促进美国社会的整合。

（二）结构

里克纳在《培养品格的教育》（*Education for Character*）一书中提出了品格发展的模型结构（图5-1），他认为新品格教育要从三个方面来进行：道德认知、道德情感、道德行为。[①] 充分理解与认识新品格教育的结构有助于学校从多维度来促进品格教育的开展。

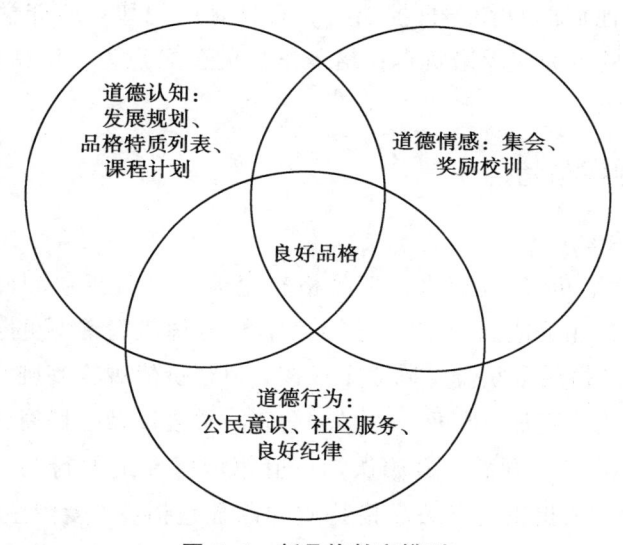

图 5-1　新品格教育模型

道德认知（moral knowing）：通过对学生进行具体的关于核心价值观和道德观念的教育，促使学生通过道德认知清楚合乎道德规范的行为是什么，什么应该做，什么不应该做。这可以通过明确学校的发展规划、对良好品格的列表和安排课程计划等来实现。例如，对社会上或班级里发生的不合乎道德的事情，可以通过在班级里进行讨论，直接让学生清楚地了解良好品格的标准。

道德情感（moral feeling）：发展学生的道德情感，不仅能够促使学生认识什么是美好的事物，而且还会去热爱这些美好的事物。有学者认

[①] Madonna M. Murphy（1998）. Character Education in America's Blue Ribbon School：Best Practices for Meeting the Challage. Lancaster, Penn.：Technomic Publishing Company, Inc.：10.

为："个人的情感能力是基本道德观念的源泉。"① 新品格教育的道德情感是鼓励、引导学生通过集会、奖励等活动去获得自尊、勇敢、诚实、公正等品格的一种渠道。来自不同背景、不同信仰的人都会通过道德情感的培养发展自己的良好品格。

道德行为（moral action）：亚里士多德提过一个古老的问题："知道什么是好事必定会导致我们做好事吗?"② 所以，培养良好品格最终的落脚点都要落实到"道德行为"上来，应积极地鼓励学生采取正确的行为：培养他们的自律、自控能力，有良好的纪律；培养学生的责任感，为自己的行为或承诺负责；培养学生的公民意识，坚持社会公正，为社区服务等。

二 内容与特点

（一）内容

自 20 世纪 90 年代以来，新品格教育运动一直轰轰烈烈、方兴未艾，是美国、北美地区乃至西方国家学校道德教育领域的主流话语。1992 年，"品格测量联盟"确立了以核心道德价值观为基础的六种品格要素，分别为：责任、尊重、诚信、公正、关爱以及公民意识。里克纳认为品格包括三个方面：道德认知、道德情感和道德行为。"蓝带学校"项目负责人提出的有关品格特质的课程包括："爱国主义、诚实、民主、关心他人、勇气、不同种族的认同和宗教相容。"③ 品格教育学院提出的品格教育包括端庄、诚实、公平、自由、非暴力、尊重、运动员精神等。虽然对于每个州、每个学校的新品格教育的内容都没有统一的规定，但是大致概括起来，新品格教育的内容主要包括：

1. 尊重（respect）

里克纳认为尊重和责任心应该是除读、写、算之外的第四种和第五种基本技能。如果学校要培养具有道德素质的人，就首先要教会学生学

---

① M. W. Berkowitz（2012）. Obstacles to Teacher Training in Character Education. Early Education and Development, Vol. 13, No. 6：24-28.

② Glasser, W.（1990）. The Quality School. New York：Harper & Row Publisher：302.

③ Goleman, D.（1995）. Education Intelligence：Why It Can Matter More than IQ. New York：Bantam Books：78.

会尊重自己和尊重他人。有哲学家曾经说过："尊重自己是一种人类不可转让的权利，是人类尊严的核心内容。"① 只有正确地评价和尊重自己才能够正确地评价和尊重他人，也有利于学生的身心健康发展和正确价值观的形成。尊重他人，即是说对待他人要富有同情心，对人礼貌、关心他人；支持并尊重他人的自由选择和个人尊严，公正地对待他人。

2. 责任（responsibility）

里克纳认为："维持个人责任，作为一个在民主社会里的公民使用权利和发挥影响。"② 学校应强调学生的个人责任心，让学生树立起对自己行为负责的个人责任感，而不是当事情没有朝着预期目标发展时只抱怨他人。具有责任感的学生会认识到自己可以选择自己的行为，并对自己选择的错误行为负责。

3. 宽容（tolerance）

欧文说过："宽容是一切事物中最伟大的。"③ 宽容是最美丽的情感，是一种良好的心态和品质。用一颗宽容的心去包容和欣赏人类与自然界里的差异性和多样性，尊重他人，热爱自然。

4. 诚实（honesty）

忠于事物的本来面貌，不隐瞒自己的真实思想和真实情感。学者西尔维斯特曾提出："诚实即是信赖国家、学校和朋友，真诚对待他人和自己，完成和承担自己承诺过的事情。"④

5. 合作（cooperation）

合作式学习是"蓝带学校"促进品格发展的教学方法之一。在合作式学习中，学生一起实现共同的目标，完成特殊的任务和作业。除了提高学生的学习成绩和技能外，合作式学习还能够培养学生的团队精神，欣赏人与人之间的联系，提升学生具有乐于合作的品质，提高由此带来

---

① Harmin, M. (2008). The Workshop Way to Student Success. Education Leadership, 48 (1): 43-47.

② Madonna M. Murphy (1998). Character Education in America's Blue Ribbon School: Best Practices for Meeting the Challage. Lancaster, Penn.: Technomic Publicing Company, Inc.: 47.

③ 郝婧：《托马斯·里克纳品格教育思想研究》，兰州大学，博士学位论文，2016年。

④ Sylvester, R. (1994). How Emotions Affect Learning. Biiomington. Indiana: Phi Delta Kappan Notebook: 5-10.

的自尊感。

6. 公民意识（civic awareness）

公民意识是指公民对自己在国家中的地位和作用的认识。公民意识包括：拥有自由的权利，尊重法律，道德责任，信仰社会公正、社会正义，以及对于国家和社会的责任感。通过对学生进行公民意识的教育，使学生具备实践良好品格的第二个方面——道德情感的条件。

新品格教育的主要内容和观点，反映了教育者对青少年道德观的期望。教育学家戚万学等认为："新品格教育的主要目标就是传授核心道德价值观，这场运动为美国学校道德教育重新确立了客观标准，为学校道德教育走上科学化道路奠定了基础，成为改善美国社会中存在的诸多问题、复兴美国精神的重要手段。"①

（二）特点

1. 确立核心价值观，追求道德价值观的共识

培养人们具有共同的价值观念是社会存在与发展的前提。"人的存在与发展是在特定的社会之中进行的，任何一个社会都必须具有一定的共同的价值观念、政治信念，它是维持社会稳定的一个基本前提。"②新品格教育的重要特点之一就是对社会核心价值观的确立，追求道德价值观的共识。学校开始正式实施品格教育之前，应开展的第一步工作就是确立每个学生应掌握的核心价值观和良好品格内涵，即确定教什么内容，传授谁的价值观。因此，有学者认为："学校开展品格教育的前提条件是需要一套具有普遍效用的道德价值观体系。"③

美国新品格教育成功与否的关键就在于：追求道德价值观的共识，形成社会普遍认同的核心价值观。里克纳认为："学校应该传授给学生共同认可的价值观念，因为这些公认的价值观念能够约束所有人的行为。"④ 普遍的价值观（如关心、诚实、公正、责任、自尊和尊重他人）应该得到世界各国公民的认可，超越国家、民族的差异，超越宗教的界

---

① 戚万学、唐汉卫：《现代道德教育专题》，教育科学出版社2005年版，第127页。
② 刘济良：《青少年价值观教育研究》，广东教育出版社2003年版，第6页。
③ 杨超：《当代西方价值教育思潮》，中山大学出版社2011年版，第43页。
④ Thomas Lickona（1991）. Educating for Character: How our schools can teach respect and responsibility. NewYork: New Times Company: 48.

限。里克纳同时认为："人们越来越清晰地认识核心价值观，则会更加坚定信奉普遍价值观的信念，并以这些价值观为标准而生活，恪守这些价值观而行事。"① 同时，普遍价值观也构成了良好品格的基础，成为道德教育的起点。

哈特伍德课程认为最基本的道德观念是：勇气、公正、希望、爱心、忠诚、尊重和诚实等。杰斐逊在创建品格教育课程时提到："品格教育课程的中心价值观应包括关爱、合作、体谅、谦恭、公正、爱国主义、纪律、尊重等。"② 虽然每个学校或学区所认定的价值观念不同，但从某种意义上来说，不论形成哪种价值观都是殊途同归，本质上都体现出了核心的价值观念和人类的美德，形成了一定意义上的道德共识。美国新品格教育最低限度的共识，不仅有助于培养个人的良好品格，也为新品格教育的成功奠定了基础。

2. 道德教育的社群化，构成三位一体的道德教育网络

首先，许多"蓝带学校"将品格发展、价值观和美德教育、提高道德决策能力作为学校的使命，在全校范围内创建一种民主、平等、和谐的氛围。学校运用非正式课程把品格教育融合在整个学校生活之中，用所确定的核心价值和美德把整个学校构建成道德社群，以培养学生的品格。如加利福尼亚州的格尔沃德小学，承诺该校的任务就是培养他们的学生具有健康的道德价值观、良好的学术成绩以及对社会改良的关心。

其次，学校欢迎更多的家长们参与到学生们的学校生活中来，如家长帮助督促孩子按时完成作业，让孩子们认识到自我约束力的价值；家长和孩子一起完成学校布置的社会实践活动，教会孩子认识到责任感、勇气的价值；协助老师协调孩子们之间的矛盾，让他们体会到关心、尊重与宽容的价值。在康涅狄格州的弗兰德斯小学，在学校的各个地方都能看到父母的身影：演播中心、教室、运动场等任何需要得到他们帮助的地方。学校有数以百计的家长志愿者，他们频繁而积极地参与到学生们的学校生活中去，使学生们意识到学校的重要性，学生相应品格的发展也非常快：努力工作、自律、关心尊重他人、良好的公民意识。这都是学校和家庭协作的结果。

---

① 杨超：《当代西方价值教育思潮》，中山大学出版社2011年版，第5页。

② Madonna M. Murphy (1998). Character Education in America's Blue Ribbon School: Best Practices for Meeting the Challenge. Lancaster, Penn.: Technomic Publicing Company, Inc.: 53.

社区广泛的参与教育活动能够成为品格教育的重要后备力量，形成一个社区的道德社群，扩展向青少年教授的道德价值观的内容。这有助于彰显社区文化氛围，培养家庭道德观念；并能让公众了解学校在品格教育方面付出的努力，树立学校的积极形象。纽约州的威兹普特学校不是单单制订一个品格发展的课程，而是让学生更多地参与到社区服务项目当中，主动地关心社区的年长和残疾人士。社区服务会让学生们意识到他们的社会责任和公民责任，在提高他们的服务技能的同时，在社区中进行道德的实践，充分补充了学校和家庭品格教育的不足。如此，学校把家庭、社区纳入道德社群中，形成一个三位一体的道德教育网络，全方位地促进学生品格、价值观和道德的发展。

3. 以学生为本，坚持主体性道德教育理念

新品格教育的本质决定了品格教育必须是主体性的教育，因为没有主体自愿自觉的道德约束，品格教育就不能发挥其应有的功能和约束力。在新品格教育中，教师不会强制灌输和强制命令学生应该做出哪些有道德的行为，而是以学生为本，给学生提供切实的选择的机会、选择的空间和条件，让学生在亲自选择的过程中领悟到良好品格的内容与本质，从而做出合乎道德标准的判断和行为。

在教学过程中，坚持新品格教育的学校以学生为本，进行分层教学，根据学生在个性、认知水平和认知方式等方面的差异，设计出适合不同学生的教学方式，使不同层次的学生都能够有适合自己的道德教育。同时，教师会努力让学生领悟自己是学习的承担者，调动学生对品德知识学习的主动性，鼓励学生确立自己的学习目标、制订自己的学习计划，把自己当作品格教育过程中的主角。如俄亥俄州的圣琼西斐谟特塞瑞学校坚持主体性的道德教育理念——以学生为本。学校的哲学观即学校是学生工作的场所，坚持让学生把学习、作业看作自己的工作来做。学校希望学生能够获得自己完成任务和掌握知识的自豪感。里克纳认为，"对学生来说，认识到出色完成工作的价值是很重要的，因为这是他们获得尊严和人类价值感的基本源泉"[1]。

---

[1] Vincent, P. F. (1994). A Primer : Developing Character in Students. Chapel Hill, NC: New View Publications: 154.

在日常生活中，学校会设计一些活动让学生充分参与到新品格教育中来。如大多数"蓝带学校"会利用班会让孩子们参与班上的计划，加强学生们的决策能力；有些学校会组织一些有教育的教学实验比如"如何去做决定"等；同时里克纳提到："纽约伊萨卡的某冲突委员会是一个专门训练孩子作为'协调干事'的机构，在培训中训练孩子沟通和聆听的技巧、处理情感、用富有创意的绝妙方法解决问题以及培养团队精神。"① 坚持贯彻主体性道德教育理念，以学生为本，才能从本质上培养学生的道德素养，形成他们良好的品格。

相反，如果不以学生为主体，不从学生的本身的道德品质和条件考虑，学生遵守纪律和规则、宽待别人等道德行为是在外界压力下做出的，而不是由于本身内在的品质出发的，那么这些"依靠外力维持的道德行为一旦失去了其赖以存在的外部力量，其道德行为则会终止，甚至会出现'反弹'现象，走向道德行为的反面"②。

4. 全方位的渗透，寓品格教育于学校各项工作之中

新品格教育在其传递方法和方式上，表现为全方位的渗透，即品格教育存在于教材、教学过程、社会生活及管理工作的各个方面。其渗透性主要表现在：第一，寓品格教育于教学过程中。不同的学校在促进品格发展的教学当中采取不同的教学方法，如华盛顿斯普瑞恩格勒小学采用合作式学习法，学校相信，合作式学习可以帮助学生实现其亲社会技能。通过合作式学习，学生能够发展其合作、团结、尊重他人的品质。新品格教育的倡导者多娜·墨菲在调查新品格教育实施情况时发现："佐治亚州的伯瑞斯小学用'整体语言指导'的教学方法，让学生阅读大量的经典文学，在阅读过程中，使学生充分认识人类的斗争、成功、优点、弱点、美德和罪恶等各个方面。"③ 通过"整体语言指导"计划，推动学生发展道德推理能力，培养学生良好的品格。

第二，寓品格教育于管理之中。不论是公立学校还是私立学校，都

---

① ［美］托马斯·里克纳：《美式课堂——品质教育学校方略》，海南出版社2001年版，第282页。

② 郑富兴：《现代性视角下的美国新品格教育》，人民出版社2006年版，第238页。

③ Madonna M. Murphy (1998). Character Education in America's Blue Ribbon School: Best Practices for Meeting the Challage. Lancaster, Penn.: Technomic Publicing Company, Inc.: 47.

把对学生的品格教育作为学校的使命,学校首先确定应当培养的一整套核心价值观,并坚持一整套基于普遍原则下的特定道德为治校方针。如"蓝带学校"确定品格教育的课程理念,制订有关品格教育的课程计划,实施儿童发展项目,为整个学校营造良好品格发展的气氛和环境。学校更注重对教师进行品格教育的培训,对教师进行作为一个道德教育者或是一个良好品格发展者的作用与职责的教育,提高教师的道德素养。同时,强化作为道德领袖的校长的职责,学校认为在创造学校品格发展氛围方面校长发挥着很重要的作用。因此,里克纳认为:"任何时候当你看到一所有着健康道德环境的学校时,你就会发现正是由这所学校的校长或是由校长授权的其他某一个人在负责这种道德环境的培育。"[1]

5. 注重贴近生活,调动学生内在因素产生内化效应

新品格教育注重贴近生活,调动学生的内在因素,鼓励学生参与教育的过程,从生活的各个方面出发,强调学生们的责任心、诚实、尊重、自尊等美好品德,并产生内化效应,从本质上提高他们的道德品质。一种贴近学生生活的针对学生品格发展的应对方案是"反对毒品计划"。由美国教育部颁发的《什么因素在起作用:没有毒品的学校》(*What Works: Schools without Drugs*) 一书中,提出,"在今天的美国,对我们孩子的健康威胁最严重的就是使用毒品"[2]。反对毒品计划有助于增强学生在"道德认知"领域的学生的品格教育,因为它非常重视基于一定知识基础上的明智的道德决策,有利于学生做出正确的道德行为,从具体的生活当中认识到自我尊重、富有责任心的重要性,从道德认知、道德情感方面内化为自身的品质。当然,品格教育所包含的内容自然要比药物教育宽泛得多,因为它包含了所有的道德问题。

学校甚至整个社会面临的另一个挑战是:如今的"性开放"严重影响到了青少年的社会生活,青少年们陷身于一个将他们淹没于各种性信息和性图像之下的社会文化之中,而他们还没有成熟到能正确评价这些

---

[1] Benninga, J. S., ed. (1991). Moral, Character, and Civil Education. New York: Teachers College Press: 64.

[2] Hunter, James D. (2000). The Death of Character: Moral Education in an Age without Good or Evil. New York: Basic Books: 78.

东西的阶段。里克纳认为:"性开放的社会文化给青少年造成过度的性刺激,将性与道德价值观过度分开,并最终剥夺了他们以一种健康而道德的方式达到性成熟的机会。"① 所以,对青少年的性教育刻不容缓,必须对青少年进行性行为的道德教育,帮助他们了解性所涉及的道德问题,并让他们学会性的自我控制。"品格教育协会"在《以品格为基础的性教育原则》中指出:"以品格为基础的性教育必须是整体的,必须满足学生从儿童成长到青少年这一时期中在身体方面、社会方面和情感方面的需要。"② "性"方面的教育如今已经渗入到青少年的社会生活当中,对青少年进行性教育有助于发展他们的美德,有助于青少年在性的领域领悟如尊重、责任感、自我控制等核心的道德价值观。

实施包括药物教育、酒精教育、性教育在内的教育反映了公众对于学校作为品格教育机构的态度的巨大转变,学校在这方面应担负起对青少年进行品格教育的重任,引导青少年将良好的道德品质内化,培养其道德内涵,养成健康、积极向上的生活方式。

三 实施原则

新品格教育实施的基本原则是可以对新品格教育进行评估,并且能够知道在学校和社区开展的品格教育,以及为实施新品格教育的相关材料如课程、书籍等提供衡量标准。2008年,"品格教育伙伴"(Character Education Partnership,CEP)发布"品格教育质量标准"(Character Education Quality Standards),作为学校和地区进行品格教育实践自我测评的工具。③ 这一标准是根据托马斯·里克纳的"有效品格的十一条原则"经过2003年和2006年两次修订而成。从这十一条原则中可以大致领悟出新品格教育的实施原则。

(一)确立核心道德价值观,为良好品格奠定基础

核心价值观的确立如尊重、责任、关心、诚实等,这些超越宗教和

---

① [美]托马斯·里克纳:《美式课堂——品质教育学校方略》,海南出版社2002年版,第38页。

② Hersh, R. et al. (2008). Modles of Moral Education. New View Publications:13-16.

③ 戚万学、赵文:《CEP有效品格教育的十一条原则》,《外国教育研究》2001年第3期。

信仰的价值观念可以为个人的行为确立一个道德标准，规定人们在社会中的权利和义务。开展新品格教育的学校，要在学校传播核心价值观，详尽列举并公开支持这些价值观念，对学生进行价值观教育；为学生们树立价值观的典范，督促学生学习并讨论这些价值观。同时杨超认为："开展新品格教育的学校要通过表彰社会和学校中的合乎道德行为的表现，敦促青少年认同和遵从社会普遍价值观。"[①] 价值观教育的开展，可以帮助学生建立自己的人生观，丰富他们的精神世界，培养高尚的道德情操和良好品格，促进学生公民意识的形成。

（二）"品格"的核心要求包括道德认知、道德情感、道德行为

正如前文所介绍的新品格教育的模型包括了认知、情感、行为三个方面，品格的概念应该包括正确认识价值观，并且按照这些价值观而行事。新品格教育即是帮助青少年在道德认知上了解并认识良好品格的概念与内容，进而升华为自己的道德情感，来约束和规范自己的行为，做合乎道德的事情。而反过来，随着个体恪守道德规范，依循价值观行事，个体对这些价值观就会越来越有深厚感情，对核心价值观的信念也就越来越坚定。由此可见，核心价值观要求个体通过道德认知、道德情感和道德行为来体现，而良好品格的培养也更坚定了个体的核心价值观念。

（三）有效的新品格教育要求运用综合的、全面的、系统的方法，促进学生在学校全面的发展

综合方法是指学校不应该采取单一的方法来培养学生的良好品格，应采取多样化的教育方式，如"密友"计划可以让学生们学会关心他人；"良好公民意识奖"可以培养学生们的公民意识；校园"巡逻队"可以让学生们学会自律与自我控制等。积极的方法是指应该让学生们积极主动地学习和讨论核心价值观和良好品格的内容，不能被动地接受，学校通过实施一些奖励计划来激发学生们的积极主动性。如伊利诺伊州的法拉克福中学实施的"老虎金卡计划"，那些遵守学校各种规章制度、遵守道德规范的学生，可以获得老虎金卡并享受一定的特权，如在学校购买商品时可以打折等。有意义的方法是指学校采取的方法需切实

---

① 杨超：《西方价值教育思潮》，中山大学出版社2011年版，第173页。

可行且体现良好的效果，如对哈特伍德学院课程的评估。

（四）有效的新品格教育要求学校必须是一个充满爱的团体，为学生营造一种关爱的氛围

教育家诺布利特说过："从道德和文化的层面上看，关爱是关于我们应该如何看待他人并与他人交流的一种信仰。"① 学校应该将关心与尊重他人、宽容、责任等核心价值观融入到日常教学活动中去，并在学校全体工作人员之间、学校与家长之间创造关爱、平等的关系，为学生营造一种关心、友善的环境，在这种环境中引导学生关心和帮助他人，促进良好品格的养成。如在加利福尼亚州的乡村俱乐部小学实施的"家庭教师计划"令学校和家长紧密联系，为学生创造了一个和谐关爱的环境，同时为学生们良好品格的养成创造了条件。

（五）有效的新品格教育要求为学生提供各种机会实践其道德行为

学者杨超曾指出："无论是在智力上还是在行为上，学生的学习都是构建性的过程。"② 学生是新品格教育的主体，只有通过实践，他们才能从中学习。要培养学生的良好品格，就要给他们提供各种各样的机会，把公平、平等、尊重他人等价值观运用到日常的学习生活当中去，做合乎道德规范的事情。如鼓励学生为贫困和有困难的孩子捐款捐物，做义务劳动，和平解决与他人的冲突等，让学生们在实践当中构建自己的价值观，并将其内化为自身的道德修养。

（六）有效的新品格教育要为学生提供一些有意义、有挑战性的课程，并尊重学生的选择和学习方法，帮助他们实现自己的目标

有意义和有挑战性的课程可以培养学生良好的判断力、勇敢、责任等品格。让学生在学习的过程中学习对新方法或新生事物做出恰切的正误判断，并勇于挑战权威，遇到困难不放弃，为自己的选择和行为负责。一种课程要帮助学生完成他们的任务实现目标，首先要尊重学生，即尊重学生的选择和尊重他们的学习方法，学校可以为学生们提供多种学习方法如小组学习、合作式学习、教师指导等，通过学生们的自由选择，在学习过程中培养他们的品格特质。

---

① Edward F. DeRoche（2001）. Character Education: A Guide School Administrators. California: Corwin Press: 109.
② 杨超：《当代西方价值教育思潮》，中山大学出版社 2011 年版，第 175 页。

（七）有效的新品格教育应尽力挖掘学生们的内在动机，激发他们的主观能动性

如果个体在没有他人监督的情况下仍然能够遵守道德规范，则说明个体形成了良好的品格。在品格的形成过程中，学生们会形成对价值观的内在信念，学校应努力培养和挖掘这种信念，降低学生对奖励和惩罚的依赖性，不因奖励做某事、不因惩罚而不做某事。学校应通过采取各种方法激发学生们的主观能动性，令他们自愿、积极地去做某事，使良好品格的特质内化。在生活上，鼓励他们主动关心帮助他人；在学习上，调动他们与他人的合作学习等。

（八）有效的新品格教育应鼓励学校的全体员工积极地参与到品格教育中来，创建一个学习型的道德团体，承担品格教育的责任，遵守核心的道德价值观念

所有学校的员工包括管理者、教师、顾问、助教、门卫、校车司机、餐厅员工等都应加入到品格教育的学习中来，为学生做出表率，在品格教育中发挥积极作用。如果教职员工之间没有体现出尊重、合作、公正等良好品格，怎么向学生们教授这些价值观？教职员工的参与不仅可以起到表率作用，以自身的行为积极地影响学生；同时，在参与过程中，教职员工也会学习到核心价值观的相关内容，提高自身的道德修养，成为学生们的榜样。

（九）有效的新品格教育需要有学校员工和学生的道德领袖的支持

品格教育要达到成效需在学校（包括校长、其他管理者、顾问、学科带头人等）和学生（学生会主席、年级负责人、班长等）中间都有一个领导者作为道德领袖来引导品格教育的开展。学校可以成立品格教育委员会等相关组织，共同制订品格教育的发展目标、奖惩方案、长期规划等，为品格教育的开展保驾护航。同时，学校应为学生提供更多机会，让学生承担道德领导者的责任。如在班级里任命副班主任、鼓励学生合作式学习、主题指导等。

（十）有效的新品格教育要求家庭和社区全员都参与到品格教育的过程中来

品格教育的开展需要学校、家庭以及社区紧密联系起来，加强与家庭和社区成员的沟通及相互间的信任。学校可以让家庭成员参与品格教

育的目标和方案的制订，与他们进行及时有效的沟通，熟悉并参与品格教育实施过程，以便当中出现问题能够尽快解决；同时也能更深入地了解学生的个性特征，采取不同的方式方法进行品格教育。学校同样应鼓励社区成员多多参与到品格教育中来，在社区创建一个品格教育的小团体，为学生营造一种发展良好品格的氛围，成为学校和家庭强有力的支持和补充，形成一个三位一体的道德教育的网络。

（十一）有效的新品格教育必须包含一套严格且有效的评估体系，包括对整个学校的品格、学校的全体教职员工以及学生的行为表现的评估

对整个学校品格的评估可以考查学校是否为学生们良好品格的培养创建了一种关爱、平等、公正的氛围；对学校教职员工的评估可以评价学校员工是否具有良好的品格来对学生们进行教育；对学生行为表现的评估可以判断出学校品格教育的成效是否达到预期目标，同时可以了解学生们的发展状况。例如，在"蓝带学校"的评估过程中，首先要求学校提交一份材料提供大量定性的数据来表明学校正在培养学生的良好品性、道德价值观念，然后由评估组指派专门人员进行实地考察和评估，核对该校开展品格教育的进度和效果，最后再进行理论上的评估和判定。这个评估过程切实可行且得到了社会各界的认可。

对于这十一条原则，学者高峰指出："这十一条原则虽然包含了一些传统品格教育的基本特点，但是可以看到，新品格教育运动是在传统文化基础上进一步的发展和创新，而不是简单地再现最初的传统品格教育。"① 这十一条原则充分体现了新品格教育的目的：在全社会确立核心的道德价值观以达到社会的整合。美国是个多元文化的国家，来自世界各地的人们拥有不同的价值观念，只有从小培养青少年的良好品格，通过社会各界的支持与传达，在全社会确立唯一认同的核心价值观，才能使人们团结起来，创造美国精神，建立一个民主、自由的社会。

四 方法与途径

由于社会多元化的发展，人们越来越热衷于对新品格教育的研究。

---

① 高峰：《解读美国新品格教育之"新"》，《中国德育》2016 年第 3 期。

为了探寻新品格教育的合理原则和措施,制定最恰当的道德规范准则,学者们经过多年的探讨,认为里克纳所倡导的品格教育实施的策略和方法切实可行,且得到了广泛实践和推广。

(一)学校的教师应成为学生的关心者、道德榜样和道德导师

在学校里,教师与学生的关系至关重要,教师是学生的导航者,是学生的指路明灯,可以引导学生发展其良好品格。一方面,教师应成为学生的关爱者,应当从学习、生活各个方面尊重和关爱学生,为学生提供帮助。和老师亦师亦友的关系,不仅能够使学生从学习上提高其学习水平和能力,更容易使学生接受老师道德情感上的教育,培养其道德认知,指引其道德行为。当然,教师应首先自己要有道德认知并在其要求下约束自己的行为,有高度的责任心,为学生树立道德的榜样,促使学生向老师学习。另一方面,教师要把自己当作学生的道德导师,通过课堂教学、实践活动向学生传授良好品格的内容,传授他们道德规范,引导学生做合乎道德的事情。

(二)把班级创建成为一个道德社区

新品格教育取得成效,学校和教师须把班级道德社区的建设作为教育的中心,以此将班级构建成学生道德学习的重要场所。学生在学校学习道德准则,需要相互之间的影响,班级里道德社区的建立就尤为重要。里克纳认为:"创建班级的道德社区需要以三个条件为基础:学生们相互了解;学生们相互认可、尊重和关心;学生感到自己是这个集体中的一员,并对这个集体负有责任。"[①] 相互了解可以使学生们更容易接纳他人,是建立道德社区的第一步;相互认可、尊重和关心可以使学生相互认同,富有同情心,互相帮助;每个人意识到自己是集体中的一员时,就会承担起自己在班级里的责任,增强学生的自尊感和责任感,在班级里形成相互依存的道德氛围。

(三)在班级里要建立道德权威,制定道德纪律

一个人如果不遵守纪律或无视纪律的约束,那就是没有道德;反之,一个具有高尚道德情操和很高文化素养的人,必然有着高度自觉的

---

① [美]托马斯·里克纳:《美式课堂——品质教育学校方略》,海南出版社2001年版,第284页。

纪律性。涂尔干曾说过，"纪律是在教室这个小社会里体现出的一种美德，而不单单是为了保持教室的安静而制定的规范"。① 一个学校如果没有纪律就不能称为学校，一个课堂如果没有纪律就无法成为课堂。所以，要在班级里建立道德权威，制定道德纪律。实施道德纪律，教师应做到四点：首先，在班级里树立道德权威，公正、公平地对待每一位学生，尊重、关心学生，对学生负责。其次，教师探讨道德纪律的训练方法，在班里制定道德纪律，使之成为在班级里建设道德社区的核心的价值观念。再次，以鼓励性教育的方式教育学生们遵守纪律，适当运用奖励和惩罚的方法。最后，教师要清楚学生们违纪的原因，在尊重学生的基础上加以分析和引导，从根本上培养学生们的道德品质。

（四）通过召开班会在班级里营造民主的环境

里克纳认为："班会因为要定期地把大家召集起来而成为一个有意识的决策制定集体，所以也是唯一最重要的发展并强化学生们的最佳价值与行为节操的支持体制。"② 班会能让学生们尽可能地参与到班级政策的制定与实施中来，是一个体现民主与自由的班级活动形式，为学生的品格发展营造一种民主的氛围。班会不仅可以加强师生之间的联系，增进师生感情，同时也能够增强学生们的责任感，作为班级的一员为班级和自己的行为负责。班会的形式可多样化，如规章制定会、规章评价会、阶段安排会、教室改进会、讨论学习问题会等。形式多样的班会目的就在于为学生们营造一个道德环境，让更多的学生参与到民主决策中来。

（五）通过课程教授学生道德价值观

"价值观教育主要是传授给学生看待、衡量事物好与坏的评价标准和尺度；学生们只有认知到社会的价值标准，才能培养自己的价值观，所以，从这个意义上来说，道德价值观是可以教授和培养的。"③ 教师们应该努力发现课程中的道德潜能，通过教授课程向学生们传输和教授价值观。比如通过社会课程让学生们探讨道德两难的问题，教会他们发

---

① ［美］托马斯·里克纳：《美式课堂——品质教育学校方略》，海南出版社 2001 年版，第 210 页。

② 同上书，第 282 页。

③ 刘济良：《青少年价值观教育研究》，广东教育出版社 2003 年版，第 7 页。

现道德的本质；通过自然课讲授环境污染问题，教育学生保护环境，培养他们的公民意识；通过生物、化学等理科实验课，教育学生应如实汇报数据不弄虚作假，培养他们诚实、公正的道德观念等。

（六）通过合作式学习，对学生的合作精神进行培养

合作学习是开展新品格教育中利用课堂教学培养学生品格的策略之一，"'我们共同沉浮'通常是合作式学习的座右铭"①。合作式学习可以使小组成员之间有相互依赖性，学生们共同合作来完成较复杂的工作和任务，不仅能够培养学生在互相合作中体现出来的品格特质，如尊重他人、宽容、关爱等；也能让学生们体会到合作的价值，发扬学生们的利他精神；同时，能够提高学生们的基本学习技能，如倾听和接纳他人的意见，进行有效的交流等。目前多数"蓝带学校"采用的合作式学习的形式多种多样，包括共同学习、小组调查、学生团队以及拼版游戏等。

（七）培养学生的职业道德感

职业道德是指不论从事什么工作，都要尽最大的努力把工作做到最好。"工作能力后面隐藏的一个重要的性格特征就是一种抵御眼前诱惑的能力"②，很多学生有时无法抵制眼前的诱惑，无法集中精神，在工作没有完成的情况下就去休息或游戏，不能持之以恒。因此，要培养学生的职业道德感，把学习、完成作业当作自己的工作来做，完成工作就会有成就感和满足感，不能很好地完成工作就感到自责、羞愧。教师可以帮助学生设立一个学习目标，帮他们树立信心，鼓励学生尽善尽美地完成自己的工作，培养他们辛勤工作的品德，使学生们从中体会到自我价值感，从而更加努力地学习。

（八）培养学生们自我道德反思的能力

"吾日三省吾身"是中华民族的传统美德，个体只有在每日的自我反省中才能认识到自己的错误和不足之处。鼓励学生们进行自我的道德反思，意在发展学生的自我批评、自我认知、道德决策、道德判断、道

---

① 刘济良：《青少年价值观教育研究》，广东教育出版社2003年版，第7页。
② ［美］托马斯·里克纳：《美式课堂——品质教育学校方略》，海南出版社2001年版，第199页。

德推理等品格。自我道德反思能帮助学生进行更多的道德思考，认识到什么样的行为能够体现美德，增强学生们的行为和责任意识。学校可以建立一种学生的自我评价体系：在每日的作业中体现出对自我评价的内容，学期末进行道德评比，对品德素质高的学生进行表扬。以此鼓励学生自我的道德反思，以较高的道德标准要求和约束自己的行为，增强学生们的道德认知。

（九）鼓励学生和平地解决冲突与争端，培养问题解决技能

在今天很多学校里，最常见的场景就是教师解决学生之间的冲突和争端。每个学生都有自己的个性，不可能完全按照别人的想法和要求去做事，冲突和争端就不可避免。里克纳认为教育学生解决冲突有以下几种策略："第一是通过教授解决冲突的课程，教育学生学会分析产生冲突的根源以及学会怎样通过采取非暴力的方法来解决学生彼此间的冲突；第二是通过召开班会，讨论冲突发生的原因，并试图建立一种能够和平解决冲突的、公正的道德解决方法；第三是教育学生学会一些能够避免和解决冲突的方法和技巧；第四是教师在必要时介入冲突，帮助学生解决其无法化解的矛盾；第五要帮助学生逐渐获得独立解决矛盾的能力。"[①] 这些策略能够教会学生自我解决冲突和争端，培养他们尊重他人、宽以待人的品格，以提高学生解决问题的能力。

第四节　美国新品格教育的实践探索与发展趋势

当前，新品格教育在美国已经普遍推行和发展开来，新品格教育是美国包括公立学校和私立学校在内所公认的最盛行且最具有前瞻性的一种道德教育模式，也是美国进入发展现代道德教育模式的标志。为更清晰地了解新品格教育的模式，本章以美国的优质学校——"蓝带学校"为例来探讨新品格教育的实践和发展趋势。

一　美国新品格教育的实践探索

为获得"蓝带学校"的称号，学校必须在所有学生的智力、道德和

---

① ［美］托马斯·里克纳：《美式课堂——品质教育学校方略》，海南出版社 2001 年版，第 274 页。

品格进步等方面做出全面的努力并取得成功。因此,蓝带学校强调品格教育的目标,重视各方面课程的重要性,包括正式的课程、非正式的课程和隐蔽的课程。

(一) 正式课程

新品格教育的倡导者玛多娜·墨菲指出:"正式课程是目的非常明确的课程,即经过州和地方董事会同意,有确定的目标、内容和教育组织形式,这种课程是通过对品格教育计划或全校范围品格特质的正式采纳而制定的。"①

1. 杰斐逊品格教育课程

这种课程核心的道德观念主要是从文化、社会价值观以及宗教等领域概括归纳的,并对学生进行普遍的教育。这些道德观念主要包括:正直、公正、尊重、责任心、善良、自律、同情等。美国学者汉特指出:"杰斐逊品格教育课程注重培养学生解决问题和冲突的能力,教给学生四部决策法——'停下、思考、行动、回顾'(Stop、Think、Act、Review)。"② 即著名的"STAR"系统。这是一种旨在改善校风,提高学生的参与性、自律、成就感和责任感的全校性计划。该课程旨在发展并提高学生的自尊心和自信心,培养其参与、守时、可信赖的高度责任感,使学生学习为自己的行为负责。"成功由通过承担责任而获得"(Success Trough Accepting Responsibility)是 STAR 系统重点强调的内容。

位于密苏里州的贝勒瑞福学校使用的就是杰斐逊品格教育课程的 STAR 系统对学生进行品格教育。该学校设置一些简短而易学的为期一周的课程,并将相关课程融合在常规课程中;学校会设立品格实践月,每个月都会有不同的品格实践的主题,比如 11 月的主题是"成为坚忍的人",12 月的主题是"成为有目标的人"。除此之外,学校还设立有"贝勒瑞福卡德特学生助手计划",为学生提供一些参与学校服务的机会,以此来促进学生尊重、责任心、诚实、宽容等价值观的培养。

经玛多娜·墨菲调查发现:"杰斐逊品格教育课程计划被美国近

---

① Madonna M. Murphy (1998). Character Education in America's Blue Ribbon School: Best Practices for Meeting the Challage. Lancaster, Penn.: Technomic Publicing Company, Inc.: 113.

② Hunter, James D. (2000). The Death of Character: Moral Education in an Age without Good or Evil. New York: Basic Books: 25.

6000所学校、大约9800个班级所采用，正式评价的结果表明，该课程计划已取得良好的效果。"①

2. 哈特伍德课程

哈特伍德课程是由匹兹堡的哈特伍德研究所编制的多元文化课程计划，包含了直接而有影响的基本道德观念。课程通过讲述各种故事直接教授核心价值观和道德品质，旨在"通过介绍伦理语言教授给儿童普遍的美德——这些美德在世界各种文化和传统中都存在，以此培养他们的道德基础、伦理判断以及道德想象"②。因此，哈特伍德课程是一种综合性的品格教育课程。

哈特伍德课程为教师总结提供了各种各样的材料，并通过文学作品当中的故事教给学生们勇气、公正、希望、爱心、忠诚、尊重和诚实等观念。同时鼓励学生们通过在日常生活中实践这些观念，将这些观念带到家庭生活当中，从而使课程学习融入到生活中来。该课程还编写了班级使用手册，指出最好的教学顺序应当是：预习、阅读、讨论、跨学科思维、综合性学习、资源和达到课程目标的教学策略，允许教师把品格教育融入到文学、社会研究、艺术、音乐等课程中去。

哈特伍德课程是研究者发现的被认为最好的品格发展计划之一，到1999年为止，已在美国约350个学校实施。教师们都强烈感觉到该课程在学生道德观念缺失日益严重的情况下，为当前道德教育提供了一个指导性的策略，学校迫切需要这样的课程计划。

3. 儿童发展项目

在加利福尼亚州很多学区实施了"儿童发展项目"，该项目是唯一被"国家传播网"选中的"发挥作用的品格教育计划"，因而闻名于全美国。这个项目的主要组成部分包括：（1）通过以文学作品为基础的读书计划来进行积极的社会价值观的直接教育；（2）把发展纪律作为班级管理的一种方法，通过班会来协助儿童解决各种问题和冲突；（3）合作式学习，通过各种需要共同合作来完成的实践活动来培养儿

---

① Madonna M. Murphy (1998). Character Education in America's Blue Ribbon School: Best Practices for Meeting the Challage. Lancaster, Penn.: Technomic Publicing Company, Inc.: 194.

② James Davison Hunter (2000). The Death of Character: Moral Education in an Age without Good or Evil. New York: Basic Books: 12.

童的合作精神和公民意识；（4）相互理解，可以通过学生之间的彼此帮助来培养。伊利诺伊大学的詹姆斯·勒明博士认为："儿童发展项目可以通过增强学生的互助合作等社会技能，培养学生的诸如尊重、责任感、关爱他人等品格。"①

圣拉谟镇的乡村俱乐部小学是儿童发展项目的示范性学校。该校旨在建立一个长期的、综合性的学校教育计划，并主要通过教师的传授以及学校活动来传递给学生，同时加强与家庭的合作练习，鼓励家长参与到该项目中来，从而对正面的社会态度、价值观以及行为产生持久而广泛的影响。而这所学校也真正为学生创建了一种尊重、关爱的氛围，通过所有活动和课程，学生在品格的培养方面受到了诸多积极的影响。

对儿童发展项目进行的评估表明该项目对学生进行亲社会行为的教育是可行的，同时也可能会对学生的校外行为产生一定的影响，也就是说此项目是成功而且有效的。

（二）非正式课程

非正式课程与师生之间的互动有关，即教师和学生应当如何相处、如何处理彼此之间的行为关系。

1. 教师的示范作用

教师在进行品格教育的学校里扮演着重要的角色，因为教师被认为是学生品格学习的典范，在学生的品格形成中具有不可替代的作用；同时，教师的示范作用也是学校道德教育和班级课堂环境的重要组成部分。因此，教师应以身作则，注重自己的言行举止，让学生从教师身上看到公正、宽容、正直等品质。

教师的示范作用应体现在学校的所有活动和行为当中。美国卡泽诺维亚学院的院长马克·J. 蒂尔诺（Mark John Tierno）指出了教师在三个方面的示范：（1）在学习上作为学习者的示范。每个教师都要不断发展自己的能力，通过不断的学习发展自己的专业知识、专业技能，培养专业情意，逐渐形成自己独特的教学风格。以此给学生们做学习上的示范，鼓励学生成为坚韧、勤奋的学习者。（2）不同场合恰当交往的

---

① James Lemming（2015）. Social Studies Research and the Interest of Children. Theory and Research in Social Education，Vol. 25，No. 4：68-70.

示范。社会需要学生掌握相应的社交技巧，学会在不同的场合里与不同人交流。由于学生的知识面狭窄，接触社交场合和交往对象相对单一，使教师的行为成为了学生们效仿和调整自己行为的模范，形成了一种潜在的教育力量。因此，教师不论是在课堂上、下课后还是各种活动中，都应时时刻刻注意规范自己的行为，为学生们的行为选择提供依据。（3）班级管理的示范作用。此乃针对那些不能按时完成学习任务和不与他人合作的学生而言的。教师应设计和制定班级管理的方案和途径，通过奖惩、鼓励等方法积极、有效地管理班级，以激励学生努力学习，并注重与教师和同学合作。

2. 道德纪律与奖惩

道德纪律是运用最普遍的一种教育手段，一个良好有序的班级很大程度上取决于班级的纪律的适应。法国社会学家涂尔干认为，"学校纪律作为课堂的道德，是一种道德教育工具，一种难以复制的工具。"[①]在学校实施具有品格特质的纪律计划，能够帮助学生内化其行为规范，发展特定的素质或美德。

加利福尼亚州的模特花园小学的教师们相信纪律是一个教育过程，每个班级都制订了不同的纪律计划，有的班级会为每个学生建立一个"银行账户"，学生的良好的道德行为会得到奖金鼓励；反之则受到罚款。这种纪律计划使学生们意识到学校对他们行为规范的高期望，就会去努力达到这些期望，更加规范自己的行为。堪萨斯州的布卢克瑞杰小学认为纪律就是一种态度，为遵守各种规定提供了合理的理由。学校提出了"五种关键行为计划"：即关爱（caring）、关注（concern）、礼貌（courtesy）、责任（responsibility）和尊重（respect），并要求学生任何时刻都要去遵守和实践这五种行为。因此，学者郑富兴指出："美国新品格教育中的纪律计划以一套核心价值观和道德品质作为学生的行为准则，督促学生自律、学会自我控制的纪律计划，从而促进学生良好日常行为习惯的养成。"[②]

可体现道德行为的后果的就是奖励与惩罚，里克纳认为奖励与惩罚

---

① ［法］爱弥尔·涂尔干：《道德教育》，上海人民出版社2001年版，第180页。
② 郑富兴：《现代性视角下的美国新品格教育》，人民出版社2006年版，第179页。

是通过纪律培养道德的要素之一。因此，学校的道德纪律应该是充满爱与逻辑的纪律，以激励和奖励的方式教育学生，在适当时候进行惩罚。如一些蓝带学校采用的"好公民奖""最佳儿童奖""月度学生奖"等。

3. 档案袋测量教学法

档案袋是以学生为中心的一种教学评估方式，是针对每一个学生进行的评价。学生把自己的学习成果装到档案袋里，包括成绩样本、教师评价、学生作品等，这种个性化的特点，能够促进学生主观能动性的发挥，从而提高学习效率。在整个过程中，教师应努力培养学生的批判性和创造性，使学生在解决问题时培养其负责、勤奋、努力的品格。如南卡罗来纳州的萨默维尔基础学校就使用了档案袋测量教学法，通过档案袋及时掌握学生的最新信息，培养他们的学习能力，促进其品格的发展。

（三）隐蔽课程

隐蔽课程是学校以潜移默化的方法，借鉴以往的经验而进行的，如建筑物和环境的影响、营造良好学校与班级氛围、丰富的课外活动以及独特的学校管理等。

1. 学校建筑和环境的布置

新品格教育主张在校园里营造能促进品格发展的环境，注重校园环境的布置。"蓝带学校"中大多数学校十分重视这种可视环境，因此而形成了一种品格塑造力量。首先，在不同时间段，学校的通知、标语、板报等都会以不同的道德品质作为主题。同时，学校还对校内建筑如教室、报告厅、舞蹈室等学生活动场所进行布置与装饰，处处体现出良好品格的内容。墨菲经走访调查发现："得克萨斯州普拉诺校区的赫德考克斯学校，学生只要一打开该校的计算机，学校倡导的核心价值观念和道德品质就会出现在网页上。"[①] 学校在教室里也会张贴倡导合作、宽容、勇敢、责任心等品格的口号和标语。

其次，美国很多中小学实施了校服政策，要求学生们在校内必须穿校服。梅指出："在1996年的国情咨文演讲中，美国前总统克林顿提到

---

① Madonna M. Murphy (1998). Character Education in America's Blue Ribbon School: Best Practices for Meeting the Challage. Lancaster, Penn.: Technomic Publicing Company, Inc.: 172.

的唯一一个践行新品格教育的措施就是穿校服。"① 此后在美国大多数公立学校迅速展开，成为学校实施品格教育的一项重要举措。校服政策在可以保护学生安全的同时，还可以减少学校的暴力行为，让学生之间互亲互爱、友爱团结，大大改善了学校的道德环境。

最后是利用学校的各种媒体，如校报、班级板报、校广播站等。利用各种渠道的宣传，可以引导整个学校的舆论方向，建构学校品格教育的良好环境。

重视学校环境的布置可以为学生建立一个利于其身心发展的可视环境，使学生时时刻刻都能感受和领悟到核心价值观与美德的真正含义，从各个方面进行教育引导，塑造学生的良好品格。

2. 营造良好的学校和班级氛围

杜威说过，"最良好最深刻的道德训练是使一个人进入与他们有良好关系的氛围，如果无视学校是一种社会生活形式的事实，教育就会失败。"②可见要想取得品格教育的成功，就要在学校和课堂上形成一个特定的道德社区，在社区环境中相互影响，以改变学生的道德行为。

学校的道德社区从学校氛围和班级氛围两方面入手。一方面要营造良好的学校氛围。学校氛围是价值形成、品格发展和学习成绩的孵化器。学校氛围是培养学生品格的摇篮，在整个学校塑造一种良好的道德文化对学校的工作和学生的身心发展都是非常有益的。学校的氛围包括校园的纪律制度、全校范围内的社区感、学生的民主自治、学校管理者、教师和家长的联系、学校宿舍环境的布置等。这种积极的学校氛围正是蓝带学校获得成功的关键。

另一方面是营造良好的班级氛围。建立一种平等友好的师生关系是营造班级氛围、发挥其品格教育作用的重要前提。教师在尊重学生的前提下，用温情建立一种温暖的、适当的、融洽的师生关系，培养学生的自我价值感、自尊与团队精神等品格，将班级营造成为一个"有人情味"的班级。在班级里举行班会也是实施有效的品格教育的策略之一。

---

① William, May (2012). Model of Character Education: Perspective and Developmental Issues. Journal of Humanistic Counseling, Education and Development, Vol. 39, No. 1: 55–58.

② ［美］托马斯·里克纳：《美式课堂——品质教育学校方略》，海南出版社2001年版。

里克纳认为，班会是一个广为人知却被明显忽略的教育规则。班会可以让学生参与到班级决策当中，为其营造一个民主的道德环境，有助于增强学生的责任感，培养学生的公民意识和自律等品格。

3. 课外活动

学校的课外活动是品格教育的重要途径。课外活动有助于根据学生不同的个性因材施教，展露学生的兴趣爱好与天赋，为其创造一个轻松自由的成长环境。福德姆大学教育学院教授罗伯特·斯塔莱特（Robter J. Starratt）认为："课外活动有多种多样的活动小组，以照顾到学生群体的多种多样的兴趣；每一种活动小组都希望学生能够对学校社群或校外公民社会做一点贡献。"[1] 所以，课外活动不仅能够发展学生的探索性和创造性，还能激发学生对大自然的热爱，对生命的热爱，有助于培养其关爱、充满责任心的品格。

在美国，不论是私立学校还是公立学校都十分重视课外活动，并会为学生设计多种多样的课外活动丰富其课外生活，以求在课外活动中培养学生的品格。有的学校还专门成立了品格教育的课外活动小组。俄亥俄州的北费尔菲尔德小学，专门成立了一个"原则活动小组"，该活动小组是一个综合性的活动小组，它在全校范围内强化学生的自我概念，培养其诸如坚忍、负责、团结、宽容等品格。例如，如果某个月的主题是"团结"，那么像"合作学习""互相帮助"这类目标就会被强调。当学生达到某一个目标时就会得到一枚奖章。在月末，校长会亲自把小纪念品发给所有遵循了月度原则的学生。

4. 学校管理

学校通过规章制度来管理学校的目标与日常计划，以表达学校对品格发展的关注和重视，并通过规章制度努力达到其培养学生品格的目标。学校的规章制度能够向学生清楚地阐释哪些行为是可取的，哪些行为是被制止的，如可以帮助学生学习与他人友好相处的技巧和方法，约束和规范自己的行为等。如此，学校的规章制度在达到其目标时就具有了建构学生品格的特点。只有得到学校规章制度的支持，才能为品格教

---

[1] Robter J. Starratt（2004）. Buiding an Ethical School：A Practical Response to the Moral Crisis in Schools Washington，D. C. ：Falmer Press：74.

育的开展创建一个稳定的环境。学校的制度是积极地表达学校对学生的期望,而不是以一种消极的方式列出错误的行为及其后果。

学校的校训也是学校管理的重要方面。一个学校的校训是整个学校的灵魂。校训能够强调学校的精神,加强学生团结,形成强大的内在凝聚力和精神动力,激励学校包括后勤员工在内的所有成员朝着共同的目标努力,并对学生的发展产生积极的影响。

二 美国新品格教育的发展趋势

新品格教育所宣传和教授的核心价值观,具备的独特实践途径和兼容并蓄的教育方法,使得新品格教育至今蓬勃开展,并继续发展下去。其发展趋势也成为了学者们关注的焦点和研究重点。

(一)时代主题趋向

正如火如荼地进行的新品格教育运动,在美国的不同类型学校实施中有很大差异。尽管在大多数公立学校都已开展了品格教育,但并不是所有类型的学校都在实施。新品格教育强调的是整合学校、家庭、社会各界的力量通力协作,共同建立一个有利于学校培养合格、成熟的道德公民的环境。这就需要实施对象不单单是公立学校,包括私立学校、教会学校、各个学区和社区都要实行新品格教育,将新品格教育社会化、民众化,而不是简单的高高在上的说教,使之成为整个社会和学校发展的主题。作为一种时代的主题,新品格教育还要做到与时俱进,随着社会形势和人们认知的发展而变化,不能墨守成规、一成不变。只有把握住时代和世界发展的大趋势,与时代同步,对已有观点和方法合理地扬弃,不断创新,才能真正成为时代的主题,为社会的发展和进步做出贡献。

(二)公民化趋向

"公民化是基于个人对自身地位和社会身份的高度认同而产生的,公民不单是因为法律法规的限制履行公民义务,而是应从内心把自己看作是社会的一员,积极主动地维护社会公义,努力实现社会的共同利益。"[1] 美国道德危机的日益严重性,需要对所有的公民进行美好品德的教育,这就

---

[1] 程伟:《回归社群生活的道德教育——美国新品格教育的个案》,《当代教育科学》2014年第10期。

需要新品格教育继续开展下去，新品格教育的持续发展就要求新品格教育的公民化。即新品格教育要求不单单是对学生的教育，而且应是对所有社会成员的教育，把品格教育落实到每一个平等的个体上，培养社会成员能够正确处理人与人、人与社会、人与自然的关系的能力，塑造其宽容、忠诚、善良的性格，激发其积极主动维护社会公义的决心，成为诚实守信、宽己待人、遵守道德规范的社会公民。

（三）法制化趋向

品格教育可以为法制建设培养公民的自律和自觉意识，而且，法律的权威性和强制性则可以成为新品格教育的坚强后盾，为其提供强有力的保障。美国是一个高度法制化的国家，美国政府或各州政府可以通过颁布一些相关的法律文件、法规等通过立法程序将开展新品格教育的基本要求、主要环节、运行程序及检查评估等进行归纳总结，力争国家强有力的支持，将之融入相关的法律和具体制度之中，用法律推动新品格教育的发展，为新品格教育的顺利进行提供保障。

第五节　美国新品格教育的评价

一　新品格教育的现代价值

近年来，全球范围内兴起了一场关于传统美德教育的热潮，越来越受到学界的重视。美国的新品格教育正是体现了对传统美德教育的回归与复兴，既是对传统美德的重新诠释和传播，又是对传统美德的高度强调和认可，把传统美德教育又重新置于一个更高的高度，使传统美德教育成为新时代的重要课题。所以，新品格教育运动在美国的兴起和蓬勃发展得到了社会各界的认可和肯定，新品格教育对现代美德教育具有其现代价值。

（一）继承传统美德，为现代道德教育奠定基调

传统美德历来是美国学校教育的一个重要组成部分，在相当长的时间里，美国一直把传统美德作为教育的根本，在学校教育教学中灌输传统美德的思想。传统美德是历史先哲留下来的、具有深远影响的、有益于社会发展的伦理文化遗产，作为社会文化的精髓和灵魂，传统美德具

有教人"向善"的教化作用,既能规范和约束人的行为,又注重培养人们高尚的道德品质,调整人们在社会中的人际关系。强调在"善"的基础上进行品格教育更能达到良好的效果。美国的传统美德教育是由亚里士多德的德育思想演变而来,亚里士多德认为人的灵魂是由三种东西生成的:感受、潜能和品性,强调美德是一种品性。而美德可分为两类:伦理上的美德和理智上的美德。伦理上的美德是指通过风俗习惯沿袭而来,理智上的美德主要是由教导而成,需要通过时间和经验获得。因此,亚里士多德提出了品格训练的道德教育思想。品格教育训练首先强调在日常生活和实践中进行美德教育,学生们高尚的品格和对丑恶的憎恶都要通过有关美德的实践活动来获得;同时重视经验和实践智慧的指导,青年人的美德只有通过教育才能获得,在事物中发现美德需要经验和技巧。美国的新品格教育运动正是继承了亚里士多德的传统的美德教育思想,并对其有新的诠释,既是对传统美德教育的继承,又是对现代道德教育的发展。

现代道德教育需要并且应该继承传统美德,传统美德可以为现代道德教育导航和指明方向。首先,传统美德为现代道德教育提供了核心思想和中心目标。在道德危机严重的美国,"道德教育应该最终达到一个怎样的目标""培养学生怎样的品格"等问题都摆在了教育者的面前。传统美德为现代道德教育活动设定了方向,引导着道德教育的内容安排、特征与原则、教师教学行为。其次,传统美德为现代道德教育提供了内容上的借鉴和参考。美国传统的道德教育重视个人价值,突出主体性,重视培养个体的创造能力和独立思维能力,同时重视认知和理性相结合。传统美德诸如崇尚个人自由、忠诚、诚信、守时等都是现代道德教育的核心内容。同时,现代道德教育也可以借鉴传统教育的方法论,如故事法、示范法、奖励与惩罚等都是现代道德教育可借鉴且有效的方法。因此,传统美德为现代道德教育奠定了基调。

(二) 全面整合社会道德教育力量,为现代道德教育营造教育网络

新品格教育的实施过程中注重整合包括学校、家庭、社会在内的道德教育力量,形成三位一体的道德网络共同开展品格教育。主要表现为两个方面:一方面是学校、家庭、社会达成一定的道德共识,确定要教授的道德价值和美德,即确定要教什么内容和什么样的价值;另一个方

面是社会、学校和家庭能够紧密联系,并且通过多层次实践活动实施品格教育。

美国是一个多民族、多种族的国家,随着毒品危害、青少年犯罪、暴力、未成年少女怀孕、原生家庭破裂等问题的出现,追寻道德上的共识解决日益严重的道德危机就成为美国社会的首要工作。道德共识是社会的一个重要组成部分,它是社会成员对一定的道德观念的共同认知并付诸实践的过程,同时也是人们对社会道德意识的认同,是欲追求一种普遍化的道德。这种普遍化的道德是社会整合的前提,也是学校、家庭、社会共同认可的道德理念。同时,将家庭和社会上的其他教育机构联合起来,达成教育的共识,形成道德教育的网络,向青少年传输自律、友爱、自信、真诚等道德品质,以促进青少年的健康成长,维护社会的秩序,塑造符合社会需要的合格公民。

另一方面,新品格教育从道德认知、道德情感、道德行为三个方面来展开,将道德理论和道德行为实践活动结合起来,并在实践中运用整个社会的力量来开展品格教育。如在学校设立的学生委员会,开展为他人捐款捐物的活动等;在家庭实施的家庭教师计划;社会的社区服务项目、公民成就奖励计划、模范爱国者计划以及2005年成立的"品格教育合作组织"等都是品格教育的践行典范。这些实践活动,使学生们能够真正领悟到品格教育的真谛,在实践活动中不间断地学到关爱、宽容、责任、公民意识等品质特征,从各个方面培养和提升个人品格。

社会道德教育力量的整合促使了学校、家庭、社会三位一体的道德网络的形成,为现代道德教育的进行营造了一个全方位的道德教育网络。新品格教育的开展使美国政府以及整个社会意识到只有从学校、家庭、社会全方位入手才能够全面地培养学生的品格,使新品格教育顺利开展。美国历任总统都十分重视和强调品格教育的重要性,各个州更是积极颁布品格教育的相关教育法令和品格教育法案。社会上出现的"品格教育关注联盟""品格教育伙伴组织""品格教育协会"等组织,都为新品格教育的实施保驾护航,同时也为现代道德教育创建了一个单纯的、全方位的、多角度的环境,使现代道德教育可以借着新品格教育的"东风"得以顺利进行。

（三）强调道德教育方法与途径的多样化，为现代道德教育展现多样的教育方式

新品格教育的教育方法与时俱进，是对传统教育方法的合理扬弃和继承，是新时期道德教育的新途径。美国道德教育的方法经历了从个人主义盛行时期的个人价值选择方法，到传统品格教育灌输的直接的美德教育方式，再到现在新品格教育的综合性的、兼容并包的道德教育方法。

学者郝国伟指出："新品格教育的教育方法不光吸收了直接的德育方法，如阅读法、示范法、故事法、纪律与奖惩等；还吸纳了其他理论的合理成分如科尔伯格的理论以及相关价值澄清理论等，这些合理成分包括重视道德认知和情感，突出学生个体，贴近生活等内容。"① 另外，从课程形式上来说，新品格教育不单单有传统的正式课程如杰斐逊品格教育课程、哈特伍德课程，非正式课程如档案袋测量教学法，还有隐蔽的课程，如校园环境的布置、课外活动、班级氛围等。新品格教育这种多样化的、渗透式的教育方法和途径为现代道德教育展现了多样的教育方式，使现代道德教育能够吸纳并采取多种形式进行，将道德教育活动与理论结合起来，提升师生间沟通的层次，加大和加强道德教育的信息沟通量，从而提高道德教育的质量。

（四）注重品格教育效果的评估，为现代道德教育提供经验和借鉴样本

亚里士多德曾指出："每一个请求、每一个行动和追求都应该以某些好的、善良的事物为目标；这是所有的事情终极的走向。对于一个人来说，达到这种结果当然是好的，对于整个国家来说，能达到这种结果就更好了。"② 新品格教育运动开展得轰轰烈烈，但是否能达到其最终目标，是否有利于个体品格的培养和国家道德教育的嬗变，这需要对新品格教育进行评估。评估就是对教育或教学结果的一个判断和评价。新品格教育十分注重对其教育效果的评估，即评估品格教育的计划是如何帮助学生发展他们的品格并达到其教育目的的，评估学生达到了什么样

---

① 郝国伟：《美国新品格教育运动的探析》，《现代教育科学》2015 年第 12 期。

② Laird, M. (1993). Quest International Evaluation Kit. Ohio: Quest International: 241 - 242.

的道德水平，领悟并学到了哪些美好品德，评估学生的道德情感以及学生的道德行为等。通过评估可以确定新品格教育在进行到某一个阶段后达到了哪些目标，能够明确新品格教育的计划或成果的内部价值，以便对新品格教育更深层次地认识并改进。

以"蓝带学校"品格教育计划的评估模型为例，其品格教育评估以泰勒的目标评价模式为基础，分别对道德认知、道德情感和道德行为进行评估。首先是道德认知的评估，评估学生对道德概念的知识了解程度以及对相关美德的适用环境，评估形式用到了各种各样的测量方式如简单回答、选择、判断正误等。其次是道德情感的评估，运用图片说明和等级量表等对学生进行心理测验，对态度、情感、情绪等进行评估。对道德行为的评估是通过学生行为的分析和事件的采集记录来进行，测量学生的哪些行为是合乎道德要求的，哪些行为是不合乎道德要求的。

新品格教育也会对品格教育的课程（如杰斐逊的品格教育课程、哈特伍德课程等）进行评估；对某个品格教育的计划或项目进行评估，如儿童发展项目、全国学校认可计划等；或对某个学校或学区的评估。根据新品格教育的评估可以发现：哪些计划对于发展积极的学校氛围是有效的，哪些方法能够教会学生自律和自我控制，哪些活动能够使学生相互关爱、理解和包容，哪些项目能够培养学生的爱国精神和公民意识等等；反之，哪些情境会导致学生的欺骗行为，哪些实践会导致学生的不自信、暴力倾向等。对新品格教育的评估可以从多种项目、多种手段为现代道德教育提供经验和借鉴，在进行道德教育时运用合理恰当的方法；同时也可以为现代道德教育提供教训和警示，即哪些手段和途径是不能够采取的。

二 新品格教育的局限性

（一）内容的不确定性

新品格教育运动已经开展了 30 多年，至今仍在继续，但是到目前为止，新品格教育的具体内容和概念尚不统一。这种内容的不确定性表现为两方面：首先，在价值多元的社会，人们面临多重道德选择，对于人生价值观、个人信仰、目标与理想都有不同的理解和设定。尽管新品格教育者声称新品格教育的核心价值观和主要内容具有普世性，可以超越信仰、超越种族被各种文化公认和接纳；但是新品格教育所确定的核心价值观只是一种习俗性的道德，仅限于美国本土或社区，不是普遍性的道德理论，而是具有传统性和特殊性，即弗洛姆所说的"社会内在的伦理学，而不是普遍的伦理学"。其次，即使在美国本土，新品格教育的内涵和外延也没有一个统一的定义，没有统一的核心价值观。不同的州、不同的学区，甚至是不同的学校对品格教育的内容和教育形式也不尽相同。各地人们都根据当地的习俗或需要来制定不同的品格教育的内容，并根据这些内容来制定教学目标，形成了一种"百花齐放"的局面。

新品格教育内容的不确定性会导致学术对话上的障碍，使得学术界无法对新品格教育进行深入研究，从而导致新品格教育无法更好地发挥其功效。因此，为新品格教育界定统一的内涵和外延就成为了新品格教育继续发展的首要任务和前提条件。尽管阶级的障碍性致使品格教育的内涵很难统一，研究应尽可能地突破这种障碍，继续思考和践行一种超越各种文化传统和信仰并被公众所接纳的核心价值观，为新品格教育的发展创造条件。

（二）现实的受限性

新品格教育的实施在某些程度上也受到了一定现实条件的制约。首先是宗教信仰的限制，新品格教育在开展过程中受到了一些具有宗教信仰的学生家长和宗教团体的限制。新品格教育者宣称新品格教育超越了种族和信仰，是客观和普遍性的教育。于是，一些具有宗教信仰的家长反对教授这种没有信仰的教育，有些家长即使认可这种教育也担心孩子的宗教信仰会遭到破坏。其次是有些教师的自身素养并不高，当教师自身不具备某些道德品质时就无法培养学生相应的品质。同时存在一些教师不具备良好的教学技巧，不能恰当合理地教育学生。目前在美国，几乎有一半的师范生在接受教师培训的时候没有学到相关新品格教育的教授技能。

新品格教育受到现实的两方面的限制，就无法更有效顺利地进行。因此，学界要尽可能地界定超越宗教信仰和传统文化的新品格教育的内容；同时，政府要注重对教师的品格教育教授技能的培训，以确保新品格教育的蓬勃发展。

第六节　美国新品格教育对我国道德教育的启示

美国新品格教育运动的盛行,是由于美国道德共识的瓦解、严重的社会道德问题和青少年糟糕的道德状况引发的对传统品格教育的回归和复兴。尽管在我国已经确立了有中国特色的社会主义核心价值观,达成了道德上的共识。但是我国青少年的价值观念和日常行为也出现了偏差,同样爆发了严重的道德问题且有日益严重的趋向:如校园欺凌等暴力行为、心理脆弱抗压能力低下(如自杀行为的增加)、缺乏诚信(如欺瞒与诈骗)、不尊重他人、性早熟和性行为的混乱(如怀孕少女的低龄化倾向)等。这不得不让人深思青少年道德问题产生的原因,以及思考解决青少年道德问题的办法。

我国青少年道德问题的产生,究其原因主要是由于价值观的多元化与青少年自身的道德观念有着激烈的冲突,面对多种价值观的选择,青少年往往无法平衡不同的价值追求。道德观念的冲突必然给青年带来难以抉择的内心痛苦,使青少年在实际生活中失去正确行动的导向。其次是现实利益的诱惑与驱使,容易导致青少年在人生目标及评价标准上趋于实用化、功利化,生活观念趋向庸俗化、浅薄化,使青少年迷失了自我和方向。青少年道德价值观的迷失和现实利益的诱惑,导致了我国青少年的道德问题层出不穷,采取切实可行的道德教育模式和方法对青少年进行道德教育,已成为摆在我国教育工作者面前的迫切课题。美国新品格教育在多数学校的顺利开展可为我国对青少年的道德教育提供有价值的经验和借鉴,我们可以根据新品格教育开展的措施和途径来探讨对我国青少年道德教育的模式和方法的改革。

一　注重继承传统美德,强化道德认知

美国的品格教育经过衰落再到复兴的过程,表现了美国对传统美德继承与创新的态度,传统美德在新品格教育运动中也起到了奠基和引航作用。这也启示了我国对青少年的道德教育要对传统进行合理的扬弃,充分汲取先哲留下的智慧和精华,并根据时代的要求发展和创新。

我国是个文明古国,历史悠久,五千年的文明沉淀了博大精深的传

统文化。从儒家文化的"忠、孝、礼、义、信，兄友弟恭"等，到道家文化的"自然无为、顺其自然"，再到墨家文化的"兼爱""非攻""尚贤"等都是先哲们为我们留下的宝贵遗产，对我国的精神文明建设和道德教育的发展有着价值非凡的推动和促进作用。尤其是儒家的忠、孝、礼、义、信和墨家"兼爱"的观点，对家庭和社会良好道德的构建以及对青少年诚信、关爱、尊重等品格的培养有着很好的启迪作用。因而，对传统美德的继承能够强化青少年的道德认知，使他们充分认识到良好品格的内涵和外延，更清楚地明白自己的哪些行为是合乎道德的，哪些行为是不被允许的，从而降低青少年行为的错误率，减少道德问题。

学校对于学生的道德建设方面要注重对学生传统美德的灌输和培养，强化学生在思想观念方面的道德认知。学校可通过三个方面潜移默化地对学生进行传统美德的教化：首先，通过构建学校以及教室的文化氛围布置宣扬传统美德。例如在学校宣传栏张贴宣传语，办以传统美德为主题的学校和教室板报、张贴标语等。这些关于美德文化的布置，学生每天都会受到潜移默化的影响，将这些传统美德慢慢融入到自己的思想意识中。其次，学校通过开展各种活动，将传统美德孕育其中。例如，学校可以开展以不同传统美德的内容为主题的活动月，在这一个月里，举办类型丰富又能够体现道德主题的活动，并鼓励每个学生积极参与其中；学校同时可以通过开班会的形式，在班会上向同学们讲授传统美德的相关内容，通过具体事例让学生们分享切身体会。最后，学校还可以通过各种媒体对学生们宣传和灌输传统美德。例如，可以通过网络媒体，设置以传统美德为主题的学校电脑主页；通过校园广播讲述发扬传统美德的故事；通过校报、校刊等主办传统美德的专栏等。总之，学校可以通过营造文化氛围，开展活动，为学生营造一个弘扬传统美德的大环境，强化学生的道德认知，培养其良好的道德品质。

二 突出学生主体性，培养其公民意识

美国的新品格教育注重以学生为主体，强调学生在品格教育中的主体地位，尊重和爱护学生，让学生充分意识到自己是社会的一员，积极地参与到品格教育的建构活动当中，培养自身具备良好公民的条件。这

就启示我们对青少年的道德教育，要充分发挥其主体性，让学生成为学习的承担者，激发其主观能动性，使之积极主动地接受良好品德的教育，努力使自己成为合格公民。

突出学生的主体性地位，一方面，学校应该为学生创造一个发挥其主体性的大环境，尊重学生对行为的自我选择，开展能够激发其主观能动性的活动如学生记者团、校园巡逻队、互助小组等。通过各种活动，使学生能够充分认识并领悟到团结、友爱、互助等美德的真谛，从而积极地去主动培养和形成这些美德。另一方面，教师要转变思想观念，不应仅树立教师权威，更要与学生建立一种平等和谐的朋友般的关系，尊重学生、爱护学生，塑造民主的班风，鼓励每个学生发挥其积极性、主动性，使其能够积极主动地学习美好品德的相关内容和培养良好的行为习惯；而不是被动消极地去接受或被灌输。

公民意识是维持社会稳定和健康发展的条件与保障，培养青少年的公民意识可以使青少年认识到需要为自己的行为负责，应该勇于承担公民责任，自觉履行公民义务，这同时也就约束了青少年的不道德行为，从另一个角度对青少年进行了道德教育。在学生自我选择行为过程中，使学生逐步认识到自己行为的对与错，意识到自己要承担的责任和义务，逐渐培养学生的公民意识。对学生合乎道德的行为进行表扬和赞赏，对其错误的行为予以积极的引导和正确的改良而不是一味地批评与惩罚。培养学生的公民意识，学校可以通过开展关于公民意识的相关课程如思想品德修养课、科学社会主义理论课等，教授学生公民概念、公民意识范畴等公民知识，培养他们的独立自主精神和独立思考的能力；同时可以通过各种媒体如校园网络、校园论坛、校园广播等进行宣传，以良好公民的要求和特点教育学生；再者学校应开展各种实践活动如社会实践、义务劳动、社区服务等，培养学生的公民义务和公民责任，激发其关爱、包容、合作等品格的形成。

三　采取综合性途径，注重隐性课程和显性课程相结合

美国新品格教育的开展中，采取了综合性的途径和方法，在运用正式的显性课程的同时，也强调隐性课程的作用，如对学校和教室环境的布置、创造班级氛围等对学生进行潜移默化的品格教育。我们对青少年

的道德教育也应该采取兼容并蓄的综合性的方法，注重隐性课程和显性课程的结合，明确地教授学生良好品德的同时，重视隐性课程的作用和效果。

显性课程是指列入教学计划的正式课程，隐形课程是存在于教学计划之外的非正式课程。里克纳认为："隐形课程往往以间接的、暗示的形式渗透在各种教学活动、学校的文化背景、班级文化氛围之中，具有广泛性、潜在性、非系统性等特点。"[①] 将显性课程与隐性课程相结合，不仅是课程目标的要求，也是新课程改革的要求，同时也是学生成长发展的重要条件。学生在显性课程中学到各种知识的同时，也能够通过隐性课程潜移默化地接受良好文化氛围的熏陶和培养，促进自身的不断发展与提高。

将显性课程与隐性课程相结合，首先要求提高教师的综合素质和业务水平，教师要有将隐性课程孕育于显性课程之中的能力，能够将良好品格的相关内容契合到课程当中，使学生在学习课程知识的同时，领悟到美德的真谛。教师应该不断地充实和提升自己，在教学方法和途径上能够不断改进和创新。其次是加强对学生科学精神和人文素养的培养。要培养学生科学严谨的学习态度，采取科学的方法和途径学习；同时要遵循学生的身心发展特点，培养学生们的人文素养，为学生树立社会主义核心价值观，培养其宽容、关爱、正直、勇敢、责任心、诚实等人文素质。最后要激发青少年对于道德教育的兴趣和内在动力，给他们创造更多的机会展示自己的能力和天分，多开展有关品德教育的相关活动，使青少年能与社会多接触，在社会中学习为人处世的技巧，培养自己的品格。只有将隐性课程和显性课程相结合才能构成完整的"课程"，才能有助于为学生创建一个宽松、自由且富有创造性的道德教育环境，培养他们良好的道德品质，使他们成为社会发展的合格人才。

四 学校、家庭、社会通力合作，形成综合道德教育网络

美国的新品格教育十分重视建立社会、家庭和学校形成的综合道德教育网络，形成道德合力对青少年进行品格教育，使青少年在多种力量

---

① 张剑华：《美国品格教育：发展及其启示》，《学生发展与德育管理》2013 年第 3 期。

的影响和监督下养成良好品格。我国要对青少年进行有效的道德教育，也必须切实注意道德教育的合力，建立起学校、家庭、社会的综合道德教育网络。

青少年接受道德教育最多的机会就是在学校里，学校是青少年成长和发展的主阵地；家庭是青少年最基本的社会生活单位，占据着教育的起点，决定着其道德价值观的原始取向；社会对青少年道德价值观更有着不容忽视的作用，社会的价值观导向对青少年道德价值观的形成有着深刻的影响。所以，对青少年的道德教育要将三方的力量有机结合起来，力求形成合力，共同培养青少年正确的道德价值观。

首先，学校的教育教学活动以及实践活动应邀请学生家长积极参加，使家长能够及时了解学生的道德发展状况。例如，召开包括家长在内的班会，使家长能够及时了解学生的最近的心理状态、道德状况；召开家长联谊会，加强学校与家长的联系，同时能够增进学生与家长的感情；组织要求家长参与的各种实践活动，如植树、去敬老院慰问孤寡老人等。通过这些活动，不仅能够促使学生积极认真地去提高自己的道德品质，同时也能够培养学生的爱心和责任心等品格。其次，家长应积极主动地参与到学生的道德学习和道德实践活动当中，建立与孩子平等民主的关系来取代家长权威制，多与孩子谈心，争取孩子意见，及时了解孩子的学习、生活近况，并与学校积极沟通。学生在平等民主的家庭氛围中成长，有利于其良好品格的形成。最后，社区应营造一种和谐健康的氛围，形成积极健康的社区文化，让学生耳濡目染各种美德；同时多开展有利于学生身心发展的活动，如社区服务、公益活动、义务劳动等，让学生学会互相帮助、学会感恩、学会勇于承担责任等品质。通过教师、学校纪律的监督和约束，家里父母的管教，以及社会舆论和法律法规的制约的三方合力，能够促进青少年健康发展，使其形成正确的道德品质。

五　做好对实施效果的评估，及时做好反馈工作

美国的新品格教育十分注重对品格教育实施效果的评估（如对"蓝带学校"的评估），通过评估可以了解品格教育实施过程中所采取策略的成效，以便在以后的教育过程中扬长避短，探索并采取更好的教育策

略对青少年进行品格教育。为了探求某计划或项目完成的效果和先前预计目标的差距，我国的道德教育应该做好对道德教育效果的后续评估，以及从评估结果中发现和探讨适合对青少年进行道德教育的策略和方法。

对道德教育活动实施效果的评估具有价值性和反馈性。一方面，评估是以活动的价值为焦点，它不仅仅是通过收集信息而反映实践活动的结果，而且是判断一项计划或活动的价值和成果如何。另一方面，评估的反馈是评估中不可缺少的环节和作用机制，没有反馈的评估不能称为有效的评估。所以，做好对青少年道德教育活动的评估工作，通过实施效果的反馈，才能够充分了解哪些活动是具有价值和收到成效的，以便下一个阶段道德教育的继续开展。

学校道德教育的评估首先要求学校建立一套公平合理的评估体系，合理地对学校开展的每项道德教育的课程和活动进行评估与判定，以及时发现实施过程中出现的问题，从而采取相应的措施以更好地进行道德教育，并且鼓励和敦促有效的教学活动的开展。其次，学校评估要以学生发展为本，不论是评估哪些课程和活动，学校均要本着以学生为核心和根本的原则。在评估程序设计上，学校应针对实践中的实际问题，设计有利于学生品格发展的评估程序和环节，如学校可以通过征询家长意见、向学生和社区发放调查问卷等途径对实施效果进行评估，通过这种民主、合理的评估，切实做到以学生为根本，切实做到为学生的发展而设计实施品格教育的课程与教学。最后，学校应注重评估效度和提高评估效率。只有通过评估效度才能测量出哪些课程和活动的可靠程度较高。评估效度就是衡量实施效果的一把标尺，评估效度越客观、准确，越能体现出该课程或活动是否能够提高青少年的道德品质。同时，学校要注重提高评估效率，评估要做到及时有效地反馈，使学校能够及时采取措施解决课程实施过程中的潜在问题，提高实施效果的准确性和可信度。

参考文献

1. ［德］《马克思恩格斯全集》，人民出版社 1995 年版。
2. ［美］约翰·杜威：《民主主义与教育》，王承绪译，人民教育出版社 1990 年版。
3. ［美］约翰·罗尔斯：《政治自由主义》，万俊人译，译林出版社 2000 年版。
4. ［英］霍布斯：《利维坦》，黎思复等译，商务印书馆 1985 年版。
5. ［意大利］朱塞佩·马志尼：《论人的责任》，吕志士译，商务印书馆 1995 年版。
6. ［德］卡尔·雅斯贝尔斯：《什么是教育》，邹进译，生活·读书·新知三联书店 1991 年版。
7. ［美］A. 麦金太尔：《德性之后》，龚群等译，中国社会科学出版社 1995 年版。
8. ［英］塞缪尔·斯迈尔斯：《品德的力量》，夏芒译，海峡文艺出版社 2004 年版。
9. ［日］尾关周二：《共生的理想：现代交往与共生、共同思想》，卞崇道译，中央编译出版社 1996 年版。
10. ［英］亚当·斯密：《道德情操论》，蒋自强等译，商务印书馆 2008 年版。
11. ［美］埃·弗洛姆：《健全的社会》，黄筑荣译，贵州人民出版社 1994 年版。
12. ［美］约翰·杜威：《新旧个人主义——杜威文选》，孙有中译，上海社会科学院出版社 1997 年版。
13. ［德］格奥尔格·威廉·弗里德里希·黑格尔：《法哲学原

理》，范扬等译，商务印书馆1979年版。

14．［德］马克思：《1844年经济学哲学手稿》，刘丕坤译，人民出版社1979年版。

15．［荷兰］巴鲁赫·德·斯宾诺莎：《伦理学》，贺麟译，商务印书馆1983年版。

16．［美］弗莱德·多尔迈：《主体性的黄昏》，万俊人译，上海人民出版社1992年版。

17．［德］马丁·海德格尔：《存在与时间》，陈嘉映等译，生活·读书·新知三联书店1999年版。

18．［德］马丁·布伯：《我与你》，陈维纲译，生活·读书·新知三联书店1986年版。

19．［加拿大］克里夫·贝克：《学会过美好生活——人的价值世界》，詹万生译，中央编译出版社1997年版。

20．［英］塞缪尔·斯迈尔斯：《品格》，聂永革译，中国发展出版社2004年版。

21．［美］A.J.赫舍尔：《人是谁》，隗仁莲译，贵州人民出版社1994年版。

22．［美］赫伯特·马尔库塞：《单面人》，左晓斯译，湖南人民出版社1988年版。

23．［法］米歇尔·福柯：《规训与惩罚》，刘北成等译，生活·读书·新知三联书店2007年版。

24．［英］杰里米·边沁：《道德与立法原理导论》，时殷弘译，商务印书馆2000年版。

25．［法］爱弥尔·涂尔干：《道德教育》，陈光金译，上海人民出版社2000年版。

26．［德］约翰·弗里德里希·赫尔巴特：《普通教育学·教育学讲授纲要》，李其龙译，人民教育出版社1991年版。

27．［美］莱茵霍尔德·尼布尔：《道德的人和不道德的社会》，黄世瑞等译，贵州人民出版社1998年版。

28．［德］尤尔根·哈贝马斯：《包容他者》，曹卫东译，上海人民出版社2002年版。

29. ［德］克劳斯·德纳：《享用道德——对价值的自然渴望》，朱小安译，北京出版社 2002 年版。

30. ［德］埃利亚斯·卡内提：《群体与权力》，冯文光译，中央编译出版社 2003 年版。

31. ［美］麦特·里德雷：《美德的起源：人类本能与协作的进化》，刘珩译，中央编译出版社 2003 年版。

32. ［美］Arthur Dobrin：《培养孩子的道德观——40 条儿童道德教育建议》，郭本禹等译，中国轻工业出版社 2003 年版。

33. ［瑞士］汉斯·昆：《世界伦理构想》，周艺译，生活·读书·新知三联书店 2002 年版。

34. ［美］墨菲：《美国"蓝带学校"的品性教育：应对挑战的最佳实践》，周玲等译，中国轻工业出版社 2002 年版。

35. ［美］托马斯·里克纳：《美式课堂品质教育学校方略》，刘冰等译，海南出版社 2001 年版。

36. 辛世俊：《公民权利意识研究》，郑州大学出版社 2006 年版。

37. 刘军宁：《民主与民主化》，商务印书馆 1999 年版。

38. 唐凯麟：《伦理学教程》，湖南师范大学出版社 1993 年版。

39. 魏英敏：《新伦理学教程》，北京大学出版社 1993 年版。

40. 万俊人：《西方伦理学史》（上、下卷），北京大学出版社 1992 年版。

41. 陈根法：《德性论》，上海人民出版社 2004 年版。

42. 张庆熊：《熊十力的新唯识论与胡塞尔的现象学》，上海人民出版社 1995 年版。

43. 龚群：《当代西方道义论与功利主义研究》，中国人民大学出版社 2002 年版。

44. 何怀宏：《比天空更广阔的》，上海三联书店 2003 年版。

45. 金一鸣：《教育原理》，高等教育出版社 2002 年版。

46. 赵建中：《教育的使命》，教育科学出版社 1996 年版。

47. 柳海民：《当代教育理论专题》，东北师范大学出版社 2002 年版。

48. 刘铁芳：《守望教育》，华东师范大学出版社 2004 年版。

49. 鲁洁：《道德教育的当代论域》，人民出版社 2005 年版。

50. 刘济良、王定功：《关注生命——生命教育的多维审视》，中国社会科学出版社 2017 年版。

51. 刘济良、王定功：《呵护生命——生命教育的人文关怀》，中国社会科学出版社 2017 年版。

52. 刘济良、王定功：《提升生命——生命教育的温情守望》，中国社会科学出版社 2017 年版。

53. 刘济良：《学校德育》，北京师范大学出版社 2015 年版。

54. 刘济良：《青少年价值观教育研究》，广东教育出版社 2003 年版。

55. 刘济良：《生命教育论》，中国社会科学出版社 2004 年版。

56. 刘济良：《哲学之思：教师成长与发展的新视野》，中国社会科学出版社 2016 年版。

57. 冯建军：《生命与教育》，教育科学出版社 2004 年版。

58. 包卫：《现代道德人格教育论》，上海交通大学出版社 2011 年版。

59. 王定华：《新形势下我国学校德育调查与研究》，教育科学出版社 2012 年版。

60. 易连云：《重建学校精神家园》，教育科学出版社 2003 年版。

61. 高德胜：《知性德育及其超越——现代德育困境研究》，教育科学出版社 2003 年版。

62. 肖川：《主体性道德人格教育》，北京师范大学出版社 2002 年版。

63. 郑日昌：《大学生心理卫生》，山东教育出版社 1999 年版。

64. 戚万学：《现代德育论》，山东教育出版社 1997 年版。

65. 曹保印：《直击中国教育底线》，中国社会科学出版社 2004 年版。

66. 叶浩生：《西方心理学历史与体系》，人民教育出版社 1998 年版。

67. 王道俊、郭文安：《教育学》，人民教育出版社 2016 年版。

68. 苏振芳：《道德教育论》，社会科学文献出版社 2006 年版。

69. 杜静：《历史与现实的追问：英国教师在职教育的发展与动因研究》，中国社会科学出版社 2010 年版。

70. 杜静：《教师专业发展》，高等教育出版社 2017 年版。

71. 杜志强：《特殊儿童发展与学习》，高等教育出版社 2016 年版。

72. 陈桂生：《教育原理》，华东师范大学出版社 2012 年版。

73. 冯文全：《现代德育原理》，科学出版社 2016 年版。

74. 扈中平：《教育目的论》，湖北教育出版社 2004 年版。

75. 叶澜：《教育理论与学校实践》，高等教育出版社 2000 年版。

76. 石中英：《教育哲学》，北京师范大学出版社 2007 年版。

77. 杨韶刚：《道德教育心理学》，上海教育出版社 2007 年版。

78. 王立峰：《惩罚的哲理》，清华大学出版社 2006 年版。

79. 王天一、夏之莲：《外国教育史》，北京师范大学出版社 2005 年版。

80. 田秀云：《社会道德与个体道德》，人民出版社 2004 年版。

81. 唐汉卫：《生活道德教育论》，教育科学出版社 2005 年版。

82. 蔡亚平：《教师与学生道德行为的发展》，教育科学出版社 2011 年版。

83. 薛晓阳：《希望德育论》，人民教育出版社 2003 年版。

84. 戚万学、唐汉卫：《现代道德教育专题》，教育科学出版社 2005 年版。

85. 杨超：《当代西方价值教育思潮》，中山大学出版社 2011 年版。

86. 郑富兴：《现代性视角下的美国新品格教育》，人民出版社 2006 年版。

87. 丁锦宏：《品格教育论》，人民教育出版社 2005 年版。

88. 轩颖：《公民意识培养问题研究》，东北师范大学，硕士学位论文，2003 年。

89. 李尽晖：《当代大学生道德责任研究》，陕西师范大学，硕士学位论文，2007 年。

90. 俞露：《美国中小学公民教育初步研究》，福建师范大学，硕士学位论文，2004 年。

91. 杨玉环：《论大学生公民意识的教育和培养》，华东师范大学，硕士学位论文，2002年。

92. 马坤：《社会主义契约伦理视野下的公民意识》，山西大学，硕士学位论文，2006年。

93. 庄碧光：《学校教育在公民意识培养中的意义、问题与对策》，福建师范大学，硕士学位论文，2003年。

94. 贺捷：《论公民资格——我国民主政治的基础》，四川大学，博士学位论文，2007年。

95. 于中丽：《公民责任教育研究》，内蒙古科技大学，硕士学位论文，2013年。

96. 王春红：《转型期中国政治人的人格嬗变研究》，华中师范大学，博士学位论文，2013年。

97. 韩云忠：《先秦儒家礼乐文化的德育价值研究》，山东师范大学，博士学位论文，2015年。

98. 张婷：《成长中的中国公民社会与公民道德教育研究》，山东师范大学，博士学位论文，2013年。

99. 陈兵：《先秦儒家人格思想对当代公民人格培育的启示》，郑州大学，硕士学位论文，2013年。

100. 谷君伟：《当代大学生道德人格培养问题研究》，贵州师范大学，硕士学位论文，2016年。

101. 吴洪伟：《当代中国中小学纪律实践价值取向研究》，华东师范大学，博士学位论文，2006年。

102. 蒋连香：《关于教育惩戒的现状、问题与对策——以中小学校为例》，苏州大学，硕士学位论文，2010年。

103. 董生亮：《惩罚对青少年心理健康成长的积极意义及心理干预策略探索》，华东师范，大学硕士学位论文，2011年。

104. 刘军：《中小学教育惩罚问题研究》，华中师范大学，硕士学位论文，2011年。

105. 于英新：《小学班级管理中的教育惩罚研究》，山东师范大学，硕士学位论文，2011年。

106. 董文强：《试论中小学生的德育惩罚》，西南政法大学，硕士学位论文，2012年。

107. 裴培：《伦理学视域下的中小学教育惩罚问题探究》，杭州师范大学，硕士学位论文，2012年。

108. 刘丽君：《教育惩罚研究》，东北师范大学，博士学位论文，2015年。

109. 熊国清：《中小学德育中教师权威的消解与重塑》，西南大学，硕士学位论文，2014年。

110. 罗时燕：《儿童道德教育病理现象研究》，华东师范，大学硕士学位论文，2017年。

111. 向玉贞：《合作道德教育初探》，山东师范大学，硕士学位论文，2001年。

112. 杜鹏：《基于互惠、非直接互惠和群体文化选择的利他行为研究》，中国科学技术大学，博士学位论文，2006年。

113. 杨涛：《论宽容教育》，河南大学，硕士学位论文，2007年。

114. 李嘉仪：《当前女大学生群体道德人格教育研究》，武汉工程大学，硕士学位论文，2014年。

115. 张海荣：《学校道德教育回归生活的困境与出路》，海南师范大学，硕士学位论文，2013年。

116. 戴英杰：《托马斯·里克纳的新品格教育思想及其借鉴意义》，首都师范大学，硕士学位论文，2013年。

117. 郝婧：《托马斯·里克纳品格教育思想研究》，兰州大学，博士学位论文，2016年。

118. 李晓娟：《美国新品格教育中德育网络建设的经验及其启示》，湖南师范大学，硕士学位论文，2014年。

119. 雷鸣：《中美两国核心价值观教育比较研究》，东南大学，博士学位论文，2015年。

120. 张丽：《美国新品格教育中学校、家庭、社区合作研究》，东北师范大学，硕士学位论文，2013年。

121. 张沛、丁艺：《建设环境友好型社会中的青少年公民责任意识》，《天府新论》2007年第12期。

122. 张向前：《和谐社会青少年公民责任意识研究》，《辽宁工程技术大学学报》2005年第5期。

123. 郭晓薇：《责任意识、公平感与组织公民行为之关系研究》，《南京师大学报》2008年第2期。

124. 董敏志：《论公民精神与民主政治》，《时事观察》2007年第4期。

125. 李琦：《公民政治权利研究》，《政治学研究》1997年第3期。

126. 席佳铭：《强化公民参与的责任意识》，《理论前沿》2007年第3期。

127. 刘玉凤：《培养青少年的责任意识》，《继续教育研究》2006年第4期。

128. 姜涌：《论青少年公民责任意识与公民义务》，《中国海洋大学学报》（社会科学版）2005年第3期。

129. 高湘泽：《论当前道德责任意识建设的必要性和紧迫性》，《浙江学刊》2005年第6期。

130. 蓝超英：《大学生责任意识的培养》，《高教论坛》2007年第3期。

131. 任爱红：《青年志愿者活动与大学生公民意识培育》，《科技信息》2007年第8期。

132. 伍沛：《相信民主比民主本身更加重要》，《科技信息》2007年第9期。

133. 陈道银：《青少年公民责任意识建设与构建社会主义和谐社会》，《道德与文明》2008年第2期。

134. 孟三爱：《关于道德主体基本素质的思考》，《海南广播电视大学学报》2008年第1期。

135. 赵爱玲：《关于青少年公民责任意识建设入位问题的几点思考》，《青年学者论坛》2006年第2期。

136. 杨钊：《"微公益"的源起、问题及发展建议研究》，《发展研究》2013年第11期。

137. 张银锋、侯佳伟：《中国微公益发展现状及其趋势》，《中国青年研究》2014年第10期。

138. 王瑞坤、张凯：《微公益的现状及其困境研究》，《数字化用户》2014年第1期。

139. 张鑫：《壹基金：让公益成为习惯》，《思想政治工作研究》2010 年第 4 期。

140. 王继勇：《建立高校第三方微公益平台的初步分析》，《教育教学》2012 年第 5 期。

141. 鲁洁：《道德教育——一种超越》，《中国教育学刊》1994 年第 6 期。

142. 鲁洁：《论教育之适应与超越》，《教育研究》1996 年第 2 期。

143. 梁文化：《公民意识教育与青少年社会化》，《百色学院学报》2007 年第 8 期。

144. 古人伏：《德育的变革与变革中的德育》，《华东师范大学学报》（教育科学版）2002 年第 3 期。

145. 李保强：《从道德哲学看责任和青少年公民责任意识教育》，《齐鲁学刊》2007 年第 6 期。

146. 王云强、郭本禹：《大学生道德人格特点的初步研究》，《心理科学》2011 年第 6 期。

147. 朱美燕：《当代青年矛盾统一的文化人格》，《中国青年研究》2005 年第 5 期。

148. 韩玉璞：《我国青少年社会化方式的特点与道德人格的形成》，《教育理论与实践》2012 年第 10 期。

149. 冯建军、周纯基：《自主选择性道德人格：主体道德教育的现实目标》，《内蒙古师大学报》（哲学社会科学版）2001 年第 6 期。

150. 王晓艳、陈会昌：《自我形象在儿童道德自我调节中的作用及其培植》，《教育理论与实践》2004 年第 4 期。

151. 张弛：《大学生道德选择矛盾性研究》，《青年研究》2003 年第 6 期。

152. 杜维彦、解晓兴：《当代大学生社会责任感调查分析》，《四川文理学院学报》2012 年第 1 期。

153. 王艳菊：《传统文化视野下提升大学生人文素养的思考》，《中北大学学报》（社会科学版）2013 年第 5 期。

154. 王兆林：《学会负责与学校责任教育再探》，《中国教育学刊》2003 年第 4 期。

155. 张绪培、王健敏：《青少年道德人格及其建构的四大支柱》，《中国德育》2012 年第 11 期。

156. 金生鈜：《个人自主性与公民的德性教育》，《教育研究与实验》2001 年第 1 期。

157. 戴岳：《当代大学生道德自我意识问题及对策思考》，《贵州师范学院学报》2011 年第 8 期。

158. 陈桂生：《"纪律教育"引论》，《江苏教育学院学报》（社会科学版）2003 年第 5 期。

159. 姜敏：《教育惩罚的本质追求及其实现》，《教学与管理》（理论版）2015 年第 2 期。

160. 许晨莺、冯文全：《论教育惩罚的学理依据及其实施策略》，《教育科学研究》2015 年第 5 期。

161. 黄咏葳、陈艳玲：《教育惩罚与教师道德形象间的合理平衡基点》，《知识经济》2015 年第 8 期。

162. 王梦娟：《论教育惩罚》，《开封教育学院学报》2014 年第 5 期。

163. 张小刚、任凤芹：《教育惩罚"缺失"与"回归"之多维度思考》，《现代教育科学》2015 年第 1 期。

164. 程攀玉：《论中小学教育中的合理惩罚》，《科教导刊》2015 年第 7 期。

165. 贺彬：《中小学德育存在的问题及解决对策》，《宁夏教育》2017 年第 9 期。

166. 蔡亚平：《对教育惩罚的几点思考》，《中国德育》2016 年第 18 期。

167. 刘丽君、孙鹤娟：《教育惩罚问题及实践合理性探讨》，《东北师大学报》（哲学社会科学版）2014 年第 2 期。

168. 刘冬梅：《中小学教师惩戒权的调查与思考》，《教师教育研究》2016 年第 3 期。

169. 许娜：《论历史学视角下群体的特性》，《文教资料》2008 年第 1 期。

170. 方永：《论尼布尔的个体性思想及其意义》，《武汉大学学报》

（人文科学版）2007 年第 1 期。

171. 戴定凯：《可悲的群体道德无意识》，《学习月刊》2007 年第 7 期。

172. 闫颜：《和谐社会中合作道德教育的博弈论解读》，《教育研究与实验》2008 年第 1 期。

173. 戴月华：《学校道德教育的现代机缘——公民精神的培育》，《浙江师范大学学报》（社会科学版）2007 年第 1 期。

174. 苏杰初：《提升大学生道德选择能力的路径探析》，《道德与文明》2015 年第 1 期。

175. 吕广利：《论和谐社会与个体道德信念》，《咸阳师范学院学报》2006 年第 8 期。

176. 杨琳：《麦金太尔视野中的道德危机》，《理论界》2006 年第 5 期。

177. 郭夏娟：《个体道德与群体道德的相关性分析》，《杭州大学学报》1994 年第 3 期。

178. 冯建军：《论道德与道德教育范型的嬗变》，《华东师范大学学报》（教育科学版）2005 年第 2 期。

179. 李谷静、边宏广：《社会转型期移情对少年儿童道德发展的作用》，《唐山师范学院学报》2007 年第 1 期。

180. 郑培秀：《移情在道德教育理论中的体现》，《辽宁教育行政学院学报》2006 年第 11 期。

181. 陆传照：《加强对群体道德主体的认识和道德调控》，《理论与改革》2003 年第 3 期。

182. 刘时工：《道德的个人与邪恶的群体——尼布尔对个体道德和群体道德的区分》，《华东师范大学学报》（哲学社会科学版）2001 年第 3 期。

183. 张宝明：《群体比个人更缺德》，《书屋》2008 年第 2 期。

184. 李丽华：《儒家和谐思想与群体文化差异的整合》，《求是学刊》2008 年第 3 期。

185. 刘冲：《90 后大学生群体道德认知与道德行为偏离的反思》，《科教导刊》2017 年第 1 期。

186. 柳波、余喜：《论道德示范群体》，《企业家天地》2014 年第 6 期。

187. 高丽华：《群体道德对大学生道德行为的影响》，《上海电力学院学报》2014 年第 11 期。

188. 冯建军：《走向道德的生命教育》，《教育研究》2014 年第 6 期。

189. 谢雪霞：《青少年同辈群体与思想道德养成》，《沧桑》2014 年第 4 期。

190. 安钰峰：《托马斯·里克纳的品格教育思想——兼谈美国中小学的品格教育》，《道德与文明》2015 年第 5 期。

191. 陈洁：《美国品格教育运动及其对学生思想政治教育的启示》，《思想政治教育研究》2012 年第 6 期。

192. 陈涛、项久雨：《当代美国品格教育的内容与启示》，《学校党建与思想教育》2013 年第 4 期。

193. 程伟：《回归社群生活的道德教育——美国新品格教育的个案分析》，《当代教育科学》2014 年第 10 期。

194. 范云霞：《对美国品格教育的意识形态分析》，《教育评论》2017 年第 3 期。

195. 高峰：《对美国品格教育的深层透视》，《思想理论教育》2014 年第 8 期。

196. 高峰：《解读美国新品格教育之"新"》，《中国德育》2016 年第 3 期。

197. 高原：《美国品格教育的回潮与核心价值观的寻求》，《现代教育管理》2016 年第 12 期。

198. 郝世杰：《美国新品格教育对我国当代中学生道德教育的启示》，《辽宁教育》2017 年第 1 期。

199. 郝世杰：《浅析新品格教育对当代大学生道德教育的启示》，《当代教育理论与实践》2016 年第 5 期。

200. 郝国伟：《美国新品格教育运动的探析》，《现代教育科学》2015 年第 12 期。

201. 江畅：《论德性修养及其与德性教育的关系》，《道德与文明》

2012 年第 10 期。

202. 李广：《美国"蓝带学校"品性教育述评》，《外国中小学教育》2003 年第 3 期。

203. 刘济良：《生命体验：道德教育的意蕴所在》，《教育研究》2006 年第 1 期。

204. 刘济良、刘燕楠：《哲学之思：教师的智慧品性》，《教育研究》2008 年第 10 期。

205. 刘济良等：《论微信影响下的青少年价值观教育》，《教育研究》2018 年第 1 期。

206. 刘济良、王洪席：《"慕课"之于大学教学变革：价值与限度》，《教育研究》2015 年第 8 期。

207. 刘济良、王振存：《美国大学教师发展的经验及启示》，《教育研究》2011 年第 11 期。

208. 刘济良：《教育与人的生命》，《教育研究》2004 年第 5 期。

209. 刘峻杉、张俊：《仁义礼智信五德体系的德育价值——基于三种美德体系的比较研究》，《比较教育研究》2013 年第 12 期。

210. 宋鸽：《德性与幸福：亚里士多德德性论对建立大学生正确幸福观的指导意义》，《长春理工大学学报》2013 年第 2 期。

211. 吴敏：《美国新品格教育对我国构建社会主义核心价值体系的启示》，《教育探索》2012 年第 12 期。

212. 许春艳：《德性教育实现路径的一种思考》，《理论观察》2013 年第 8 期。

213. 姚晰晖、王菠：《美国品格教育对我国幼儿园社会领域课程实施的启示》，《哈尔滨学院学报》2015 年第 11 期。

214. 易莉：《论美国道德教育的转向》，《教育评论》2011 年第 2 期。

215. 余维武：《论当代美国品格教育的学理缺陷》，《思想理论教育》2013 年第 8 期。

216. 于立平：《美国中小学品格教育探析》，《当代教育》2013 年第 14 期。

217. 张宁、张雨：《性格优点：创造美好生活的心理资本》，《心理科学进展》2010年第7期。

218. 赵淑霞、郑宝锦：《里克纳的品格教育思想及其借鉴》，《当代教育科学》2015年第9期。

219. 赵伟：《美国当代品格教育的德性实践研究》，《内蒙古师范大学学报》（教育科学版）2014年第2期。

220. 郑富兴、高潇怡：《道德共识的追寻：美国新品格教育的内容浅析》，《外国教育研究》2004年第11期。

221. Organ D W. Organizational citizenship behavior：It is construct clean-up time . HumanPerformance，1997，（2）.

222. Motowidlo S J. A theory of individual differences in task and contextual performance. Human Performance，1997，10（2）.

223. Smith C A，Organ D W，Near J P. Organizational citizenship behavior：its nature and antecedents. Journal of Applied Psychology，1983，68（4）.

224. Organ DW，Ryan K. A meta-analytic review of attitudinal and dispositional predictors of organizational citizenship behavior. Personnel Psychology，1995，48（4）.

225. Borman W C，Penner LA，Allen TD，Personality predictor of citizenship performance. International Journal of Selection and Assessment，2001，9（1）.

226. Cohen-CharashY，Spector P E. The role of justice in organizations：ameta - analysis . Organizational Behavior & Human Decision Processes，2001，86（2）.

227. Farh J L，Zhong C B，Organ DW. Organizational citizenship behavior in People Republic of China. Organization Science，2004，15（2）.

228. Anne Lockwood（1997）. Character Education - Controversy and Consensus. Corwin Press.

229. Edward F. DeRoche（2001）. Character Education：A Guide School Administrators. California：Corwin Press.

230. Hunter，James D.（2000）. The Death of Character：Moral Education in an Age without Good or Evil. New York：Basic Books.

231. Lickona, T. (1991). Educating for Character: How Our Schools Can Teach Respect and Responsibility. New York: Bantam.

232. Madonna M. Murphy (1998). Character Education in America's Blue Ribbon School: Best Practices for Meeting the Challage. Lancaster, Penn.: Technomic Publicing Company, Inc..

233. Thomas Lickona (1989). Educating for Character: How Our Schools Can Teach Respect and Responsibility. New York: New Times Company.

234. Huffman, H. A. (2013). Character Education without Turmoil. Educational Leadership, Vol. 8, No. 25.

235. James Lemminng (2010). Tell Me a Story: An Evaluation of a Literature—Based Character Education Program [J]. Journal of Moral Education, Vol. 29, No. 4.

236. James Lemming (2015). Social Studies Research and the Interest of Children. Theory and Research in Social Education, Vol. 25, No. 4.

237. Kirschenbaum, Howard (2014). From Values Clarification to Character Education: A Personal Journey [J]. Jounrnal of Humanistic Counseling, Education and Development, Vol. 1, No. 4.

238. Liekona, T. (2016). Eleven Principles of Effective Character Education. Journal of Moral Education, Vol. 25, No. 1.

239. M. W. Berkowitz (2012). Obstacles to Teacher training in Character Education. Early Education and Development, Vol. 13, No. 6.

240. Thomas Liekona (1996). The Eleven Effective Principles of Character Education, The Journal of Moral Education, Vol. 25, No. 1.

241. William, May (2012). Model of Character Education: Perspective and Developmental Issues. Journal of Humanistic Counseling, Education and Development, Vol. 39, No. 1.

后 记

道德教育是教育工作者不可回避且热衷讨论的话题之一，有关道德教育内涵、意义、原则、方法的论述不绝于耳。究其根本，还是因为道德教育在个人成长和社会发展中具有无可替代的作用。道德教育关乎生命、情感，引导人们找寻生命的意义、情感的寄托；道德教育关乎公民、信仰，引导人们寻求公民的责任、信仰的仰赖。关注现实问题，拓展研究视域是保障道德教育发挥其功能和价值的必要手段。近年来，青少年公民责任意识教育、青少年自主选择性道德人格教育、中小学道德教育中的惩罚实践、学校群体道德教育和美国新品格教育成为道德教育领域内的热点话题。怎样认识、如何应对这些道德教育新问题？道德教育工作者必须做出正面回答以保障道德教育工作的顺利开展。本书从上述五个道德教育研究新视域入手，采取概念界定、原因分析和路径建构的基本思路，深入剖析，以期丰富道德教育新视域的理论研究。

本书由刘济良教授提出基本构想，由参与编写人员商讨确定具体写作框架，分工撰写完成。其中，导言由刘济良、杨镇渊撰写，第一章由葛雷撰写，第二章由侯亚彬撰写，第三章由杜绽蕾撰写，第四章由王峰撰写，第五章由吴佳撰写，全书由刘济良统稿。

本书的写作过程中，我们参考和引用了近年来国内外的相关研究成果，特向有关学者表示感谢。书中错漏欠妥之处，请各位读者朋友多予斧正，不吝赐教。

最后，感谢中国社会科学出版社的宫京蕾编辑，感谢她为本书出版付出的辛勤劳动，没有她细致、认真的工作，本书难有机会与读者见面。

作　者
2017 年 12 月